El planeta vacío

El planeta vacío

El impacto del descenso demográfico global

Darrell Bricker y John Ibbitson

Traducción de Joan Soler Chic

Título original: *Empty Planet*

Primera edición: marzo de 2019

© 2018, Darrell Bricker y John Ibbitson
Derechos de traducción por acuerdo con Westwood Creative Artists
en cooperación con Sandra Bruna Agencia Literaria, S. L.
Todos los derechos reservados
© 2019, Penguin Random House Grupo Editorial, S. A. U.
Travessera de Gràcia, 47-49. 08021 Barcelona
© 2019, Joan Soler Chic, por la traducción

Printed in Spain – Impreso en España

ISBN: 978-84-666-6540-7
Depósito legal: B-2.155-2019

Compuesto en Infillibres, S. L.

Impreso en Romanyà Valls, S. A.
Capellades (Barcelona)

BS 6 5 4 0 7

Penguin
Random House
Grupo Editorial

A Nina y Emily. Sin vosotras, no soy nadie.
DARRELL BRICKER

*En recuerdo de Barry Bartmann, consejero y
amigo del alma.*
JOHN IBBITSON

PREFACIO

ÉRASE UNA VEZ UNA NIÑA

El 30 de octubre de 2011, un lunes, justo antes de medianoche, Danica May Camacho llegó al mundo en un abarrotado hospital de Manila, con lo que la población humana del planeta alcanzó la cifra de siete mil millones de personas. En realidad, quizá la balanza se inclinó un poco unas horas más tarde en un pueblo de Uttar Pradesh, India, con la llegada de Nargis Kumar. O acaso fuera un niño, Pyotr Nikolayeva, nacido en Kaliningrado, Rusia.[1]

No fue ninguno de ellos, por supuesto. En el nacimiento que nos permitió llegar a los siete mil millones de personas no hubo cámaras ni discursos solemnes, pues era de todo punto imposible saber dónde y cuándo iba a producirse tal suceso. Según las mejores estimaciones de las Naciones Unidas, solo somos capaces de saber que se superó la cifra de siete mil millones en torno al 31 de octubre de ese año. Diferentes países hicieron hincapié en determinados alumbramientos para simbolizar ese hito histórico, y Danica, Nargis y Pyotr estuvieron entre los elegidos.

A juicio de muchos, no hay motivo para celebrar nada. El ministro indio de Salud, Ghulam Nabi Azad, declaró que una población global de siete mil millones de personas «no era algo que nos debiera alegrar sino más bien preocuparnos... Tendremos razones para alegrarnos cuando la población se estabilice».[2] Muchos comparten la pesadumbre de Azad. Avisan de una crisis demográfica global. El *Homo Sapiens* se está reproduciendo sin restricciones, poniendo a prueba nuestra capacidad para alimentar, cobijar o vestir a los 130 millones o más de nuevos bebés que, según calcula la UNICEF, llegan cada año. Mientras se amontonan seres humanos en el planeta, desaparecen bosques, se extinguen especies y se calienta la atmósfera.

Si la humanidad no desactiva esta bomba demográfica, anuncian estos profetas, nos viene encima un futuro de pobreza creciente, escasez alimentaria, conflictos y degradación medioambiental. Como dijo un Malthus moderno, «si no conseguimos un descenso espectacular del crecimiento demográfico, una rápida disminución de las emisiones de gases de efecto invernadero o un estallido global del vegetarianismo —todo lo cual va, ahora mismo, precisamente en la dirección contraria—, llegaremos nada menos que al final de la época de la abundancia para la mayoría de los habitantes de la Tierra».[3]

Todo esto es total y absolutamente falso.

El gran acontecimiento característico del siglo XXI —uno de los grandes episodios definitorios de la humanidad— se producirá en el espacio de tres décadas, más o menos, cuando la población global empiece a disminuir. Y en cuanto se inicie, ya no va a tener fin. No nos enfrentamos al desafío de una bomba demográfica sino a un colapso, un sacrificio implacable, generación tras generación, del rebaño humano. Nunca había pasado nada igual.

No es de extrañar que esta información te parezca estremecedora. Las Naciones Unidas pronostican que la población pasará, en este siglo, de los siete mil a los diez mil millones antes de estabilizarse a partir de 2100. No obstante, en opinión de un creciente número de demógrafos de todo el mundo, las cifras de la ONU son demasiado elevadas. Lo más probable, dicen, es que la población del planeta llegue a un valor máximo de aproximadamente nueve mil millones de personas entre 2040 y 2060, y que en lo sucesivo comience a descender, lo cual quizá provocaría que la ONU declarase el día de la «muerte simbólica» para conmemorar la ocasión. A finales de este siglo, podríamos estar de nuevo donde estamos ahora mismo y empezar a ser paulatinamente cada vez menos.

La población ya está disminuyendo más o menos en dos docenas de países del mundo; hacia 2050, esta cifra habrá llegado a las tres docenas. Algunos de los lugares más ricos del planeta están perdiendo población cada año: Japón, Corea, España, Italia, gran parte de Europa del este. «Somos un país moribundo», se lamentaba en 2015 Beatrice Lorenzin, ministra italiana de Salud.[4]

Sin embargo, la noticia importante no es esta. Lo importante es que los principales países en desarrollo también están a punto de empezar a decrecer, pues su tasa de fertilidad está bajando. Dentro de pocos años, China comenzará a tener menos gente. A mediados de este siglo, Brasil e Indonesia seguirán el ejemplo. Incluso en la India, que pronto será el país más poblado de la Tierra, sus cifras se estabilizarán aproximadamente en el espacio de una generación y después empezarán a reducirse. Los índices de fertilidad siguen siendo altísimos en el África subsahariana y ciertas zonas de Oriente Medio. Sin embargo, incluso ahí están cambiando las cosas, pues las mujeres jóvenes están accediendo a la educación y el control de natalidad. Es probable que África ponga fin a su *baby boom* desenfrenado mucho antes de lo que piensan los demógrafos de la ONU.

En informes gubernamentales e investigaciones académicas, se pueden observar algunas indicaciones de un declive acelerado de la fecundidad; a veces, se advierte eso mismo hablando simplemente con gente en la calle. Y eso es lo que hicimos. Con el fin de recopilar información para este libro, viajamos a ciudades de seis continentes: desde Bruselas a Seúl, pasando por Nairobi y São Paulo, Bombay y Pequín, Palm Springs, Canberra o Viena. Hubo también otras paradas. Conversamos con profesores universitarios y funcionarios públicos, pero lo más importante es que hablamos con gente joven: en campus universitarios e institutos de investigación, en favelas y suburbios. Queríamos saber qué pensaban sobre la decisión más importante que tomarán en su vida: si tener o no un hijo y cuándo.

El descenso demográfico no es ni bueno ni malo. Pero sí es importante. Una niña que nazca hoy llegará a la madurez en un mundo en el que las circunstancias y las expectativas serán muy distintas de las actuales. Estará en un planeta más urbano, con menos crímenes, más saludable desde el punto de vista medioambiental pero con muchas más personas mayores. No tendrá problemas para encontrar un empleo, pero quizá sí para llegar a fin de mes, pues los impuestos para pagar las pensiones y la asistencia médica de todos esos ancianos mermarán su salario. No habrá tantas escuelas porque no habrá tantos niños.

Sin embargo, no tendremos que esperar treinta o cuarenta años para notar el impacto del descenso demográfico. Ya lo estamos percibiendo en la actualidad, en países desarrollados, desde Japón a Bulgaria, que luchan por desarrollar su economía pese a que disminuye el conjunto de consumidores y trabajadores jóvenes, con lo cual cuesta más proporcionar servicios sociales o vender neveras. Lo vemos en la cada vez más urbana Latinoamérica o incluso en África, donde las mujeres van tomando progresivamente el control de su destino. Lo vemos en cada hogar en que los jóvenes tardan más en marcharse de casa porque no tienen prisa alguna en formar su propia familia y tener un hijo. Y lo estamos viendo, desgraciadamente, en las agitadas aguas del Mediterráneo, donde refugiados de lugares horribles están presionando contra las fronteras de una Europa que ya comienza a vaciarse.

Y quizá muy pronto veamos que esto influye en la lucha global por el poder. El descenso demográfico moldeará la naturaleza de la guerra y la paz en las décadas venideras, pues unos países lidiarán a duras penas con las consecuencias del encogimiento y el envejecimiento de la sociedad mientras otros seguirán siendo capaces de aguantar. El desafío geopolítico definitorio de las próximas décadas acaso suponga el acomodo y la contención de una enojada y asustada China mientras afronta las consecuencias de su desastrosa política de hijo único.

Algunos de los que temen las consecuencias negativas de una mengua de la población propugnan medidas gubernamentales para aumentar el número de hijos de las parejas. Sin embargo, los datos indican que esto es en vano. La «trampa de la baja fertilidad» garantiza que, tan pronto la norma es tener uno o dos hijos, dicha norma se consolida. Las parejas ya no consideran que tener hijos sea una tarea que deban llevar a cabo para cumplir una obligación familiar o religiosa, sino que deciden criar un hijo como un acto de realización personal. Y se sienten realizadas enseguida.

Una solución al problema del descenso demográfico es importar sustitutos. Es por eso por lo que dos canadienses han escrito este libro. Canadá lleva décadas aceptando, per cápita, más personas que ningún otro país desarrollado, y apenas ha de afrontar tensiones, guetos o debates encendidos al respecto en comparación con otros países. Ello se debe a que se enfoca la inmigración como un aspecto de la política económica —gracias al sistema de puntos meritocrático, los inmigrantes de Canadá son por lo general más cultos, en promedio, que los autóctonos— y a que se adopta el multiculturalismo: el derecho compartido a celebrar tu cultura nativa dentro del mosaico canadiense, lo cual ha propiciado la consolidación de una sociedad próspera y políglota, entre las más afortunadas del planeta.

No todos los países son capaces de acoger a oleadas de recién llegados con el aplomo de Canadá. Muchos coreanos, suecos o chilenos tienen un firme sentimiento de lo que significa ser coreano, sueco o chileno. Francia insiste en que los inmigrantes han de abrazar la idea de ser francés —aunque los chapados a la antigua niegan que tal cosa sea posible—, con lo que las comunidades de inmigrantes se quedan aisladas en sus *banlieues*, segregadas y no iguales. Se prevé que la población del Reino Unido siga creciendo, desde los 66 millones actuales hasta unos 82 millones a finales de siglo, pero solo si los británicos continúan acogiendo de buen grado niveles elevados de inmigración. Como ha revelado el referéndum del Brexit, muchos británicos quieren convertir el canal de la Mancha en un foso. Para combatir la despoblación, los países han de aceptar tanto la inmigración como el multiculturalismo. Lo primero es difícil. Lo segundo acaso resulte imposible para algunos.

Entre las grandes potencias, el inminente descenso demográfico beneficia exclusivamente a Estados Unidos. Durante siglos, Norteamérica ha acogido favorablemente a los recién llegados: primero los que venían del Atlántico, luego también los del Pacífico, y en la actualidad los que cruzan el río Grande. Millones de ellos se han sumergido venturosamente en el crisol cultural, el *melting pot* —versión norteamericana del multiculturalismo—, con lo que han enriquecido tanto la economía como la cultura del nuevo país. Gracias a la inmigración, el siglo XX fue el siglo americano, y la inmigración ininterrumpida hará que podamos definir también como americano el siglo XXI.

Pero, ojo. El remolino receloso, nativista, del America First de los últimos años amenaza —levantando un muro en la frontera entre Estados Unidos y todo lo demás— con cerrar el grifo de la inmigración que hizo grande a Norteamérica. Bajo el mandato del presidente Donald Trump, el gobierno federal no solo ha tomado medidas duras contra los inmigrantes ilegales sino que además ha reducido las admisiones legales de trabajadores cualificados, una política suicida para la economía estadounidense. Si este cambio es permanente, si a causa de un miedo insensato los norteamericanos abandonan su tradicional apoyo a la inmigración dándole la espalda al mundo, Estados Unidos también sufrirá un declive, en población, poder, influencia y riqueza. Esta es la decisión que cada norteamericano debe tomar: respaldar una sociedad abierta, integradora y hospitalaria, o cerrar la puerta y languidecer en el aislamiento.

En el pasado, el rebaño humano ha sido sacrificado y seleccionado por plagas y hambrunas. Ahora nos estamos sacrificando nosotros mismos, estamos decidiendo ser menos. ¿Esta decisión es definitiva? Probablemente sí. Aunque a veces los gobiernos han sido capaces de aumentar el número de hijos que una pareja está dispuesta a tener mediante subvenciones para guarderías y otras ayudas, nunca han conseguido devolver la fecundidad al nivel de reemplazo de, por término medio, 2,1 niños por mujer necesarios para sostener una población. Además, esta clase de programas son carísimos y, durante las crisis económicas, suelen sufrir recortes. Por otro lado, cabría considerar poco ético que un gobierno intente convencer a una pareja de que tenga un niño que, en otras circunstancias, no habría tenido.

Mientras nos vamos adaptando a un mundo cada vez más pequeño, ¿celebramos o lamentamos estas cifras decrecientes? ¿Procuraremos preservar el crecimiento o aceptaremos con elegancia un mundo en el que las personas prosperan y a la vez se esfuerzan menos? No lo sabemos. Pero acaso un poeta esté observando ahora, por primera vez en la historia de nuestra especie, que la humanidad se siente vieja.

1

UNA BREVE HISTORIA DE LA POBLACIÓN

Estuvimos muy cerca de no ser nada en absoluto.

Solo quedaban unos cuantos miles de seres humanos, quizá menos, aferrados a las costas del África meridional, al borde del olvido.[1] La tremenda erupción del monte Toba de Sumatra hace 70.000 años —desde entonces no ha pasado nada igual— arrojó a la atmósfera 2.800 kilómetros cúbicos de ceniza, que se extendieron desde el mar Arábigo en el oeste hasta el sur de China en el este, lo que provocó en la Tierra el equivalente a seis años de invierno nuclear. Según algunos científicos, «Toba ha sido el suceso más catastrófico que haya sufrido jamás la especie humana».[2] El *Homo sapiens* ya tenía problemas: aunque hasta ese momento ya llevaba 130.000 años usando herramientas y el fuego, la Tierra estaba en un ciclo de enfriamiento que había liquidado buena parte de sus fuentes alimentarias. Ahora, por culpa de Toba, las cosas eran muchísimo peores. Recogíamos tubérculos y moluscos en los enclaves africanos más inhóspitos. Un poco más de mala suerte, y habría podido ser el final para todos.

Esta es, al menos, una de las teorías sostenidas por antropólogos y arqueólogos; según otras, para entonces los seres humanos ya habían migrado de África y se ha exagerado el impacto del Toba.[3] De todos modos, es difícil quitarse de la cabeza la idea de una humanidad hecha polvo, al borde de la extinción, luchando por alimentar a sus pocos jóvenes restantes en un mundo desolado, a la espera de que los cielos se despejaran, el planeta volviera a palpitar y el sol calentara la tierra de nuevo.

Sin embargo, nos movimos despacio. Los seres humanos más valientes de la historia quizá cruzaron los estrechos entre el sudeste de Asia y Australia hace unos cincuenta mil años. (Aunque según datos recientes, tal vez llegaran antes).[4] Puede que algunos aparecieran ahí por casualidad, pero otros seguramente se hicieron a la mar con un propósito definido y un horizonte claro, solo por lo que habían oído contar a quienes habían regresado vivos.[5] También se estaba asentando gente en lo que ahora es China, y hace unos quince mil años muchos seres humanos cruzaron el puente de tierra que entonces conectaba Siberia con Alaska, lo que supuso el comienzo de su larga caminata por las Américas. (También en este caso los datos son objeto de discusión).[6]

Hace más o menos doce mil años, primero en Oriente Medio y luego, de forma independiente, en otras partes del mundo, el más importante de todos los descubrimientos humanos nos alargó la vida y aumentó nuestras cifras. Las personas empezaron a advertir que semillas caídas de hierbas producían hierbas nuevas al año siguiente. En vez de deambular de un sitio a otro, arreando o cazando animales y recolectando frutas y granos, tenía más sentido permanecer en un lugar, plantar y cosechar los cultivos y atender el ganado. Pero como no todos hacían falta en el campo, el trabajo comenzó a especializarse, con lo que las cosas se hicieron complejas, lo cual dio origen al gobierno y a la economía organizada. Los cazadores-recolectores fueron replegándose poco a poco —a día de hoy todavía quedan algunos en entornos aislados—, y surgió la civilización: Sumeria, Egipto, la dinastía Xia, el valle del Indo, los mayas.

El progreso era incierto. El ascenso y la caída de imperios eran síntomas de tensiones crecientes y menguantes: el calentamiento o enfriamiento del planeta y los estragos en las cosechas; la llegada de la última plaga bacteriana o vírica. Se perdían conocimientos que había que reaprender con gran esfuerzo. Al principio el Este iba rezagado con respecto al Oeste, pues allí la gente se había instalado más tarde, pero hacia la época de Cristo, los imperios romano y Han eran casi equivalentes, tanto que uno habría podido provocar la caída del otro. «Cada uno desarrolló su propia y exclusiva combinación de enfermedades mortales —escribe Ian Morris—..., y hasta 200 a.C. evolucionaron como si estuvieran en planetas distintos. Pero a medida que cada vez más mercaderes y nómadas se desplazaban a lo largo de circuitos que enlazaban los núcleos, empezaron a fusionarse fuentes patológicas, lo que provocó horrores dispersos en todo el mundo.»[7]

Desde los albores de la civilización, en Mesopotamia y Egipto en torno a 3200 a.C., hasta los inicios del Renacimiento en 1300 d.C., la historia había sido siempre lo mismo: cierta combinación de geografía, liderazgo y avances tecnológicos concedían ventaja a esta tribu o este pueblo, que conquistaba todo lo que se le ponía por delante. En la paz subsiguiente, se construían caminos, se mejoraban los arados, se aprobaban leyes, se recaudaban impuestos. Pero de pronto pasaba algo: malas cosechas, plagas, alborotos lejanos que empujaban a muchos guerreros a huir o hacer incursiones desde la periferia al centro, que no era capaz de resistir. Colapso. Reconstrucción. Vuelta a empezar.

En cualquier caso, no todos los avances se perdían, y mientras el Este, el Oeste o el Sur se debilitaban, en otras partes las cosas iban mejor. El islam preservó conocimientos perdidos para Occidente con el declive de Roma, al tiempo que la India descubría el cero, que posibilitó tantas cosas. La última plaga generó los últimos anticuerpos con los que oponerle resistencia. Al menos en Eurasia, la inmunidad llegó a ser un eficaz instrumento de progreso.

La población del planeta aumentó desde estos escasos miles de individuos tras la erupción del Toba hasta una cifra que oscila entre cinco y diez millones durante la primera revolución agrícola. En el año 1 d.C. habría unos trescientos millones. Hacia 1300, con una China unificada, cultivada y avanzada bajo la dinastía Song, el islam extendiéndose desde la India a España, y Europa abandonando por fin su época oscura posromana, la población global había alcanzado su valor máximo de unos cuatrocientos millones.[8] Y entonces pasó lo peor que podía pasar.

Yersinia pestis, la bacteria causante de la peste bubónica, lleva entre nosotros una buena temporada. Según cierta teoría, el territorio comprendido entre el mar Negro y China es «una reserva de plagas», donde el bacilo ha estado largo tiempo —y sigue estando. (En la región, incluso en la actualidad se dan todavía casos ocasionales).[9] No se trata de una enfermedad que infecte sobre todo a los seres humanos, sino más bien una «enfermedad de las ratas en la que participan los seres humanos».[10] Las ratas resultan infectadas por pulgas que transportan la bacteria; una vez que la rata muere, la pulga busca un nuevo anfitrión, y si hay un ser humano cerca, este será el agraciado. No obstante, pasan entre tres y cinco días desde el momento en que una persona recibe la picadura y el inicio de la enfermedad, con lo que tiene mucho tiempo para infectar a otras, toda vez que la peste se puede transmitir entre los seres humanos mediante gotitas aerotransportadas.[11]

Hay relatos de brotes en toda la antigüedad; el primer episodio bien documentado, la Plaga de Justiniano, que estalló en 541 d.C., truncó las esperanzas del emperador bizantino de recuperar los territorios perdidos del Imperio Romano.[12] Sin embargo, no hay nada comparable a la Peste Negra, como se la conoció más adelante. Seguramente era una cepa muy virulenta de peste bubónica que partió de China o las estepas de Crimea y llegó en 1346. Según una descripción, durante el asedio de Caffa, en el mar Negro, los soldados mongoles arrojaron cadáveres infectados al otro lado de las murallas en lo que acaso fuera el primer caso de guerra biológica.[13] Sea como fuere, la enfermedad fue transportada en barco desde Crimea a los puertos mediterráneos.

Europa era excepcionalmente vulnerable. Una época de enfriamiento global había mermado las cosechas, por lo que la gente pasaba hambre y tenía debilitado el sistema inmunitario. La guerra también sometía a tensión a las poblaciones locales. Sin embargo, pese a las malas noticias, la economía y la demografía de la Europa medieval crecieron a buen ritmo tras los siglos de la Época Oscura, con un desarrollo sin precedentes de los viajes y las relaciones comerciales entre ciudades y regiones. Por todo ello, la enfermedad pudo propagarse con rapidez —dos kilómetros diarios por las rutas principales, mientras que los barcos permitían a las pulgas viajar al norte de Europa casi de inmediato—. En el espacio de tres años, todo el continente estuvo afectado por la peste.

En el 80 por ciento de los casos, la persona infectada moría, por lo general al cabo de una semana desde la aparición de los primeros síntomas. El progreso de la enfermedad se describe en una canción infantil:

Gira alrededor de lo sonrosado: los bubones —una hinchazón de los ganglios linfáticos de la ingle, la axila o el cuello— eran como anillos y de color rosado en el centro, una señal segura de enfermedad.

Un bolsillo lleno de ramilletes: a medida que la enfermedad avanzaba, el cuerpo empezaba a pudrirse por dentro. El olor era tan espantoso que los vivos llevaban consigo ramos de flores para refrescar el aire.

¡Achís! ¡Achís! (o variantes regionales): las víctimas también sufrían dolores de cabeza, sarpullidos oscuros, vómitos, fiebre... y dificultades respiratorias o estornudos.

Todos sucumbimos: muerte.[14]

Aunque hay mucha discusión, basada en pocas pruebas, sobre el grado de afectación de la India y China,[15] al menos una tercera parte de Europa se extinguió en el espacio de pocos años —según algunos cálculos, la cifra llegaría hasta el 60 por ciento—.[16] «Los ciudadanos hacían poco más que acarrear cadáveres para que fueran enterrados», escribió un cronista de Florencia, donde en apenas unos meses desapareció más de la mitad de la población. Los muertos eran arrojados a hoyos, que a veces no eran muy profundos y los perros los desenterraban y los mordisqueaban.[17] La peste derribó gobiernos, socavó la autoridad de la Iglesia Católica, agudizó la inflación debido a la escasez provocada por los trastornos en el comercio y alentó los excesos hedonistas entre los supervivientes: *carpe diem*. En algunas regiones, hicieron falta cientos de años para que la población recuperara su nivel anterior.[18]

Sin embargo, aunque parezca difícil de creer, algunas de las consecuencias de la *magna pestilencia* fueron beneficiosas. La falta de mano de obra debilitó el vínculo entre señores y siervos, lo que incrementó la movilidad laboral, amplió los derechos de los trabajadores y estimuló la productividad. Por regla general, los salarios crecían más que la inflación. A la larga, el feudalismo se desmoronó, y los propietarios empezaron a contratar los servicios de peones y jornaleros. Los europeos llevaban tiempo evitando los viajes marítimos largos debido a los elevados índices de mortalidad. Pero ahora que las tasas de mortalidad en tierra eran también altas, parecía que el riesgo valía más la pena. De hecho, la peste quizá había impulsado la era europea de la exploración y la colonización.[19]

No obstante, la colonización dio lugar, por desgracia, a mortandades aún más atroces en el Nuevo Mundo, pues los exploradores, saqueadores y luego colonos europeos introdujeron sus enfermedades en las indefensas poblaciones indígenas del centro, el sur y el norte de América. También aquí cuesta mucho calcular la pérdida real de vidas, pero por lo visto al menos la mitad de la población americana pereció como consecuencia del contacto con los europeos,[20] lo que «propició quizá el mayor desastre demográfico de la historia de la humanidad».[21] Según algunas estimaciones de pérdida de población, se superó el 90 por ciento.[22] La viruela fue especialmente dañina y letal.

La peste, las hambrunas y las guerras se combinaron para tener la población humana bajo control durante los siglos intermedios del último milenio. Si en 1300 había en la Tierra, pongamos, cuatrocientos millones de personas, en 1700 se superaban por poco los seiscientos millones.[23] El mundo estaba bloqueado en la Fase 1 del Modelo de Transición Demográfica, creado en 1929 por el demógrafo norteamericano Warren Thompson. En la Fase 1, que abarca toda la humanidad desde los albores de la especie hasta el siglo XVIII, son elevados los índices tanto de natalidad como de mortalidad, y el crecimiento demográfico es lento y fluctuante. El hambre y la enfermedad son parte del problema: en la Europa medieval, una típica sociedad en Fase 1, aproximadamente un tercio de los niños moría antes de cumplir los cinco años, y si se lograba criarlos, la desnutrición crónica provocaba que las enfermedades se los llevaran por delante apenas superada la cincuentena.

Esto, en todo caso, si no te mataban. En las sociedades preindustriales, la guerra y el crimen eran amenazas constantes. Y la prehistoria era aún más violenta. Como ha observado Steven Pinker, casi todos los ejemplares humanos que se han conservado en ciénagas, campos de hielo y lugares por el estilo presentan señales de haber sufrido una muerte violenta. «¿Qué pasa con los hombres prehistóricos que no han podido legarnos un cadáver interesante sin recurrir al juego sucio?», se preguntaba.[24] Así pues, no es de extrañar que desde nuestros inicios hasta la Ilustración, tanto en China como en las Américas, Europa o cualquier otro lugar, la población creciera, si acaso, despacio.

Sin embargo, en la Europa del siglo XVIII la curva comenzó a ascender. Hacia 1800, la población global había rebasado los mil millones. En un solo siglo, la Tierra había añadido más personas que en los cuatro siglos anteriores juntos. Europa había avanzado desde la Fase 1 del Modelo de Transición Demográfica a la Fase 2: un índice de natalidad elevado y un índice de mortalidad gradualmente menguante. ¿Por qué vivía más la gente?

Bien, para empezar, las brechas entre brotes de pestes eran cada vez más largas, y su gravedad, cada vez menor, gracias a mejoras en la productividad agrícola que reforzaban la dieta local y volvía a los individuos más resistentes a la enfermedad.

(Más adelante, ahondaremos en el asunto). Tras el final de la traumática Guerra de los Treinta años, en 1648, Europa entró en un período de relativa calma que duró más de un siglo. La paz trajo consigo nuevas inversiones en infraestructuras, como los canales, que incrementaron el comercio y mejoraron el nivel de vida. El maíz, las patatas y los tomates, traídos del Nuevo Mundo, enriquecieron la dieta europea. «La unión de los continentes fue una condición indispensable para la explosión demográfica de los dos últimos siglos, y sin duda desempeñó un papel en la Revolución Industrial», sostiene el historiador Alfred Crosby.[25] En cualquier caso, la verdadera causa de la mayor esperanza de vida fue la Revolución Industrial propiamente dicha, desde luego: la aceleración en el conocimiento industrial y científico que nos dejó como herencia el mundo que hoy habitamos. La máquina de vapor de James Watt empezó a utilizarse comercialmente ya en 1776, un año excepcional. (También ese año Adam Smith escribió *La riqueza de las naciones* y Estados Unidos declaró su independencia de Gran Bretaña). La producción mecanizada aumentó la productividad: la fábrica, el ferrocarril, el telégrafo, la luz eléctrica, el motor de combustión interna. Los tres últimos inventos fueron norteamericanos; tras su guerra civil, Estados Unidos tenía cada vez más riqueza, poder y confianza en sus posibilidades.

Gracias a las revoluciones agrícola e industrial, la gente empezó a vivir más años. Ahora que las hambrunas y las pestes iban a la baja, las parejas se casaban antes y tenían más hijos. Y estos niños sobrevivían con más facilidad debido a la mayor higiene y a la introducción de la vacuna contra la viruela, otro avance científico. La era victoriana fue la primera de la historia en la que se produjo un crecimiento demográfico rápido y sostenido, mientras Europa y Estados Unidos competían para alcanzar a Gran Bretaña. Esto es lo que se da en cualquier sociedad al ingresar en la Fase 2. Los sitios más miserables del mundo actual siguen encerrados en ella: la vida dura más; la gente tiene muchos hijos; el crecimiento beneficia a unos pocos, no a la mayoría; la pobreza campa a sus anchas.

La vida revolucionario-industrial del siglo XIX era durísima para casi todo el mundo, sin duda. La gente trabajaba hasta la extenuación en fábricas sombrías y peligrosas y vivía hacinada en suburbios horrendos que eran incubadoras de enfermedades. Europa estaba madura para padecer algunas malas cosechas, cada vez más hambre y alguna otra plaga. Sin embargo, esta vez el ritmo de la ciencia superó al de los gérmenes. La historia de la epidemia de cólera de Broad Street es la mejor explicación de por qué.

El comercio y el Raj llevaron la bacteria *Vibrio cholerae* desde su viejo hogar en el delta del Ganges a Europa a través de Rusia; a Gran Bretaña llegó en 1831. Todavía hoy en día el cólera mata a más de 120.000 personas al año en los países más pobres del mundo; en el siglo XIX, el impacto en Europa fue devastador. Cuando el cólera llegó a Sunderland, su puerto de entrada en Inglaterra, fallecieron 215 personas.[26] A medida que la enfermedad iba recorriendo la isla, las personas morían por miles mientras los médicos se quedaban mirando sin saber qué hacer. Se trataba de algo que no habían visto nunca antes. (En todo caso, no es que sus tratamientos para las dolencias conocidas fueran muy efectivos). La enfermedad acompañó a la Revolución Industrial: debido a la industrialización y la urbanización, las ciudades habían crecido muchísimo —en 1860, Londres, con una población de 3,2 millones de personas, era la ciudad más grande del mundo—, lo que provocaba también muchos riesgos sanitarios, pues había personas que vivían en condiciones terriblemente insalubres. En la época del brote, la ciudad contaba con doscientas mil fosas sépticas particulares; la basura y los desechos llenaban las cunetas y bordeaban los callejones.[27] No obstante, la revolución también estaba transformando las ciencias, en especial la medicina, con un conocimiento generalmente aceptado que se veía obligado a dar paso a la investigación empírica.

Se creía que el cólera se inhalaba a través de los miasmas, o aire viciado. Los médicos trataban a los afectados con opiáceos y sanguijuelas. Pese a siglos de pruebas de que el tratamiento era inútil o dañino, las sangrías eran todavía un remedio popular para combatir las infecciones. Al menos los opiáceos aliviaban el dolor extremo.

Un médico desconocido, John Snow, estaba totalmente convencido de que el cólera se transmitía por el agua, no por el aire. Un estallido de la enfermedad que comenzó el 31 de agosto de 1854 en el barrio londinense del Soho brindó a Snow la posibilidad de demostrar su teoría. Como en diez días habían muerto quinientas personas, los supervivientes huían de la zona. Pero Snow no. En vez de irse, visitó las casas de las víctimas, habló con las familias, volvió sobre los pasos de quienes habían enfermado y representó gráficamente los fallecimientos en un mapa del vecindario. Enseguida se dio cuenta de que casi todas las víctimas tenían algo en común: vivían cerca de la bomba de Broad Street, o habían sacado agua de la misma. Tras sacar también agua de ahí y examinarla al microscopio, Snow descubrió lo que denominó «partículas blancas, flocosas», que, como acertadamente dedujo, constituían la causa de la enfermedad.

Aunque su teoría se oponía frontalmente a las ideas heredadas, Snow logró convencer a los escépticos funcionarios públicos para que inutilizaran la bomba, lo que obligó a los residentes a ir a buscar agua a otra parte. El brote finalizó al instante.[28] Pese a que se tardó años en superar la resistencia conservadora, la terca verdad de la observación de Snow empujó a los urbanistas a diseñar el primer sistema de alcantarillado moderno. Inaugurados en 1870, los túneles de las cloacas de Londres estaban tan bien hechos que han estado funcionando perfectamente hasta el día de hoy.

Aunque en gran medida es aún poco reconocida, la aportación de John Snow al bienestar humano fue extraordinaria: dentro de este campo, se le conoce como «el padre de la epidemiología».[29] Promovió el conocimiento humano de las enfermedades en general y al mismo tiempo insistió en la importancia de la salud pública como prioridad gubernamental. Mientras el cólera seguía haciendo estragos en el resto de Europa, desapareció de Londres, algo que no pasó inadvertido a los europeos. Al poco tiempo, la protección del suministro de agua llegó a ser clave para los políticos y planificadores urbanos de todos los países avanzados. También la medicina daba pasos adelante, sobre todo en los ámbitos de la anestesia y los desinfectantes. Los índices de mortalidad infantil cayeron en picado mientras la esperanza de vida aumentaba y las tasas de fertilidad permanecían altas. En 1750, la población de Inglaterra y el País de Gales era casi de seis millones de personas, más o menos la cifra de cuando se produjo la epidemia de la Peste Negra. En 1851, era de casi dieciocho millones; en 1900 había alcanzado los treinta y tres millones.[30] La humanidad iba a todo trapo.

Consideramos que la primera mitad del siglo XX fue una época de matanzas sin parangón: en la Primera Guerra Mundial, más de dieciséis millones de muertos civiles y militares; en la Segunda, la cifra superó los cincuenta y cinco millones. En este período también se produjo la última gran pandemia: una enfermedad despiadada, conocida como «gripe española», debido a la cual, al final de la Gran Guerra, murieron entre veinte y cuarenta millones de personas. La pandemia fue tan atroz que mató a más norteamericanos de los que murieron en la guerra. No obstante, el crecimiento demográfico continuó a buen ritmo, una década tras otra. En ciertas partes del mundo, el aumento sería tan acusado que alcanzaría niveles preocupantes. En otras regiones, más adelantadas, el crecimiento fue más moderado. De hecho, en países como Estados Unidos, el crecimiento poblacional se ralentizó tanto que prácticamente se interrumpió. Para entender el siglo XX, hemos de entender dos cosas: por qué los índices de mortalidad siguieron disminuyendo, y por qué en algunos lugares también empezaron a bajar los índices de natalidad: Fase 3 del Modelo de Transición Demográfica. Analizar el caso sueco nos ayudará a entender ambas tendencias.

A los suecos les encanta mantener registros. En 1749 crearon una oficina de estadística que nos ha proporcionado algunos de los primeros datos fiables sobre características demográficas. Estos datos contienen fascinantes percepciones sobre lo que estaba pasando allí —y, cabe presumir, también en otras partes de Europa y Norteamérica—. Hasta más o menos 1800, en Suecia el índice de natalidad había sido solo algo superior al de mortalidad. La mortalidad infantil era desgarradoramente elevada: el 20 por ciento de los bebés moría antes de cumplir su primer aniversario, y otro 20 por ciento, antes de los diez años.[31] En otras palabras, Suecia era una sociedad típica en la Fase 1, con tasas de natalidad y mortalidad altas. Sin embargo, no mucho después de la llegada del siglo XIX, hizo su aparición la Fase 2: el índice de natalidad siguió siendo alto, pero el de mortalidad empezó a disminuir poco a poco gracias a diversas mejoras en la alimentación y las condiciones de salubridad. Hacia 1820, la población de Suecia empezó a aumentar con rapidez; había pasado de los 1,7 millones de 1750 a los dos millones. En 1900 había superado los cinco millones. Y habría crecido incluso más si el país no hubiera entrado en la Fase 3: un índice de mortalidad lentamente menguante acompañado de un índice de natalidad también cada vez menor.

¿Por qué disminuía la tasa de fertilidad? Indiscutiblemente, el factor más importante es la urbanización. Hay pruebas abrumadoras de que, a medida que una sociedad se desarrolla desde el punto de vista económico, es cada vez más urbana, y en cuanto una sociedad se urbaniza, los índices de fertilidad empiezan a bajar. Pero, ¿por qué, exactamente?

En la Edad Media, el 90 por ciento de los europeos vivía en el campo. Sin embargo, las fábricas que acompañaban a la Revolución Industrial concentraban trabajadores en las ciudades. En una granja, un niño es una inversión —otro par de manos para ordeñar las vacas, o unos hombros para las labores agrícolas—. No obstante, en la ciudad un niño es una carga, solo otra boca que alimentar. Esta tendencia se ha mantenido hasta la actualidad. En un estudio de 2008 sobre urbanización y fertilidad en

Ghana, los autores llegaban a la conclusión de que «la urbanización reduce la fertilidad porque la residencia urbana seguramente incrementa el coste de la crianza de los niños. El alojamiento en la ciudad es más caro, y los niños probablemente son menos valiosos en la producción familiar».[32] Quizá parezca egoísta, pero, al reducir el tamaño de la descendencia, los padres que viven en ciudades solo actúan en su propio beneficio.

Había otro factor en juego —todavía presente en el mundo en vías de desarrollo—, un elemento que nos parece tan importante como la urbanización propiamente dicha. Las ciudades tienen escuelas, bibliotecas y otras instituciones culturales. En el siglo XIX hicieron su aparición los medios de comunicación de masas en forma de periódicos. En el siglo XIX, una mujer de Chicago tenía más posibilidades de saber sobre métodos de control de natalidad que otra que viviera en una zona rural del estado. Al trasladarse a las ciudades, las mujeres empezaron a estar más formadas, y por esta razón su sometimiento a los hombres ya no formó parte del orden natural de las cosas y pasó a ser una injusticia a la que había que poner remedio. En primer lugar, las mujeres hicieron campaña por la igualdad ante la ley en ámbitos como la propiedad o las pensiones. Luego lucharon por el derecho a votar. Después le llegó el turno al derecho al trabajo y a recibir igual salario que los hombres. Y a medida que conseguían más derechos y un poder mayor, las mujeres dejaron de tener tantos hijos.

Al fin y al cabo, los bebés no siempre son una buena noticia para las mujeres. En el siglo XIX, suponían un grave riesgo para la salud, sobre todo en el caso de las que tenían un gran número de hijos. Incluso en la actualidad, pese a la avanzada atención materna y neonatal, los niños son una carga que hay que alimentar y criar. Además, limitan la capacidad de la mujer para trabajar fuera de casa, algo que podría dar lugar no solo a más ingresos sino también a más autonomía. Tal como señaló un investigador del Banco Mundial, «cuanto mayor es el nivel de logros educativos de la mujer, menos hijos es probable que tenga».[33]

En 1845, una ley nueva concedió a las mujeres suecas los mismos derechos sucesorios. En la década de 1860, el índice de fertilidad en Suecia había comenzado a disminuir. En 1921, las mujeres ya tenían derecho de voto. En 1930, el índice de fertilidad era otra vez solo ligeramente superior al de mortalidad, pero ahora los dos eran muy inferiores —menos de la mitad que un siglo antes—. Suecia estaba entrando en la Fase 4 del Modelo de Transición Demográfica, en el que la tasa de natalidad está en el nivel necesario para mantener la población, o cerca del mismo, aunque la tasa de mortalidad siga bajando. La Fase 4 es una etapa tipo Ricitos de Oro: en ella, una sociedad sana y longeva produce el número suficiente de niños para mantener la población estable o creciendo solo lentamente.

El Reino Unido, Francia o Australia —en general, la mayoría de los países del mundo desarrollado— se ajustaban más o menos al modelo sueco, pues la Revolución Industrial del siglo XIX y la revolución del conocimiento del siglo XX transformaron las sociedades. En cambio, una comparación con Chile, Mauricio y China pone de manifiesto que estos tres países —parte de lo que se solía denominar Tercer Mundo— crecen más despacio, con unos índices de natalidad y mortalidad muy superiores a los del mundo desarrollado.

Aunque en Suecia hubo que esperar a la década de 1860 a que la tasa de fertilidad empezara a descender, en algunos países avanzados había comenzado a bajar antes. En Estados Unidos y Gran Bretaña, el arco empezó a curvarse hacia abajo a principios del siglo XX. Las mujeres seguían teniendo muchos hijos, pero no tantos como antes. En Estados Unidos, por ejemplo, a principios del siglo XIX las mujeres blancas (no tenemos datos de mujeres afroamericanas o indias americanas) traían al mundo, en promedio, siete hijos. En 1850, el promedio era 5,4; y en 1900, 3,6. A lo largo del siglo XIX, el índice de fertilidad de Estados Unidos se redujo casi a la mitad. Hacia 1940, en vísperas de la entrada de Norteamérica en la Segunda Guerra Mundial, había descendido a 2,2, apenas por encima del nivel de los 2,1 bebés por mujer necesarios para sostener una población.[34]

La percepción popular de la disminución de la fecundidad es que empezó en la década de 1970, después del *baby boom*. Pero no es así. Antes del *baby boom*, en algunas economías avanzadas las tasas de fertilidad ya llevaban un siglo y medio bajando.

Una breve acotación: a algunos, el término «tasa de fertilidad» les suena burdo, incluso ofensivo, a máquina productora de bebés. Se trata de un concepto utilizado por los demógrafos para indicar el número de niños que se espera que tenga una mujer, por término medio, a lo largo de su vida. Aunque para los demógrafos los términos «tasa de natalidad» y «tasa de fertilidad» tienen significados diferentes, aquí los usamos indistintamente para evitar repeticiones. Y, en el caso de que estés preguntándote por qué el nivel de reemplazo es 2,1 y no 2,0, este 0,1 hace falta para compensar la mortalidad infantil y las muertes prematuras de algunas mujeres.

Hemos visto por qué el índice de fertilidad descendió durante el siglo XIX y la primera parte del XX. Pero, ¿cómo es que la tasa de mortalidad siguió bajando pese a los horrores de las guerras mundiales y los estragos causados por la gripe española? La mayoría de las personas apuntarían a numerosos progresos en medicina: nuevos tratamientos y vacunas para enfermedades, mejoras en medicina interna y cirugía, fármacos milagrosos para acabar con infecciones antaño letales, avances en la lucha contra las enfermedades cardíacas y el cáncer. No obstante, un acontecimiento incluso más importante todavía disfruta de poco relieve mediático. En los primeros años del siglo XX tuvo lugar una revolución en la salud pública, un cambio impulsado por alguien que es tan importante como John Snow pero que goza de menos reconocimiento si cabe. Se llamaba John Leal.

Gracias al doctor Snow, a principios del siglo XX las mejoras en las alcantarillas de los países avanzados habían reducido el peligro de contaminación por el agua. En cualquier caso, el sistema de cloacas no eliminaba del todo el riesgo, pues las aguas residuales al final terminaban en el agua que la gente se bebía. ¿Cómo se podía purificar el agua misma?

En 1774, el químico sueco Carl Wilhelm Scheele había descubierto el cloro, y un siglo después varios investigadores alemanes e ingleses habían comenzado a usarlo para descontaminar tuberías tras algún brote epidémico. En Inglaterra y Alemania había habido algunos intentos rudimentarios, provisionales, de clorar el agua. Sin embargo, el gran avance se produjo en Jersey City, Nueva Jersey, en 1908. El suministro de agua a la ciudad llevaba décadas siendo problemático, lo que provocaba frecuentes brotes de fiebre tifoidea y otras enfermedades. En 1899, el ayuntamiento encargó a la Compañía de Aguas de Jersey City la resolución del problema. La empresa, a su vez, contrató a John Leal, un médico de la localidad muy interesado en la salud pública, para que identificara y eliminara las causas de contaminación.

Hijo de un médico de una ciudad pequeña, Leal había visto a su padre sufrir y morir de disentería, lo que había suscitado en él una obsesión por combatir las enfermedades infecciosas.[35] Sabía algo acerca de los experimentos europeos sobre cloración y concluyó que la verdadera solución radicaba en clorar permanentemente el suministro de agua de Jersey City, pese a que la opinión pública y numerosos científicos no aprobaban la idea. Testarudo, incluso osado, Leal decidió pasar a la acción y adquirió los servicios de una serie de contratistas que, en solo noventa y nueve días, construyeron el primer sistema de cloración de agua operativo. El 26 de septiembre de 1908, sin tomarse la molestia de pedir autorización a nadie, Leal empezó a clorar el agua del depósito de Jersey City. Menos mal que calculó la concentración adecuada; si se hubiera equivocado, habría intoxicado a la ciudad entera. Al año siguiente, cuando por segunda vez el ayuntamiento demandó a la Compañía de Aguas afirmando que el agua de la ciudad todavía tenía niveles inadmisibles de contaminación, el juez constató la asombrosa disminución de enfermedades infecciosas como consecuencia de la cloración, y falló a favor de la parte demandada. El sistema de Leal funcionaba.

La noticia se propagó tan deprisa como una infección. Seis años después, la mitad de los norteamericanos que recibían abastecimiento hídrico municipal estaba bebiendo agua clorada. En Norteamérica y Europa, las autoridades se pusieron en marcha todo lo rápido que les permitía el presupuesto para introducir la cloración. El efecto en la salud pública fue asombroso. En 1908, cuando Leal añadió por primera vez cloro al suministro de agua de Jersey City, la fiebre tifoidea mataba cada año a veinte norteamericanos de cada cien mil. Hacia 1920, solo doce años después, la cifra había bajado a ocho. En torno a 1940, en el mundo desarrollado, una lacra tan antigua como la propia especie humana había sido erradicada definitivamente.

La cloración ha sido uno de los grandes avances en la lucha contra las enfermedades. Pero la medicina tiene mejor prensa que la salud pública. Quien tenga alguna idea de historia de la medicina sabrá que Frederick Banting y Charles Best dirigieron el equipo de investigadores canadienses que descubrieron el papel de la insulina en la diabetes, así como un método para fabricarla. Pero, ¿quién ha oído hablar de John Leal?[36]

A mediados del siglo XX, diversas innovaciones en la lucha contra las enfermedades y en favor de la salud pública habían alargado muchísimo la esperanza de vida. Una niña nacida en Australia en 1890 viviría unos cincuenta y un años. Una niña nacida en Australia en 1940 podía muy bien vivir hasta los sesenta y tantos.[37] No obstante, aunque el índice de mortalidad disminuía, el de fertilidad hacía lo propio debido a la creciente urbanización y al mayor empoderamiento de las mujeres. En 1931, cuando Australia comenzó a mantener estadísticas, la tasa de fertilidad ya era de 2,4 bebés por mujer, justo por encima del nivel de reemplazo de 2,1.[38] Para el conjunto del mundo desarrollado, la primera mitad del siglo XX fue un período de aumento de la esperanza de vida pero también de disminución de la fecundidad, lo que dio origen a familias cada vez más pequeñas y a un crecimiento cada vez menor de la población: la típica Fase 4 del modelo demográfico. Entretanto, la gran mayoría de la población del planeta padecía el ancestral sufrimiento de la

Fase 1: índices de mortalidad y de natalidad muy elevados pese a las supuestas bendiciones de las potencias imperiales: Gran Bretaña, Francia, Estados Unidos o, atención, Bélgica.

Y después, al acabar la última guerra mundial, todos los patrones explotaron, de modo que tanto el mundo desarrollado como el mundo en desarrollo cayeron en unas fluctuaciones de la fertilidad con las que todavía hoy convivimos.

A mediados de 1943, para el liderazgo de ambos bandos estaba claro que las Naciones Unidas, como se llamaban a sí mismos los aliados, ganarían la guerra contra las potencias del Eje, es decir, Alemania, Italia y Japón. Pero, ¿qué pasaría después? Los dirigentes de Washington sabían lo que había ocurrido tras la Primera Guerra Mundial. Mientras los gobiernos desmantelaban su maquinaria bélica y los chicos regresaban a casa, el desempleo aumentó, algo que empeoró debido a las medidas gubernamentales para mantener a raya la inflación mediante incrementos en los tipos de interés, lo cual provocó una aguda recesión. El eufórico intervalo de los Felices Años Veinte terminó el 29 de octubre de 1929, el Martes Negro, cuando se produjo el hundimiento financiero de la Bolsa de Nueva York, lo que conllevó una década de depresión como jamás se había visto en el mundo moderno. Las secuelas de la Primera Guerra Mundial contribuyeron a crear las condiciones de la Segunda. ¿Se repetiría la historia? ¿El final de la guerra volvería a originar recesión, desempleo y tal vez otra depresión? Harry Colmery estaba decidido a evitarlo.

Colmery, otro hombre apenas recordado por la historia que había crecido en Braddock, Pensilvania, ayudaba en la tienda de comestibles de su padre, repartía periódicos y trabajaba a tiempo parcial en la Union Pacific Railroad. Esta diligencia le permitió llegar al Oberlin College y luego a la Universidad de Pittsburgh, donde se sacó un título en derecho. No obstante, comenzó la Primera Guerra Mundial antes de poder empezar a ejercer. Tras alistarse, Harry entrenó a pilotos en Estados Unidos. Una vez licenciado, en 1919, se casó y se mudó a Topeka,

Kansas, donde vivió y practicó la abogacía durante el resto de su vida. Bondadoso, compasivo, modesto, Colmery era una persona muy querida en su ciudad de adopción. Pero si carecía de ego, no andaba escaso de convicciones. Se sentía consternado ante los veteranos de guerra que veía en Topeka —«mutilados, enfermos; algunos medio ciegos andando a tientas, otros cojeando con ayuda de un bastón»[39]—, que habían sido abandonados a su suerte por un gobierno federal indiferente.

Colmery se incorporó a la nueva Legión Americana, de la que fue presidente en el período 1936-1937. Cuando comenzó la Segunda Guerra Mundial, trabajó en la Legión como planificador y asesor del gobierno federal. Demócratas y republicanos, políticos y burócratas, civiles y militares discutían con vehemencia si, una vez terminada la guerra, había que ayudar a los veteranos y cómo. Colmery estaba convencido de tener la solución. Se encerró en una habitación del Hotel Mayflower de Washington y redactó su propuesta de reincorporación de los soldados a la vida civil después de la contienda.[40] De todos los planes de reconstrucción para la posguerra, el suyo fue el único que Franklin Delano Roosevelt y sus consejeros tuvieron en cuenta: utilizaron las páginas manuscritas de Colmery como base de la Servicemen's Readjustment Act [Ley de readaptación al servicio] de 1944, mejor conocida como G.I. Bill. Tampoco vino mal que la Legión presionara para que la ley llegara al Congreso, que en última instancia la aprobó por unanimidad. En la ceremonia de la firma, Colmery estuvo al lado del presidente.

La G.I. Bill creó la clase media moderna. Gracias a su ofrecimiento de enseñanza gratuita y otras ayudas educativas, ocho millones de veteranos obtuvieron un título, un diploma o formación laboral. Gracias a préstamos a bajo interés y otras modalidades de apoyo a la vivienda, 4,3 millones de veteranos se compraron una casa.[41] La G.I. Bill, combinada con los avances tecnológicos de la guerra, creó los barrios residenciales —y las autovías que enlazaban estos barrios entre sí y con el centro de la ciudad. Casi todo el mundo podía permitirse comprar un coche y una casa modesta, incluyendo una moderna televisión que papá y mamá verían por la noche con los niños. Montones y montones de niños.

Los índices de natalidad, que llevaban décadas bajando a través de ciclos de auge y caída, paz y guerra, se dispararon. La Depresión y la guerra seguramente habían reducido la tasa de natalidad por debajo del que habría sido su nivel natural; la prosperidad de la posguerra sin duda convenció a muchas parejas de que debían casarse más jóvenes y tener más hijos. En cualquier caso, una tasa de fertilidad que había estado disminuyendo desde 1800 invirtió su tendencia hasta llegar a 3,7 a mediados de los cincuenta, de nuevo cerca de donde había estado a principios de siglo. En este sentido, *Las desventuras de Beaver*, la popular comedia de los años cincuenta, era una anomalía. Los Cleaver debían haber tenido 1,7 hijos más. Wally y Beaver necesitaban una hermana.

A su manera, los Cleaver eran involuntarios iconos de propaganda. En general se creía que la familia constaba de esposo, esposa y los hijos que tenían. Aunque la imagen parecía eterna, de hecho no había existido nunca en el pasado. Antes del siglo XX, las familias eran más amplias y flexibles. Una pareja joven casada quizá vivía con los padres de uno de los cónyuges hasta que podían instalarse por su cuenta o el hacinamiento se volvía insoportable. Como las tasas de mortalidad eran tan altas, no era nada extraño que los niños perdieran a uno de los progenitores. Entonces el viudo o la viuda se volvía a casar, con lo que en una misma familia había dos grupos de hermanos. Cabía la posibilidad de que los niños fueran enviados a vivir con tíos o tías, o que se llegara al arreglo supuestamente mejor —o menos malo—. Las familias eran circunstanciales. Si en la época victoriana hubiera habido televisión, el programa favorito habría sido *La tribu de los Brady*.

Solo después de la guerra, con la creciente prosperidad y la llegada de la medicina moderna y numerosos avances en salud pública, tuvo una pareja esperanzas razonables de vivir por su cuenta poco después de casarse, y los padres podían suponer sensatamente que vivirían hasta los setenta u ochenta y tantos años y que sus hijos, casi con toda seguridad, harían lo mismo. Los convencionalismos cristianos y familiares, que siempre habían condenado tanto el divorcio como la bastardía, fomentaban los matrimonios precoces y las familias numerosas, la manera más segura de domar a los jóvenes, sobre todo en el caso de los chicos. El *baby boom*, como acabó siendo conocido, fue ante todo un experimento para crear la familia nuclear como soporte moral y social de la sociedad. *Las desventuras de Beaver* era una descripción idealizada de la familia suburbana, nuclear y de clase media a la que en principio aspiraba todo el mundo. Denominamos «los sesenta» a la reacción contra el experimento del *baby boom* y su propaganda adjunta. Canadá y Europa igualaron a Estados Unidos tanto en medidas políticas como en fecundidad, si bien el *boom* comenzó más tarde en Alemania Occidental, que necesitó una década para reconstruirse y hacer realidad su propio milagro económico, el *Wirtschaftswunder*. En el conjunto del mundo desarrollado, las madres tuvieron muchos más hijos a finales de la década de 1940 y durante toda la de 1950, hasta que en los sesenta la curva empezó a doblarse hacia el nivel próximo al reemplazo que se había alcanzado al estallar la guerra.

El *baby boom* se considera más bien una anomalía. La prosperidad y la euforia que llegaron con la paz produjeron un incidente temporal, que duró una generación, hasta que la tendencia histórica volvió a imponerse. El *boom* fue una casualidad que desde luego no explica el enorme crecimiento de la población global que caracterizó la segunda mitad del siglo XX. Para ello, hemos de buscar en otra parte.

Los países desarrollados de Europa y Norteamérica atravesaron la Fase 2 —en la que el índice de fertilidad permanece alto pero el de mortalidad empieza a disminuir— durante el siglo XIX y principios del XX. Los del resto del planeta la experimentaron todos a la vez, justo cuando se empezaron a arriar las viejas banderas y los mapas se revisaron una y otra vez.

Al final de la Segunda Guerra Mundial, los aliados dominaban el planeta, bien como potencias coloniales, bien como ganadores de la guerra. Y con la victoria llegó la culpa: ¿Cómo podían los aliados haber estado luchando por la libertad y oprimir asimismo a millones de súbditos colonizados? Con la victoria llegaron también las Naciones Unidas, la organización creada por las potencias vencedoras para representar a todos los países del globo, con el cometido de eliminar la pobreza y preservar la paz. Como encargada de mantener la paz, la ONU resultó ser una estructura defectuosa, aunque en el último medio siglo, mediante organismos con distintos acrónimos —OMS, PMA, UNESCO, UNICEF,[42] entre otros— ha conseguido hacer llegar alimentos y los elementos básicos de la salud pública y la medicina occidental a los más pobres del planeta. Otras modalidades de ayuda han llegado directamente, desde las antiguas potencias coloniales u otros países desarrollados que solo intentan hacer el bien —y quizá simplemente les conviene si, como consecuencia de ello, logran que sus empresas suministren la ayuda para entrar así en el mercado local—. Una inmensa proporción de esta ayuda se ha despilfarrado por culpa de la corrupción o la mala planificación. En algunos lugares, sobre todo en África, la vida poscolonial se ha deteriorado. Sin embargo, en gran parte del mundo, un año tras otro, las cosas han ido mejorando.

Fiebre amarilla, dengue, malaria, ébola. Mediante asistencia, vacunas y mejoras en la salud pública, como el acceso al agua potable o el tratamiento de las aguas residuales, la ayuda exterior y el desarrollo económico están derrotando al flagelo de las enfermedades. También han sido de gran ayuda los progresos en nutrición, gracias sobre todo a la Revolución Verde, que abordaremos en el próximo capítulo. De un lado a otro del planeta, incluso los más pobres entre los pobres viven más tiempo. En Etiopía, país frecuentemente devastado por hambrunas y guerras civiles, la esperanza de vida aumentó desde los treinta y cuatro años en 1950 hasta los cincuenta y nueve en 2009; en Haití, el país más pobre del hemisferio occidental, pasó de treinta y ocho a sesenta y uno durante el mismo período.[43] En general, desde 1900 la esperanza de vida promedio global se ha duplicado hasta llegar a los setenta años. Como la esperanza de vida ha aumentado en el mundo en desarrollo y las tasas de fertilidad se han mantenido elevadas, la población global se ha disparado: ha pasado de mil millones en torno a 1800, como ya hemos visto, a dos mil millones hacia 1927, tres mil millones hacia 1959, cuatro mil millones en 1974, cinco mil millones hacia 1987, seis mil millones a principios del milenio, y siete mil millones en la actualidad.[44]

En conjunto, la ayuda exterior ha sido una bendición para el mundo en vías de desarrollo. En la actualidad, la cifra total llega más o menos a los ciento cincuenta mil millones de dólares anuales, una quinta parte de la cual es aportada por Estados Unidos. Esta clase de dinero es útil; en los últimos años, como los países donantes han aprendido lecciones del pasado, la ayuda exterior ha realizado una labor excelente en lo relativo a la protección de la salud materna. Como veremos en uno de los capítulos, el crecimiento económico de China y la India también ha contribuido a reducir la pobreza global y a aumentar la esperanza de vida.

Las décadas en las que el mundo en desarrollo permaneció estancado en la Fase 2 del crecimiento demográfico —en que la esperanza de vida crecía al tiempo que los índices de fertilidad permanecían altos— explican la explosión poblacional desde la Segunda Guerra Mundial. Pero volvamos a analizar estas cifras demográficas globales. Se tardó unos 125 años en duplicar la población planetaria, esto es, pasar de mil a dos mil millones. Se tardó solo tres décadas en alcanzar los tres mil millones, y quince años en llegar a los cuatro mil millones, trece años para contabilizar cinco mil millones, y otros trece para los seis mil millones. Ha hecho falta aproximadamente la misma cantidad de tiempo para que seamos siete mil millones, y tardaremos, en efecto, otros trece años en sumar ocho mil millones.

El ritmo de incremento se ha estabilizado y ha comenzado a disminuir. Y en las próximas décadas aún disminuirá más, se parará y luego dará marcha atrás. Ello se debe a que buena parte del mundo en desarrollo ha entrado en la Fase 3: un índice de mortalidad menguante, pero un índice de natalidad también en descenso. Otros países en vías de desarrollo han alcanzado la etapa Ricitos de Oro de la Fase 4: una tasa de natalidad estable junto a una esperanza de vida cada vez mayor. La verdadera sorpresa es que casi todas las sociedades desarrolladas y muchas de las que están en vías de desarrollo han entrado en una nueva etapa.

Hay que tener presente lo que provoca el descenso de la fertilidad: la urbanización, gracias a la cual la fuerza muscular joven no tiene por qué trabajar en la granja, de modo que los hijos se convierten en una carga económica, y las mujeres, empoderadas, deciden indefectiblemente tener menos hijos y un mayor control sobre su cuerpo. Estos dos factores se afianzaron en el mundo desarrollado en los siglos XIX y XX. Sin embargo, ahora estas fuerzas intervienen también en las sociedades en vías de desarrollo. En 2007, la ONU declaró que, el 23 de mayo, por primera vez en su historia humana, el mundo era más urbano que rural.[45] (A la ONU le encantan las fechas simbólicas arbitrarias). La urbanización y el empoderamiento de las mujeres están teniendo en los países en desarrollo los mismos efectos que tuvieron en los países desarrollados, con la excepción de que todo está pasando muchísimo más deprisa. Las tasas de natalidad están desplomándose en todas partes. Este descenso es importantísimo. Este desplome es la razón por la que las previsiones de la ONU son erróneas: explica por qué el mundo está empezando a ser más pequeño; mucho antes de lo que la mayoría se imaginaba.

2

MALTHUS E HIJOS

«¡Soylent Green es gente!», avisa a gritos un aterrado detective de Nueva York, interpretado por Charlton Heston. Una población global de ochenta mil millones de personas ha arrasado el entorno de modo que ha quedado solo un producto basado en el plancton, fabricado por Soylent Corporation, para sustentar a la humanidad. Al menos todo el mundo creía que era plancton.[1]

Cuando el destino nos alcance (Soylent Green), estrenada en 1973, estaba ambientada en el año 2022. Pertenece a una larga lista de películas, libros, documentales y otros entretenimientos y espectáculos que giran en torno a la idea de que la superpoblación está destruyendo el planeta y agotando los recursos alimentarios, lo cual conduce inevitablemente al apocalipsis. Una de las más recientes es *Inferno*, una película simplemente horrorosa protagonizada por Tom Hanks, en la que un científico millonario, Bertrand Zobrist, llega a la conclusión de que la Tierra está al borde de una explosión demográfica catastrófica —«falta un minuto para la medianoche», alerta— y de que la única solución es soltar un virus fabricado por él mismo que matará a la mitad de la población mundial.[2] Solo Hanks, nuestro héroe, puede impedirlo. En la película nadie cuestiona la premisa de Zobrist; simplemente su solución no gusta.

Todo esto son tonterías. La población del planeta no será de ochenta mil millones en 2022; irá camino de los ocho mil millones, que es más que suficiente. Aunque la población actual está ejerciendo presión sobre el ambiente, contribuyendo a la extinción de ciertas especies y al calentamiento global, en el horizonte no se atisba ningún apocalipsis. Por otra parte, hay cada vez más demógrafos convencidos de que, en vez de seguir aumentando, la población del planeta se estabilizará y a continuación, a mediados de este siglo, empezará a disminuir.

Antes de refutar el mito de la explosión demográfica, veamos cómo ha surgido. Después intentaremos explicar por qué la sabiduría convencional en realidad no es tan sabia.

Thomas Robert Malthus (1766-1834) era un buen hombre. Su muy ilustrado padre, que había educado al hijo en casa, era amigo del filósofo David Hume y admirador del revolucionario filósofo francés Jean-Jacques Rousseau. De carácter dócil, tuvo un buen desempeño en Cambridge y se ordenó sacerdote, pero su falta de ambición clerical y un labio leporino que entorpecía sus capacidades oratorias lo hicieron aterrizar en una pequeña parroquia de Surrey, donde quedó consternado por la pobreza y la desnutrición que le rodeaban. Más adelante se dedicó a la docencia: fue la primera persona de Gran Bretaña en ser llamada «profesor de economía política». Siendo joven, defendió el apoyo del estado a los pobres (aunque después cambió de opinión), y sus teorías sobre la necesidad de incrementar el gasto público durante las recesiones económicas prefiguraron las de John Maynard Keynes.[3] Sin embargo, no se le recuerda por nada de esto, sino por haber dado origen a un adjetivo de los más sombríos que se conocen: «maltusiano».

En 1798, Malthus publicó *Ensayo sobre el principio de la población*, que comenzó siendo un panfleto y terminó, al cabo de varias décadas y ediciones, siendo un grueso volumen. En el libro, Malthus formulaba la cuestión fundamental que obsesionaba a los implicados en las ciencias sociales infantiles: «Se ha dicho siempre que el hombre se halla frente a una alternativa: o marchar hacia delante con creciente velocidad hacia mejoras ilimitadas y hasta ahora inconcebibles, o ser condenado a una perpetua oscilación entre la felicidad y el infortunio.»[4] Para Malthus, la respuesta era la oscilación. Observaba que, aunque el género humano había avanzado en la industria, el arte y el pensamiento «en relación con la extinción de la pasión entre los sexos, no ha habido progreso alguno».[5] Como a la gente le gustaba tanto el sexo, tenía muchos niños, debido a lo cual la población, incontrolada, crecería siempre en progresión geométrica mientras las mejoras en agricultura y la producción alimentaria se producían solo en progresión aritmética. «Una ligera familiaridad con los números pone de manifiesto la inmensidad del primer poder en comparación con el segundo.»[6] Por tanto, si las poblaciones de conejos, ciervos u otros animales pueden dispararse y desmoronarse, lo mismo puede pasarle a la del *Homo sapiens*.

En cierto modo, a Malthus se le ha malinterpretado. En su texto, muestra una preocupación auténtica por los pobres, cuya historia permanece oculta porque «las historias de la humanidad que poseemos solo se ocupan, en general, de las clases más altas de la sociedad».[7] Eran las clases populares las que más sufrían debido a las nefastas e interminables oscilaciones, afirmaba Malthus. Un aumento temporal de la prosperidad, quizá como consecuencia de una buena cosecha, una porción nueva de tierra dedicada al cultivo o diversas mejoras en las prácticas agrícolas, impulsaba a los miembros de lo que denominamos «clase trabajadora» a reproducirse con desenfreno. Así que, inevitablemente, engendraban más hijos de la cuenta. El exceso de población provocaba que el precio de la mano de obra bajara y el de la comida subiera. La gente pasaba hambre. Con el tiempo, los padres dejaban de tener niños pues sabían que no podrían alimentarlos, la población menguaba, y se recuperaba la estabilidad. En tales circunstancias, concluía Malthus, ofrecer ayuda a los pobres solo empeoraba su ya angustiosa situación al aplazar lo inevitable.

«Esta desigualdad natural entre las fuerzas de la población y de la producción en la Tierra... constituyen la gran dificultad que me parece a mí insuperable —escribió—, ... Ninguna pretendida igualdad, ninguna reglamentación agraria, por radical que sea, podrá eliminar, durante un siglo siquiera, la presión de esta ley, que aparece, pues, como decididamente opuesta a la posible existencia de una sociedad cuyos miembros puedan tener todos una vida de reposo, felicidad y relativa holganza.»[8] En otras palabras, los pobres estarán siempre entre nosotros, en cantidades que subirán y bajarán en función de las circunstancias, pero con un crecimiento demográfico sostenido y un aumento sostenido de la prosperidad absolutamente enfrentados entre sí.

La profecía de Malthus era sombría, implacable y errónea. Precisamente en la época en que estaba elaborando sus teorías, la población del planeta había llegado, por primera vez en la historia humana, a los mil millones de habitantes. Un siglo después ya serían dos mil millones. En la actualidad somos siete mil millones. Y sin embargo, casi todos vivimos más tiempo, más sanos y más felices que los pobres de la Inglaterra de Malthus.

Este innovador economista político, que vivió buena parte de su vida entre los verdes campos de Hertfordshire, estaba literalmente en medio de la explicación de por qué su teoría era defectuosa sin remedio. Hacia 1798, la revolución agrícola británica ya había cumplido un siglo. Se inició con los cercamientos, en virtud de los cuales los poderosos expulsaban a los campesinos de los campos de propiedad comunal. Hasta la fecha los poetas han lamentado el robo, pero los granjeros que controlaban sus campos pudieron innovar para maximizar la producción y los beneficios. Nuevos experimentos de cría selectiva elevaron el peso medio de la res muerta desde 168 kilos en 1710 a 250 kilos en 1795.[9] Personas como el vizconde Charles *Nabo* Townsend experimentó con nabos, tréboles y otros cultivos a fin de mejorar la calidad del suelo y reducir la necesidad del barbecho.[10] Y luego llegaron los inventos: la sembradora de Jethro Tull, la trilladora, la cosechadora, el arado de hierro. Cuando escribió su ensayo, Malthus no tenía acceso a ningún censo (los británicos confeccionaron el primero en 1801), pero actualmente estimamos que, en 1700, la población de Inglaterra y el País de Gales era de unos cinco millones y medio de personas. En la época en que Malthus redactó su tratado, superaba los nueve millones.[11] Gran Bretaña estaba a la vanguardia de una revolución global en la agricultura y la industria, a la cual acompañó una explosión demográfica que nunca dio marcha atrás porque la primera sustentaba fácilmente la segunda.

No obstante, esto no debilitó el empeño de algunos escritores, convencidos de que Malthus simplemente se había precipitado. La predicción más popular y agorera de que la superpoblación provocaría un colapso demográfico se hizo un siglo y medio después. Publicado en 1968, *La explosión demográfica* fue un superventas de Paul Ehrlich, biólogo de la Universidad de Stanford. El libro empieza con una afirmación simple y contundente: «La batalla para alimentar a toda la humanidad se ha acabado. En los años setenta y ochenta, cientos de millones morirán de hambre pese a los programas puestos en marcha para salvarlos.»[12]

Tal como lo veían Ehrlich y los demógrafos de los que él extraía sus conclusiones, el problema era muy sencillo: la medicina actual y la Revolución Verde —un aumento espectacular de la productividad alimentaria tras la Segunda Guerra Mundial— habían reducido muchísimo la tasa de mortalidad en lo que Ehrlich denominaba «países subdesarrollados» mientras no habían hecho nada por reducir la tasa de natalidad. Los países «superdesarrollados» como Estados Unidos estaban disminuyendo sus índices de natalidad, si bien la población seguía aumentando y ya había superado a su capacidad agrícola, con un coste medioambiental enorme, lo que los volvía vulnerables a cualquier descenso sostenido o repentino en la producción de alimentos. En todo caso, los países superdesarrollados carecían de los medios y de la voluntad para distribuir los excedentes alimentarios entre las personas de los países subdesarrollados, que ahora se hallaban al borde de la inanición masiva.

«El problema demográfico tiene dos clases de soluciones», concluyó Ehrlich. «Una es la "solución del índice de natalidad", en la que encontramos maneras de reducir ese índice. La otra es la "solución del índice de mortalidad", en la que las fórmulas para elevar ese índice —guerra, hambruna, plagas— *nos encuentran a nosotros.*»[13] Los gobiernos de los países tanto subdesarrollados como superdesarrollados, sostenía Ehrlich, deben llevar a cabo programas sistémicos, universales, incluso autoritarios, para reducir sus tasas de natalidad, «si puede ser mediante cambios en nuestro sistema de valores, o a la fuerza si los métodos voluntarios fracasan».[14] Sea como fuere, esto solo mejoraría las cosas de momento, avisaba. Nada, ni los impuestos a los pañales ni las esterilizaciones forzadas que defendía Ehrlich, evitaría la inminente hambruna. «Hoy no hay suficiente comida. Cuánta habrá mañana puede ser objeto de debate», escribió. «Si los optimistas tienen razón, el nivel actual de sufrimiento se mantendrá quizá durante dos décadas más. Si quienes tienen razón son los pesimistas, las hambrunas masivas se producirán pronto, quizá en la década de 1970, y sin duda a principios de la de 1980. Hasta ahora, casi todas las pruebas parecen estar del lado de los pesimistas.»[15]

Y sin embargo, cincuenta años después, aunque el planeta alberga unos 7,5 mil millones de personas, las hambrunas prácticamente han sido erradicadas. La culpa de que, en décadas recientes, muriera mucha gente por falta de comida la tenían la incompetencia o la depravación de sus propios gobiernos y/o el caos y la destrucción debidos a la guerra: Somalia, Corea del Norte, Sudán, Yemen. En las décadas transcurridas desde que Ehrlich escribiera el libro, muchos países en desarrollo (como los llamamos actualmente) han llegado a ser desarrollados: por ejemplo, Corea del Sur, Taiwán, Singapur o Chile. Entre 1990 y 2015, el número de personas que vivían en la pobreza extrema, definida por las Naciones Unidas como la situación en la cual las personas perciben unos ingresos de 1,25 dólares o menos al día, se ha reducido en más de la mitad, pasando de 1,9 mil millones a 836 millones. El número de niños que fallecían cada año ha disminuido desde los 6 millones en 1990 a los 2,7 millones de la actualidad. La mortalidad materna también ha bajado a la mitad.[16]

Entonces, ¿qué ha salido bien? Varias cosas. Ehrlich pronosticó que la polución del agua y el aire debido al exceso de población contaminaría el ambiente hasta llevarlo al borde del colapso. No obstante, aunque el calentamiento global es hoy en día motivo de gran preocupación, al menos en el mundo desarrollado se ha llevado a cabo la excelente labor de mejorar la calidad del aire y el agua, de modo que uno y otra se hallan en condiciones mucho mejores que hace cincuenta años. En Estados Unidos, por ejemplo, los dióxidos de nitrógeno y azufre (NOX y SOX), importantes causas de esmog o niebla contaminante, han disminuido un 60 y un 80 por ciento respectivamente en relación con los niveles de 1980.[17] La salud de los Grandes Lagos ha mejorado de manera espectacular desde que Canadá y Estados Unidos firmaron, en 1972, un tratado que comprometía a ambos países a recuperar esas vitales zonas de tierra adentro.[18]

Un factor aún más importante ha sido la Revolución Verde. Ehrlich era consciente de que estaban en marcha cambios trascendentales en la productividad agrícola, si bien subestimó en gran medida sus consecuencias. Los fertilizantes químicos, los herbicidas y pesticidas sintéticos, los cultivos múltiples, las modificaciones genéticas y otras medidas destacadas (aunque controvertidas) originaron un enorme aumento de la producción agraria, que acabó siendo más que suficiente para satisfacer la demanda. Aunque entre 1950 y 2010 la población se duplicó con creces, la producción alimentaria se triplicó, y ello a pesar de que la tierra cultivada aumentó solo un 30 por ciento. «Quedaban desmentidas las aciagas predicciones de la hambruna maltusiana, y buena parte del mundo en desarrollo era capaz de superar su crónico déficit alimentario.»[19]

De todos modos, el elemento crucial ha sido el ascenso de China y la India, el mayor avance en el bienestar humano jamás observado. Solo en estos dos países vive algo menos del 40 por ciento de la humanidad. Los británicos, en bancarrota debido a la Segunda Guerra Mundial e incapaces de controlar a una población cada vez más inquieta, concedieron la independencia a la India en 1947. Dos años después, el dirigente comunista Mao Zedong consolidó definitivamente su poder en China excluyendo a Taiwán y Hong Kong. Al principio, ninguno de los dos países aumentó mucho su prosperidad debido a ciertas ideas económicas tremendamente endebles. La India intentó hacer arrancar su economía imponiendo aranceles protectores que, en realidad, frenaron el desarrollo; el Gran Salto Adelante de Mao pretendía impulsar una industrialización rápida, pero lo que originó fue la Gran Hambruna china de finales de la década de 1950, como consecuencia de la cual murieron cuarenta y cinco millones de personas —«el mayor desastre histórico causado por el hombre»[20]—, una masacre devastadora incluso para los patrones del siglo XX.

Sin embargo, tras el fallecimiento de Mao y la llegada de Deng Xiaoping, China por fin despegó. La economía se duplicó entre 1980 y 1990, se triplicó entre 1990 y 2000, y se triplicó con creces entre 2000 y 2010. Digámoslo de otro modo. En 1980, la riqueza creada por un ciudadano chino en un año equivalía a 205 dólares (en dólares constantes según la paridad de poder adquisitivo). En 2016, era de 8.523,00 dólares. En los últimos cuarenta años, en China la creación de riqueza ha sacado de una pobreza atroz a una quinta parte de la humanidad.[21]

La India creció más despacio debido a las ridículas políticas del gobierno de Nueva Delhi. Sin embargo, pese al proteccionismo, la corrupción interna y las pugnas regionales, la economía india también experimemtó un crecimiento rápido, si bien nada parecido a lo de China. En la década de 1980, el gobierno federal prefirió cada vez más el capitalismo a la propiedad pública, y en la década de 1990 comenzó a liberalizar lentamente la economía. En 1960, el PIB promedio per cápita era de 304 dólares, muy por encima del chino. En 2016, estaba justo por debajo de 1.860 dólares, muy por debajo de los niveles chinos, pero aun así impresionante.[22]

Mientras China y la India crecían y se urbanizaban, sus tasas de natalidad disminuían. En la India, esto pasó de manera natural: estaba previsto que el país alcanzara aproximadamente en nuestra época actual el nivel 2,1 de reemplazo —o etapa Ricitos de Oro—. La tasa de natalidad china ya ha disminuido vertiginosamente, hasta un nivel oficial de 1,6 gracias a la política de «un solo hijo» impuesta en 1979 por el gobierno. Con la finalidad de frenar el rápido crecimiento demográfico del país, la draconiana norma acaso sea uno de los ejemplos históricos más claros de consecuencias imprevistas. Analizaremos estas consecuencias más adelante. Lo que aquí importa es que el crecimiento combinado de China y la India ha reducido muchísimo la pobreza global, mientras que sus menores índices de natalidad han aminorado los peligros de la superpoblación planetaria.

Si analizamos cualquier gráfico serio de los niveles de pobreza global,[23] observamos dos tendencias. La primera comienza a principios del siglo XIX. En esa época, aproximadamente el 85 por ciento de la población mundial vivía en lo que hoy llamaríamos «pobreza extrema», nivel en el que resolver la subsistencia propia y de la familia es un desafío diario. Pero a partir de un momento dado, muy despacio, las cosas empezaron a cambiar para la gente que vivía en Europa y Norteamérica. Hacia 1950, tras un siglo y medio de desarrollo, la extrema pobreza, como porcentaje de la población global, había bajado más o menos al 55 por ciento. Entonces interviene la segunda tendencia. La curva ya no desciende suavemente, sino que cae en picado. En la actualidad, los pobres que solo piensan en la siguiente comida suponen aproximadamente el 14 por ciento de la población global. Pensemos en eso. Se tardó 150 años en reducir el nivel de la extrema pobreza desde el 85 por ciento de la población a más o menos la mitad, pero se ha tardado menos de la mitad en hacerla disminuir desde la mitad a una sexta parte. Solo un comentario al margen. ¿No es curioso que, aunque seguimos preocupándonos con razón por quienes viven en la pobreza extrema, ni siquiera nos tomamos la molestia de celebrar lo que hemos conseguido, la casi total eliminación de la pobreza extrema en el mundo?

Del conjunto de los países en desarrollo que han crecido de manera impresionante en la última parte del siglo XX, China y la India son los más importantes. Por otro lado, junto a los países que de estar «en vías de desarrollo» pasaron a estar «desarrollados» —Corea del Sur, Taiwán, Singapur, Chile—, tenemos a los tigres asiáticos: Indonesia, Malasia y Tailandia. No obstante, lo que impresiona de veras no es que desde el final de la Segunda Guerra Mundial la prosperidad del ciudadano medio haya aumentado en todo el mundo; lo realmente extraordinario es que este enorme incremento de la riqueza se ha producido mientras la población global también estaba creciendo muchísimo.

Ehrlich se mostraba inasequible al desaliento. «Una de las cosas que la gente no entiende es que el tiempo corre de una manera para un ecologista y de otra para una persona corriente», dijo en un documental de 2015 sobre su libro. Sí, admitía haber exagerado, pero solo porque estaba intentando «que se hiciera algo». El crecimiento demográfico sigue estando peligrosamente descontrolado, y el día del juicio final se acerca. «No creo que en *La explosión demográfica* mi lenguaje fuera demasiado apocalíptico —insistía—. Mi lenguaje habría sido aún más apocalíptico hoy. La idea de que cada mujer deba tener todos los hijos que quiera es, para mí, como decir que todo el mundo ha de estar autorizado a arrojar la cantidad de basura que quiera al patio del vecino.»[24]

El error de predicción de Ehrlich, y antes de Malthus, no ha desanimado a quienes, una generación tras otra, se empecinan en que El Final Está Cerca. El siguiente bombazo de retórica apocalíptica fue *Los límites del crecimiento*, publicado en 1972 por el Club de Roma, un centro de estudios recién creado que pretendía enlazar tendencias dispares para crear un análisis global exhaustivo. Mediante un modelo informático desarrollado en el Instituto Tecnológico de Massachusetts, el análisis llegaba a la conclusión de que «si las tendencias actuales de población, industrialización, contaminación, producción de alimentos y explotación de recursos continúan sin cambios, los límites de crecimiento de nuestro planeta se alcanzarán en unos 100 años (antes de 2072). Las consecuencias serán la caída súbita de la población y de la capacidad industrial».[25] El crecimiento maltusiano de la población y la extracción de recursos provocará un descenso de la producción per cápita en la década de 2010, un incremento de la tasa de mortalidad a causa de la escasez en la década de 2020, y una caída de la población global hacia 2030, junto con un colapso general de la civilización tal como la conocemos hoy. Para evitar este desmoronamiento, los autores proponían restricciones drásticas e inmediatas al crecimiento de la población y del capital. «No tomar medidas para resolver estos problemas equivale a tomar medidas muy claras», advertían los autores. «Cada día de crecimiento exponencial lleva al sistema mundial más cerca de los límites máximos de ese crecimiento. La decisión de no hacer nada es la decisión de incrementar el peligro de colapso.»[26]

Como es obvio, no ha pasado nada de esto. Sin embargo, periódicas actualizaciones nos aseguran que la humanidad sigue por la senda de la perdición. En 2014, unos investigadores de la Universidad de Melbourne declararon que las predicciones del MIT iban camino de materializarse, de tal modo que la crisis financiera de 2008-2009 era una avanzadilla de lo que está por venir. «*Los límites del crecimiento* estaba en lo cierto: las nuevas investigaciones demuestran que nos acercamos al hundimiento», rezaba el título, y los autores llegaban a esta conclusión: «Quizá sea demasiado tarde para convencer a los políticos mundiales y a las élites acaudaladas de que cambien de rumbo. Así que para los demás quizá haya llegado el momento de pensar en cómo protegernos mientras nos encaminamos hacia un futuro incierto.»[27]

Últimamente se ha publicado *Obesos y famélicos: el impacto de la globalización en el sistema alimentario mundial*, de Raj Patel, escritor y profesor en la Universidad de Tejas en Austin, y *El oprobio del hambre: alimentos, justicia y dinero en el siglo XXI*, de David Rieff, escritor e hijo de la pionera feminista Susan Sontag. Pero quizá el más listo de la clase sea *The End of Plenty*, del agrónomo y periodista Joel Bourne, publicado en 2015. Bourne admitía sin reparos que, según demostraban las innovaciones agrícolas, en su momento los catastrofistas se habían equivocado. Pero ahora, precisaba, las cosas eran distintas. El aumento de los precios alimentarios de los últimos años refleja que se ha llegado al tope de la capacidad productiva del planeta. Los bosques y los mares se van agotando y miles de especies se encuentran en vías de extinción, la agricultura intensiva está dañando el suelo y el agua, y todas estas actividades contribuyen al fantasma del calentamiento global, que por sí mismo inundará tierras de labranza, perjudicará ciertos cultivos y reducirá la producción. «Si seguimos a este ritmo, un día la siguiente especie que desaparecerá será la nuestra», avisaba Bourne.[28]

No obstante, el más neomaltusiano de todos es una institución, y encima muy respetada. La División de Población de las Naciones Unidas, componente clave del Departamento de la ONU de Asuntos Económicos y Sociales, es casi tan antigua como la propia ONU, pues en una forma u otra ha existido desde 1946. Su principal objetivo es crear modelos estadísticos que prevean con precisión el crecimiento de la población global. Los demógrafos y estadísticos que trabajan ahí son profesionales competentes. En 1958, la División pronosticó que hacia el año 2000 la población mundial llegaría a los 6.280 millones de personas. De hecho, la cifra fue algo inferior, 6.060 millones, unos 200 menos —la diferencia era lo bastante pequeña para no tenerla en cuenta—.[29] Aquello fue de veras admirable, toda vez que los demógrafos de la época disponían de muy pocos datos sobre África y China. Así pues, la mayoría de las personas toman muy en serio la predicción de la División acerca de cómo nos irá en este siglo, sobre todo cuando ha mejorado la calidad de los datos relativos a los países en desarrollo y se ha perfeccionado la elaboración de modelos.

Así pues, ¿qué está diciendo la ONU? A primera vista, todo parece bastante sombrío: en 2017, la población del planeta llegará a los 7.600 millones de personas. Hacia 2030 habrá mil millones más, lo que dará un total de 8.600 millones. Al cabo de otros veinte años, en 2050, la cifra será de 9.800 millones —o sea diez mil millones, más o menos—. Y cuando nuestros descendientes llamen a la puerta del nuevo siglo, la población planetaria de 2100 ascenderá a 11.200 millones, momento a partir del cual las cifras se estabilizarán y empezarán a disminuir.[30]

No obstante, este es solo un escenario propuesto por la ONU. Esta «variante media», como se denomina, es la que los demógrafos de la ONU consideran más susceptible de ser correcta, la que ha demostrado ser acertada en el pasado: se basa en las mejores conjeturas sobre cómo evolucionará la tasa de fertilidad de cada país durante el resto del siglo. Sin embargo, estos mismos demógrafos reconocen que sus predicciones podrían ser erróneas. Si la tasa de fertilidad global a lo largo el siglo es un 0,5 superior a la variante media, es decir, si las mujeres producen en conjunto, por término medio, medio bebé más de lo previsto, se avecina una catástrofe. En este escenario de variante alta, la población global sería de casi diecisiete mil millones de personas en 2100 y seguiría creciendo sin estabilización alguna a la vista. ¿Cómo demonios vamos a dar de comer a toda esa gente? ¿Cómo haremos frente al impacto medioambiental? ¿Dónde colocaremos a esas personas? Seguramente incluso las previsiones más optimistas sobre el aumento de la productividad agrícola se quedarían cortas con respecto a las necesidades alimentarias de diecisiete mil millones de almas. Al final resultará que Malthus y sus herederos tenían razón.

No obstante, existe otro escenario, conocido como «de variante baja». En este período, las mujeres producen medio bebé *menos* de lo previsto. Los índices de fertilidad caen en picado, no solo en el mundo desarrollado sino también en las regiones en desarrollo y en las más pobres. En este contexto, la población del planeta llegaría a un máximo de 8,5 mil millones en algún momento de 2050, y luego empezaría a disminuir rápidamente; con tanta rapidez que a finales de siglo la población mundial volvería a girar en torno a los siete mil millones de personas, la cifra actual. En lugar de aumentar, el número de habitantes del planeta estaría reduciéndose.

Cabría suponer que esto es motivo de celebración. Los pulmones del planeta probablemente respirarían mejor sin la presión de tantos miles de millones de seres humanos; al haber menos bocas que alimentar y menos familias que alojar, las hambrunas y la pobreza decrecerían sin asomo de duda. Pero esto sería así solo en parte, pues el impacto económico y geopolítico sería más diverso. En próximos capítulos analizaremos las consecuencias de un descenso sostenido de la población. La verdadera pregunta es esta: ¿Cuál es la variante más probable? En 2100, ¿seremos diecisiete mil millones y creciendo deprisa, once mil millones y estabilizándonos o siete mil millones y decreciendo? No hace falta ser economista o científico político para comprender que un mundo de diecisiete mil millones de habitantes sería un lugar tumultuoso y desdichado. Incluso once mil millones se presume una cantidad difícil de gestionar. ¿Y siete mil millones? Ahora mismo, con esta cifra avanzamos resoplando.

John Wilmoth, que ha sido director de la División de Población de las Naciones Unidas (DPNU) desde 2013, confía en que se producirá la variante media o algo muy parecido. «Para el conjunto del mundo, dentro de unos treinta años o así, [las variantes alta o baja] llegarían a ser realmente inverosímiles», nos dijo en una entrevista. Aunque las previsiones de la ONU para un país sean demasiado altas y para otro, demasiado bajas, las diferencias tienden a contrarrestarse recíprocamente, dice. El método de la ONU de cálculo de tendencias demográficas ha demostrado ser adecuado en el pasado, y Wilmoth está convencido de que sigue siéndolo. ¿En qué consiste? En pocas palabras, la DPNU da por supuesto que la tasa de fertilidad de una región o un país determinado concordará con la de otros países o regiones que hayan avanzado más pero hayan tenido experiencias similares. Pongamos que el país A ha reducido su tasa de fertilidad de seis a cuatro en el espacio de treinta años. El país B tuvo en otro tiempo una tasa de seis y también tardó treinta años en bajarla a cuatro. A continuación, el país B redujo ese índice de fertilidad de cuatro a dos en un período de cuarenta años. La DPNU pronostica que, en el espacio de cuarenta años, la tasa de fertilidad del país A también disminuirá de cuatro a dos. «Partiendo de la experiencia histórica, imaginamos que los países que actualmente tienen niveles altos de fertilidad y bajos de esperanza de vida harán progresos de una manera similar, a un ritmo parecido, hacia lo que han experimentado otros países en el pasado», cree Wilmoth. «Todo se fundamenta en las experiencias pasadas.»

Wilmoth también tiene una explicación de por qué ciertos países con tasas de fertilidad bajas están experimentando una recuperación menor —si bien nada comparable al nivel de reemplazo—. A su juicio, en algunas sociedades las parejas han llegado a la conclusión de que quieren tener más hijos de los que eran capaces de tener las parejas en el pasado reciente, pues las mujeres son más iguales en derechos, y el cuidado de los niños es más accesible y asequible. Su departamento cree que este repunte será un rasgo permanente en las próximas décadas y que contribuirá al crecimiento demográfico.

Las proyecciones de la DPNU se basan en la suposición de que el descenso de la tasa de fertilidad es constante entre países y regiones, que el país A siempre imitará al país B. Los psicólogos y los analistas financieros denominan a este supuesto «sesgo de lo reciente», la creencia de que, como en el pasado las cosas han ocurrido de determinada manera, tienen que producirse igual en el futuro. El sesgo de lo reciente es la causa por la que muchos agentes de Bolsa pasan por alto las señales de aviso de un inminente mercado con tendencia bajista.

Normalmente, el pasado es un prólogo, pero en lo relativo a proyecciones estadísticas, a veces no lo es. Las cosas cambian. Lo que era importante en el pasado quizá no importe tanto en el futuro, y lo que antes era intrascendente tal vez llegue a ser un asunto relevante. Por ejemplo, ¿qué pasa si una tendencia que antes necesitó cierto tiempo para consolidarse, como una disminución de la fertilidad provocada por la urbanización y el empoderamiento de las mujeres, comienza a acelerarse? ¿Y si algo que en otro tiempo tardó cuarenta años tarda ahora solo veinte?

Aun así, la variante media de las Naciones Unidas siempre ha demostrado ser certera. El sentido común sugiere que la variante volverá a ser precisa. Pero esta vez, creemos que el sentido común se equivoca. Y no somos los únicos.

Estamos en la luminosa, blanca y casi antiséptica oficina de Wolfgang Lutz, en la Universidad de Economía y Negocios de Viena, donde imparte clases. Alto, de pelo ralo y canoso, con una perilla casi estereotípica, Lutz es un *baby boommer* clásico, pues nació en 1956. Lo que ya no es tan característico es su par de doctorados, uno de la Universidad de Pensilvania, y el otro de la de Viena, ambos relacionados con la demografía y la estadística. Cortés, concentrado, emanando una especie de energía nerviosa mientras despliega sus queridos gráficos de población, Lutz quiere que el visitante entienda por qué las previsiones de las Naciones Unidas son erróneas. La explicación se condensa en una palabra: educación.

«El cerebro es el órgano reproductor más importante», afirma. Si una mujer dispone de suficiente información y autonomía para tomar una decisión por su cuenta y con conocimiento de causa sobre cuándo tener hijos, y cuántos, inmediatamente tiene menos y los tiene más tarde. «Tan pronto una mujer se socializa y accede a una educación y una carrera, está preparada para tener una familia más pequeña», explica. «El proceso es irreversible.»[31] Lutz y sus colegas demógrafos del Instituto Nacional de Análisis Aplicado de Sistemas (IIASA, por sus siglas en inglés) creen que el impulso a la educación en los países en vías de desarrollo, originado por la urbanización creciente, debería ser tenido en cuenta en futuras proyecciones demográficas, algo que la ONU no hace. Mediante estos factores, el IIASA predice una estabilización de la población a mediados de siglo, a la que seguirá un descenso. En opinión de Lutz, la población humana ya estará disminuyendo en 2060.

No es ni mucho menos una voz clamando en el desierto. Jørgen Randers es un profesor noruego que figura como coautor de *Los límites del crecimiento*. Pero ya no piensa igual que antes. «La población mundial no llegará nunca a los nueve mil millones de personas», asegura ahora. «Alcanzará un valor máximo de ocho mil millones en 2040, y luego empezará a descender.»[32] Atribuye la inesperada disminución a que las mujeres de los países en desarrollo están mudándose a suburbios urbanos. «Y en un arrabal urbano no tiene sentido formar una familia numerosa.»

The Economist también se muestra escéptico con respecto a los cálculos de la ONU: en un análisis de 2014, señalaba que ciertas proyecciones anteriores no previeron «el extraordinario descenso de la fertilidad en Bangladesh o Irán desde 1980 (en ambos países, desde unos seis hijos por mujer a más o menos dos en la actualidad). Hoy por hoy, África es el origen de gran parte del nuevo crecimiento demográfico, y los autores suponen que las tasas de fertilidad seguirán bajando ahí más lentamente de lo que lo hicieron en Asia y Latinoamérica. En cualquier caso, no podemos estar seguros».[33]

El estadístico sueco Hans Rosling fundó el Instituto Gapminder para difundir conocimientos sobre los grandes cambios demográficos en marcha mediante un lenguaje que el público en general fuera capaz de entender. En un popular vídeo, «Don't Panic» [No te asustes], explica a la audiencia que «la humanidad ya lo está haciendo mejor de lo que muchos creéis».[34] Habla también de la convergencia de la tasa de natalidad y la esperanza de vida entre países desarrollados y en desarrollo, y puntualiza que «ya no vivimos en un mundo dividido». Señala asimismo que su nieta, nacida en 2000, llegó el año del «pico de niños». A principios de siglo había dos mil millones de niños, y al final habrá también dos mil millones. A juicio de Rosling, aunque el planeta llegue a los once mil millones de habitantes gracias a la mayor esperanza de vida, esta cohorte estable de jóvenes, junto con una educación y una asistencia sanitaria mejores, sustentará fácilmente a una población que cada vez será más próspera. En otros análisis se obtienen aproximadamente los mismos resultados. Según un informe del Deutsche Bank, por ejemplo, la población planetaria alcanzará su valor máximo de 8,7 mil millones en 2055 y a partir de ahí bajará hasta llegar a los ocho mil millones a finales de siglo.[35]

Entonces, ¿quién tiene razón? ¿Los demógrafos de la ONU o sus críticos de Europa y otras partes? Una forma de comenzar a responder a esta pregunta es mirando alrededor para ver en qué fase de la transición demográfica se encuentran diversos países y regiones.

Cuando se creó el Modelo de Transición Demográfica, allá por 1929, contenía solo cuatro fases. La Fase 4, la última, visualizaba un mundo en el que la esperanza de vida era alta y la tasa de fertilidad baja, en torno al nivel necesario para mantener la población: 2,1 hijos por madre. Pero resulta que hay una quinta fase, en la que la esperanza de vida sigue aumentando lentamente, mientras las tasas de fertilidad continúan bajando hasta situarse por *debajo* del nivel de reemplazo, lo que a la larga provoca un descenso demográfico. Prácticamente todo el mundo desarrollado se encuentra en la Fase 5.

En la década de 1970, en las economías más avanzadas el índice de fertilidad empezó a ser inferior a 2,1, y también empezó a disminuir en los países en vías de desarrollo, fenómeno descrito como «uno de los cambios globales más asombrosos de la historia».[36] A toro pasado, no tenía que haber sido ninguna sorpresa en absoluto. Cuanto más se urbaniza una sociedad, más control ejercen las mujeres sobre su cuerpo, y menos niños deciden tener. En casi todos los países occidentales, como Estados Unidos y Canadá, hoy en día el 80 por ciento de la población vive en ciudades. Y las mujeres controlan casi del todo sus decisiones reproductoras gracias, en parte, a que en 1951 se produjo un hallazgo fortuito.

Margaret Sanger acuñó el término «control de natalidad» y abrió la primera clínica de planificación familiar. Cuando siendo joven, en 1910, se mudó a Nueva York, Sanger estaba decidida a evitar las trampas de la domesticidad conyugal. Su trabajo como enfermera con mujeres pobres del Lower East Side, incluyendo los —literalmente— miles de burdeles que ahí había, le hicieron ver los tremendos riesgos que afrontaban las mujeres que querían poner fin a un embarazo. Incluso llegó a ser detenida por promover los anticonceptivos; defendía que cada mujer debía ser la «dueña absoluta de su cuerpo»;[37] y de la anarquista Emma Goldman tomó prestado el lema: «Ni dioses, ni amos.» Consiguió que los médicos tuvieran derecho a recetar anticonceptivos. Abrió clínicas, editó revistas y difundió la buena nueva. Y en 1951, en una cena conoció al endocrinólogo Gregory Pincus, a quien convenció de que dedicara sus investigaciones a desarrollar una píldora anticonceptiva. También consiguió la financiación necesaria. En 1954 ya estaban en marcha los ensayos humanos. En 1957, se dio el visto bueno a la píldora para mujeres con trastornos menstruales graves, lo que provocó un súbito aumento del número de mujeres que se quejaban de problemas con la regla. En 1960, la Administración de Alimentos y Medicamentos dio su aprobación al uso de la píldora como anticonceptivo.

El anticonceptivo oral revolucionó la sexualidad. Las mujeres y los hombres podían tener relaciones sexuales por gusto, sin miedo a hijos no deseados. Y para las mujeres que se quedaban embarazadas, el aborto pasó a ser una opción legal cuando, trece años después de llegar la píldora al mercado, el Tribunal Supremo de los Estados Unidos, en el caso Roe *v.* Wade, dictaminó que las mujeres tenían derecho constitucional al aborto en el marco de su derecho a la privacidad. A finales de la década de 1970, el acceso a la píldora y al aborto seguro y legal era algo común y corriente en todo el mundo desarrollado. Y las tasas de fertilidad seguían desplomándose.

Tomemos el caso de España. La antigua potencia imperial está afianzada en la Fase 5 del crecimiento demográfico. Presenta una tasa de fertilidad muy baja: 1,2 nacimientos por mujer, muy por debajo del índice de reproducción. También tiene una esperanza de vida muy elevada: 82,5 años, la cuarta más alta del mundo (detrás de Japón, Islandia y Suiza).[38] Sin embargo, incluso con tanta gente de edad avanzada, en 2012 la población española comenzó a disminuir, pues en algunas regiones mueren dos personas por cada bebé que nace.[39] Hasta la fecha, el descenso ha sido gradual: la población de 46,8 millones de 2011 se ha reducido en 400.000 almas. No obstante, la tendencia está a punto de acelerarse. Madrid calcula que, en el espacio de una década, desaparecerá del país un millón de personas, y que hacia 2080 habrá 5,6 millones menos de habitantes.[40] El gobierno tiene tantas ganas de invertir la tendencia, o al menos de ralentizarla, que ha nombrado un «comisario del sexo», al que ha encomendado la elaboración de una estrategia nacional que haga frente a los desequilibrios demográficos del país.[41]

La mayoría de los países europeos, sobre todo los que ponen límites a la inmigración, son como España. Pero Europa no está sola. Se espera que, en los próximos treinta y cinco años, la población de Japón disminuya un 25 por ciento, con lo cual pasará de 127 millones a 95. Las cifras son parecidas en los casos de Corea del Sur y Singapur, otras dos sociedades asiáticas plenamente desarrolladas. Las perspectivas son más alentadoras para Estados Unidos y Canadá, pero solo porque ambos países ponen en práctica políticas de inmigración sólidas (si bien muy distintas). Volveremos sobre estas dos excepciones en capítulos posteriores.

Sin embargo, los descensos de fertilidad no son exclusivos del mundo desarrollado. La urbanización y el empoderamiento de las mujeres son fenómenos globales. Sabemos que China y la India se hallan en el nivel de reemplazo de 2,1 o por debajo del mismo. Y lo mismo sucede con otros países en vías de desarrollo: Brasil (1,8), México (2,3), Malasia (2,1), Tailandia (1,5). Las tasas de natalidad todavía son muy elevadas en África (Níger: 7,4; Malawi: 4,9; Ghana: 4,2) y ciertas zonas de Oriente Medio (Afganistán: 5,3; Irak: 4,6; Egipto: 3,4). De todos modos, estos países de alta fecundidad tienen algo en común con sus equivalentes de fecundidad alta: en todas partes, prácticamente sin excepción, los índices de natalidad están bajando. No suben en ningún sitio.

Sabemos que la urbanización influye en el cálculo económico a la hora de decidir si se tienen hijos o no y propicia el empoderamiento de las mujeres gracias a la educación. Diversas investigaciones recientes han demostrado que intervienen también otros factores, uno de los cuales es la menor capacidad de influencia de una familia en otra. Si vives en una sociedad rural, poco desarrollada, tu entorno social probablemente girará en torno a la familia, en la que los más viejos dan la lata sin cesar a los más jóvenes para que se casen y tengan hijos y, de este modo, satisfagan el ancestral impulso evolutivo de reproducirse. Sin embargo, a medida que las sociedades se vuelven más modernas y urbanas, los amigos y los compañeros de trabajo sustituyen a los hermanos, los padres, los tíos y demás parientes. En tu propia familia, seguro que en algún momento tus padres o tus abuelos ejercieron cierta presión, por sutil que fuera, para que encontraras pareja, sentaras la cabeza y tuvieras hijos. Pero, ¿alguno de tus amigos te apremió para que tuvieras niños? ¿A tus compañeros de trabajo les importa en lo más mínimo? «Hoy día, en las interacciones sociales de la gente, los integrantes de la familia tienen menos importancia que en cualquier otra época de nuestra historia evolutiva», escribe el psicólogo Ilan Shrira, de la Universidad Loyola de Chicago. «Este cambio es el factor crucial del descenso en las tasas de natalidad, *pues los miembros de la familia se animan unos a otros a tener hijos*, pero los ajenos a la familia no.»[42]

Otro factor es el menguante poder de la religión en casi todo el mundo. No necesitamos ahondar en las diversas razones propuestas por las que la fe es cada vez más débil en muchas sociedades, aunque vale la pena señalar que las mismas fuerzas que reducen la fertilidad —prosperidad en aumento,[43] mejor educación, emancipación de las mujeres,[44] menor influencia de la familia— debilitan el poder de la religión organizada para limitar la autonomía personal. De todos modos, no hay duda de que las sociedades en las que la religión mantiene una influencia considerable en las decisiones individuales tienen unas tasas de fertilidad superiores a las de las sociedades en las que la influencia religiosa es menor. En tres sondeos WIN/Gallup, realizados en 2008, 2009 y 2015, se preguntaba a los encuestados si tenían sentimientos religiosos o no. En Malawi y Níger —que, como hemos visto, están entre los países con una mayor tasa de fertilidad del mundo—, el 99 por ciento de los encuestados respondieron que sí. Solo el 39 por ciento contestó afirmativamente en España, considerado ahora uno de los países menos religiosos del planeta.[45] (He aquí una correlación interesante: las sociedades donde el poder de la Iglesia Católica se ha desmoronado con cierta rapidez, como España, Quebec o Irlanda, suelen pasar de unas tasas de fertilidad relativamente altas a otras relativamente bajas bastante deprisa).

También cabe señalar que el creciente poder de las mujeres para controlar su destino reproductivo es, en muchos aspectos, un juego de suma cero: la fertilidad ha disminuido a pesar de la —hasta hace poco— firme aunque inútil oposición de los hombres. Estos no han concedido de buen grado a las mujeres los derechos de propiedad o el derecho de voto —ni mucho menos, a la larga, algo parecido a la igualdad plena. Lo han hecho pataleando y gritando, contra su voluntad. A lo largo de casi toda la historia, los hombres han controlado a las mujeres, incluyendo sus cuerpos, de hecho y de derecho, y solo han renunciado a ese control cuando se han visto forzados a ello por las mujeres —urbanizadas, cultas y autónomas—. En efecto, los hombres y las mujeres se han querido unos a otros y han vivido juntos en el amor desde los albores de la especie, pero solo bajo las condiciones de los hombres, y estas condiciones podían ser muy rigurosas. De entre miles de ejemplos, escogemos uno. Hemos mencionado que Margaret Sanger fue a la cárcel por promover los anticonceptivos. Eso fue así porque violó las Leyes de Comstock de Estados Unidos, aprobadas en 1873, que no solo prohibían el uso de toda clase de pornografía, de literatura y de arte erótico y anticonceptivos, sino que también consideraba ilegal promover la contracepción o informar a la gente sobre su empleo. En la década de 1970, en Estados Unidos y otros países seguían vigentes diversas versiones de las Leyes de Comstock. Todavía en esa década, los condones se vendían generalmente solo en farmacias, donde se guardaban detrás de los mostradores, para que el cliente tuviera que pedirlos de manera explícita —algo que daba pavor a los adolescentes—. Este combate no ha concluido. En la actualidad, ciertos políticos y predicadores, casi todos hombres, están intentando restringir el derecho de la mujer al aborto, en Estados Unidos y otros lugares. En el otoño de 2017, un torrente de revelaciones sobre hombres poderosos que habían abusado de mujeres galvanizó la campaña #MeToo. Todavía nos persigue el legado de los hombres como dueños del cuerpo de las mujeres.

A medida que una sociedad se urbaniza y las mujeres adquieren más poder, los lazos familiares, la influencia de la religión organizada y el dominio masculino disminuyen junto a la tasa de fertilidad. Un ejemplo en el que están presentes todas estas fuerzas lo tenemos en las Filipinas, un archipiélago grande y pobre del Pacífico occidental. En 1960, la población rural de las Filipinas (diecinueve millones de personas) era más del doble que la urbana (ocho millones). En la actualidad, la población está repartida a partes iguales entre el campo y la ciudad, y hacia 2030 se prevé que sean urbanos el 65 por ciento de sus habitantes.[46]

A medida que las Filipinas se urbanizan, los derechos de sus mujeres son cada vez más sólidos. En 2010, el gobierno aprobó lo que denominó «Carta Magna de las Mujeres», una exhaustiva serie de leyes que prohíben toda clase de discriminación relativa a las mujeres, a las que proporciona protección legal contra la violencia. Hoy en día, ocupa el séptimo puesto (la primera es Islandia) en el *Global Gender Gap Report* [Informe global sobre la brecha de género] del Foro Económico Mundial.[47] En 1965, la tasa de fertilidad filipina era de siete. En la actualidad es tres, y está bajando a razón de medio bebé cada cinco años. ¡Medio niño cada cinco años! Las Filipinas aportan pruebas adicionales de que, mientras los índices de fertilidad disminuyeron en el mundo desarrollado durante más de un siglo, en el mundo en vías de desarrollo van a desplomarse en cuestión de pocas décadas.

Pero, ¿cómo es que la fecundidad filipina está descendiendo con tanta rapidez? En ese país, la Iglesia Católica tiene mucha fuerza, y resulta que la propia Iglesia nos da la respuesta. «En las Filipinas, la asistencia a misa disminuye», informa el *UCA News*, que se promociona a sí mismo como el «servicio de noticias católico e independiente más fiable de Asia».[48] Por lo visto, solo cuatro de cada diez filipinos acude ahora a la iglesia de forma regular. «El fracaso de las familias a la hora de transmitir valores entre los jóvenes es uno de los factores que ha dado lugar a esta menor asistencia a la iglesia en las Filipinas, de mayoría católica», se lamenta el autor.

En las Filipinas, la Iglesia todavía tiene poder. El aborto es ilegal, y no hay ley de divorcio. Con independencia de lo que diga la Carta Magna, las mujeres aún están discriminadas y corren peligro de sufrir violencia en casa y acoso en la calle. «En las Filipinas, la lucha por los derechos de las mujeres es una batalla que en realidad no se acaba nunca, y en la búsqueda de la igualdad y su necesaria protección hace falta una continua vigilancia... por pequeñas que sean las victorias», concluía un análisis reciente.[49] No obstante, el progreso avanza solo en una dirección. Se prevé que la población filipina habrá crecido desde sus actuales 101 millones hasta 142 hacia 2045, y que a partir de ahí seguramente comenzará a disminuir.[50] Se repite la misma historia en todo el mundo. La urbanización, el empoderamiento de las mujeres y la mengua de fertilidad son fenómenos universales, aunque cada uno avanza a un ritmo distinto, en función de las características de la cultura local.

Si uno habla extraoficialmente con ciertos demógrafos, advierte sus dudas sobre si la ONU mantiene sus proyecciones demográficas altas, pese a todas las pruebas de lo contrario, a fin de maximizar determinada sensación de crisis, con lo cual se justifican intervenciones para limitar el crecimiento económico (en la ONU hay unos cuantos capitalistas fervientes partidarios del *laissez-faire*) mientras se garantiza la permanente necesidad de los programas de ayuda elaborados por la institución. De todos modos, no hace falta enredarse en teorías conspiratorias para llegar a la conclusión de que la ONU está utilizando un modelo defectuoso basado en supuestos que eran válidos en el pasado pero quizá no sean aplicables en el futuro.

Creemos que se producirá el escenario de la variante baja de la ONU. La mayoría de las personas que hayan leído este libro vivirá para ver el día en que la población de la Tierra comience a disminuir. El monte Toba, la Peste Negra, los estragos de la colonización y otras calamidades supusieron, en el pasado, el final de muchas poblaciones. Esta vez será diferente. Esta vez será algo lento y deliberado. Como consecuencia de nuestras propias decisiones, cada año seremos menos que el anterior, un año tras otro. Casi todos lo entendemos, lo hemos entretejido en nuestra vida. Lo que pasa es que no nos damos cuenta hasta que alguien avisa. Por ejemplo, en una cena en Bruselas.

3

EL ENVEJECIMIENTO DE EUROPA

En la cena hay quince personas, apretujadas en torno a una larga mesa de madera en la gran estancia que constituye la mayor parte del piso de Judith y Nathaniel. Los integrantes de las seis parejas tienen veintitantos o treinta y tantos años, y se consideran a sí mismos muy liberales. Dos niños —Roman, de seis años, y Tilda, cuatro meses— completan el cuadro. Casi todos los hombres son estudiantes o artistas, mientras que las mujeres trabajan y pagan el alquiler. Después de cenar, los hombres fuman en la terraza mientras las mujeres limpian. (Bueno, quizá no tan liberales).

Judith y Nathaniel viven en Schaerbeek, uno de los diecinueve municipios autónomos de Bruselas. Bélgica probablemente ganaría el sospechoso premio de tener más gobiernos que ningún otro lugar del mundo. Separada de Holanda en 1830 cuando unos jóvenes exaltados organizaron un tumulto tras una sesión de ópera, este pequeño país abarrotado —11,3 millones de personas— consta de Flandes, donde la gente habla flamenco —una especie de holandés—, y Valonia, cuyos residentes hablan francés. También hay un enclave germanoparlante en el este y en Bruselas, más o menos en el centro, la única parte del país que es bilingüe —se habla francés y flamenco—, aunque todo el mundo sabe que el inglés es una lengua oficial extraoficial. Los belgas son unos incondicionales del principio de la autonomía local; de ahí los diecinueve municipios de Bruselas.

Si partimos del supuesto de que todos los centros de las ciudades europeas les parecen encantadores a los norteamericanos, cuyas ciudades o bien carecen de núcleos históricos en buen estado, o bien de una buena planificación urbana, entonces el municipio de Schaerbeek es sin duda precioso, con sus calles de edificios adosados de ladrillo de tres o cuatro plantas, la mayoría de los cuales data del siglo XIX, de poca anchura pero con grandes ventanas para que entre la luz. Las tiendas son pequeñas y sus dueños son personas del barrio; los parques y otros espacios públicos se ven pulcros y bien cuidados. Solo cuando uno mira con más atención repara en que muchos de los edificios necesitan una mano de pintura, y algunos algo más que pintura. Como las normas y regulaciones de Bruselas son tantas y tan complejas que acaban siendo inaplicables, los propietarios se limitan a dejar las cosas como están. El municipio alberga una mezcla de europeos de pura cepa y residentes de ascendencia turca o marroquí. No lejos de Schaerbeek está Molenbeek, el municipio de minoría mayoritaria en la que vivían algunos de los responsables de los espantosos atentados de París en 2015. Y cuando, en marzo de 2016, unos terroristas arrojaron bombas en el aeropuerto y el metro de Bruselas, como consecuencia de lo cual murieron treinta y dos personas, la policía detuvo a uno de los organizadores en Schaerbeeck, apenas a una manzana de donde están cenando Judith, Nathaniel y sus amigos.

Si se les pregunta, la mayoría de los hombres y mujeres jóvenes de la mesa dice no saber mucho de sus tíos abuelos y tías abuelas, aunque en general coincide en que había muchos. Danielle recuerda que un abuelo tenía quince hermanos. En cuanto a los padres, tres o cuatro hermanos parece ser la norma. Por lo común, ellos mismos tienen uno o dos hermanos —«formaban familias pequeñas», comenta Adrien, francés, haciendo referencia a la generación de sus padres. De las seis parejas de la mesa, una tiene dos hijos, otra, uno, y las demás, ninguno. Si estas últimas van a tener niños, deberían tenerlos ahora. Pero en este momento los niños no constituyen una prioridad. ¿Por qué no? «Porque nuestros padres nos han dicho "no tengáis hijos; salen muy caros".» «Porque los dos trabajamos.» «Emancipación.» «Porque hay menos espacio; la vivienda es cara.» «Si quieres tener hijos, has de ser rico.» «Trabajamos mucho. No tenemos tiempo para niños.» Obsérvese la dicotomía entre razones positivas y negativas para no reproducirse: las parejas no tienen hijos porque son caros y el hombre y la mujer trabajan, pero también porque se sienten libres para tenerlos o no en función de si lo consideran oportuno.

Sin lugar a dudas, la gente de esta mesa está reproduciéndose muy por debajo del nivel de reemplazo de 2,1 hijos por mujer. Para reproducirse, estas parejas deberían tener trece niños. Pero si hasta ahora han tenido solo tres, de momento exhiben una tasa de fertilidad inferior a 0,5. Aunque haya más bebés en camino, parece muy improbable que las personas de esta mesa lleguen a tener suficientes niños que dentro de tres décadas llenen otra mesa de comedor.

Estas parejas son típicas. Con una tasa de fertilidad de 1,8, Bélgica está procreando muy por debajo de su nivel de reemplazo. Por otro lado, el país no es un caso atípico. De hecho, su índice de fertilidad es superior a 1,6, el promedio de la Unión Europea. Aunque el Reino Unido tiene una tasa de 1,8, muchos están por debajo de la media, como Grecia (1,2), Italia (1,4), Rumanía (1,3) o Eslovaquia (1,4).[1] Estos países ya están perdiendo población. La de Grecia comenzó a disminuir en 2011.[2] En Italia, en 2015 nacieron menos niños que en cualquier otro año desde que se fundara el estado en 1861.[3] Ese mismo año, en Polonia cerraron doscientas escuelas por falta de niños.[4] Hacia 2060, Portugal podría haber perdido hasta la mitad de su población.[5] Según estimaciones de la ONU, los países del este de Europa habrán perdido en conjunto, desde la década de 1990, el seis por ciento de su población, o sea, dieciocho millones de personas. Sería como si desapareciera del planeta el equivalente de la población de los Países Bajos.[6]

A los presentes en la cena de Bruselas, el descenso demográfico les parece una buena noticia. «Más espacio.» «Más puestos de trabajo.» «Vivienda más barata.» «Todo más barato.» Pero no han analizado el asunto detenidamente. Si hay menos gente joven, habrá menos contribuyentes para pagar las pensiones y la asistencia médica que vayan a necesitar cuando sean viejos. Si hay menos parejas con niños, habrá menos compradores de casas, por lo que los precios de la vivienda bajarán, lo cual se llevará por delante los ahorros de mucha gente. Si hay menos personas en los años de adquisición máxima, desde la graduación hasta la mediana edad, habrá menos gente para comprar coches, neveras, sofás y pantalones, por lo que tendremos menos crecimiento económico. Cuando piensan en todo esto, los comensales se quedan en silencio.

La pérdida de población de muchos países europeos tiene una explicación ligada a la geografía, que imposibilitó la unificación del continente y ayuda a explicar la victoria de la carabela sobre el junco.

China lleva unificada cuatro mil años más o menos. Sus llanuras y sus ríos invitan a la conquista y las comunicaciones. Los períodos de desunión iban acompañados de caos, lo que fomentaba un fuerte ímpetu cultural hacia un gobierno unificado y estable. Y la unidad suele ser una bendición. Como todo el mundo sabe, muchos de los grandes «descubrimientos» occidentales —la pólvora, el papel, la brújula— en realidad los debemos a los chinos.

China estaba tan adelantada que, en 1405 —casi un siglo antes de que Colón zarpara de Palos de la Frontera—, el emperador Yongle botó una gran flota del tesoro que, a lo largo de siete viajes, llegó hasta las costas de la actual Kenia. La flota estaba dominada por juncos de siete mástiles que acaso midieran hasta 150 metros de longitud, quintuplicando con creces la de la *Santa María*, e iba rodeada de docenas de embarcaciones de apoyo.[7] A principios del siglo XV, la tecnología naval china iba muy por delante de la europea.

Sin embargo, un imperio unido requiere un gobierno central fuerte, que a su vez precisa una burocracia sólida. Y esto, a su vez, provoca corrupción y decadencia. Al cabo de siete viajes, el sucesor del emperador Yongle ordenó que la flota del tesoro se quedara fondeada en puerto. La aislacionista facción confuciana de la corte, según la cual salía muy caro mantener los barcos en una época en que los mongoles amenazaban las fronteras, derrotó a la más cosmopolita facción eunuca. Construir una embarcación siquiera de dos mástiles llegó a ser delito castigado con la pena capital. Se pudrió la flota, y se perdió la tecnología.

En toda la historia humana, nadie ha conseguido conquistar Europa. Si se pueden cruzar los ríos, las llanuras de Europa central son lo bastante despejadas, pero luego están los Alpes, que aíslan la península italiana, y los Pirineos, que dificultan el acceso a Iberia. Tanto Escandinavia como las islas Británicas están protegidas por fosos de agua. Los romanos casi lograron conquistar el continente —en Gran Bretaña llegaron hasta la frontera anglo-escocesa, marcada por el Muro de Adriano—, pero en los bosques teutónicos encontraron la horma de su zapato y se retiraron al Rin. Carlomagno unificó brevemente gran parte de Europa occidental hacia el año 800, si bien la victoria resultó efímera. Las conquistas de Napoleón del siglo XIX fueron más efímeras aún, y las de Hitler, más fugaces si cabe. La potencia imperial europea más importante fue Gran Bretaña, que, en su apogeo, influía en una cuarta parte de la población mundial. Pero los británicos consiguieron su imperio por mar, no por tierra.

La desunión ha sido la gran ventaja de Europa. Esto favoreció la diversidad, que a su vez agudiza el ingenio. Ningún emperador podía ordenar la desaparición de una idea más allá de las fronteras. Si expulsas a los judíos, estos encontrarán otro hogar. Del cisma entre católicos y protestantes se sacó la lección de que siempre habría sitios a los que pudieran huir los herejes. Tal rey o tal papa podían prohibir un libro que explicara cierto teorema, pero siempre había alguien que pasaba de contrabando las planchas a un lugar donde el edicto no era de aplicación; y las prensas se ponían en marcha. La incesante amenaza de un mongol, un turco o un Habsburgo confería más importancia al desarrollo de una vela mejor, un arco más fuerte o un mosquete más letal. La competencia entre países alentaba la competencia económica, pues cualquier déspota ilustrado sabía que pagar por mantener un ejército en el terreno suponía la mitad de la batalla, e incluso a veces volvía la batalla irrelevante. Y con todos estos principados dándose codazos unos a otros en busca de más sitio en un continente reducido, y compitiendo entre sí por generar riqueza, valió la pena ponerse a explorar.

En la época en que las flotas del tesoro de China surcaban el océano Índico, la península Ibérica era un hervidero de conflictos e innovaciones. Conquistada por los musulmanes en el siglo VIII y reconquistada poco a poco por los cristianos en el período medieval, era un lugar donde las tecnologías cristiana y musulmana compitieron, se entremezclaron y al final se fusionaron para crear la carabela, un sólido barco dotado de una vela triangular latina gracias a la cual se podía navegar contra el viento. Resulta que las carabelas estaban tan bien diseñadas que fueron capaces de abandonar el refugio mediterráneo y adentrarse en las turbulentas aguas del Atlántico. Un príncipe portugués, Enrique el Navegante, financió viajes exploratorios a lo largo de la costa occidental africana al tiempo que fundaba una academia dedicada a mejorar la navegación y la cartografía. Hacia la muerte de Enrique, en 1460, los exploradores portugueses, con encomiable resolución, habían llegado hasta la actual Sierra Leona. En 1480, Bartolomé Díaz dobló el cabo de Buena Esperanza, lo cual puso de manifiesto que los océanos Atlántico e Índico estaban conectados. (Primero lo llamó cabo de las Tormentas, pero ya entonces la gente sabía un par de cosas sobre mercadotecnia, y el rey Juan de Portugal le puso el más alentador nombre actual). Vasco da Gama llegó a la India en 1498, lo que desbarató definitivamente el control musulmán del comercio entre Asia y Europa. A estas alturas, los españoles se habían incorporado a la partida, pues en 1492 habían enviado a Colón hacia el oeste. Poco después, los ingleses y los franceses reclamaron como propios inmensos territorios en el Nuevo Mundo al tiempo que menguaba la influencia portuguesa. Pero la cuestión era esta: la tecnología de las carabelas era transferible, y seguro que otro rey la aprovecharía. A diferencia de los chinos, tras la Época Oscura los europeos no solían perder ni desperdiciar conocimientos adquiridos.

Diversos avances tecnológicos en la Europa renacentista dieron origen a diversos avances científicos durante la Ilustración, lo que desembocó en la Revolución Industrial del siglo XIX, que sacó a millones de personas de sus granjas y las mandó a los pueblos y ciudades fabriles. Hemos visto que la urbanización es el factor principal en el descenso de la tasa de fertilidad, debido al cual los niños pasan de ser un activo (más espaldas para el trabajo duro) a ser una carga (más bocas que alimentar). Hemos visto también que la urbanización empodera a las mujeres, que ahora son más cultas y autónomas y deciden tener menos hijos. También disminuyen la influencia de la familia y la autoridad de la religión. Como la Revolución Industrial se produjo en Europa, como la sociedad europea se cuenta entre las más laicas del planeta, como las mujeres europeas gozan, desde el punto de vista cultural, de más igualdad que las de casi cualquier otra parte —aunque los hombres de Bruselas fuman mientras las mujeres lavan los platos—, no es de extrañar que Europa esté a la vanguardia del descenso demográfico.

En Inglaterra y el País de Gales, la tasa de fertilidad era de 6 en torno a 1800, y a partir de entonces empezó a bajar de forma regular e inexorable hasta alcanzar aproximadamente el nivel de reemplazo de 2,1 en 1940, más o menos a la par que Estados Unidos y otros países occidentales. En Francia, curiosamente, la disminución de la fertilidad ya estaba en marcha a finales del siglo XVIII. Nadie está seguro de la causa; la conmoción de la Revolución Francesa y la consiguiente secularización de la sociedad quizá tuvieran algo que ver.[8] Con independencia del motivo, el modelo pionero de disminución de la fertilidad tuvo consecuencias catastróficas para el futuro del país. Los vecinos alemanes, más fecundos, llegaron a ser más numerosos que los franceses, a quienes vencieron en la guerra franco-prusiana de 1870. Para evitar la repetición de aquello, los franceses buscaron aliados para compensar la naturaleza menguante de su población. Los alemanes también buscaron aliados, lo que dio lugar a medio siglo de matanzas en las dos guerras mundiales. El descenso de la fertilidad puede ser una amenaza fatídica para la seguridad nacional.

En la época de la Depresión de la década de 1930, muchos países europeos estaban teniendo apenas los bebés suficientes para sostener la población. También sabemos qué pasó después: la contención de la demanda de bebés debida a la Gran Depresión y la Segunda Guerra Mundial impulsó el *baby boom* del mundo desarrollado. Llama la atención que, de hecho, un atisbo de ese *boom* precedió a esa guerra y quizá prosiguiera durante la misma. Tras más de un siglo de disminución constante, los índices de fertilidad de los países escandinavos tocaron fondo a mediados de los años treinta y comenzaron a recuperarse. En 1935, en Inglaterra y el País de Gales la tasa era de 1,7 y Bélgica alcanzó su valor mínimo de 1,9; a partir de entonces la tendencia se invirtió. En lo que después de la guerra acabó siendo la Alemania Occidental, en 1933 la fertilidad era de 1,6, muy por debajo del nivel de reemplazo. Pero a partir de entonces los alemanes volvieron a tener niños, y la tasa de fertilidad empezó a remontar también en Francia. Al parecer, en Francia y Bélgica los índices de fertilidad aumentaron *durante* la Segunda Guerra Mundial, pese a que ambos países se hallaban bajo la ocupación o el control alemán y las reservas de comida y carbón eran cada vez más escasas. Para los países neutrales como Suecia y Suiza, el *baby boom* estaba ya en pleno auge en la década de 1940.[9]

Así pues, en la segunda mitad de la década de 1930 algunos países europeos empezaron a tener más hijos, quizá cuando la Depresión empezó a menguar y los niños fueron más factibles desde el punto de vista económico. La guerra causó muchos trastornos, pero en cuanto terminó, la demanda reprimida de niños se liberó, lo que desató el *baby boom* propiamente dicho. El fenómeno fue generalizado en todo Occidente, pero veamos el ejemplo de Dinamarca. En 1930, el 29 por ciento de las mujeres danesas de edades comprendidas entre veinte y veinticuatro años estaban casadas. En 1960, eran el 54 por ciento. El porcentaje de parejas jóvenes casadas casi se había duplicado. Casarse joven se había convertido en una moda: la recuperación de posguerra significaba que ahora los jóvenes eran lo bastante prósperos para casarse y tener hijos en una época en la que vivir en pecado todavía se consideraba precisamente esto. «El aumento de la nupcialidad fue una tendencia clave y muy general durante este período... a lo largo de diferentes épocas, generaciones y países.»[10] Casarse joven equivalía a dedicar más tiempo a tener niños, por lo que los niños se pusieron de moda. Hacia 1960, en Dinamarca la tasa de fertilidad había subido hasta el 2,5. Y gracias a la prosperidad creciente, la moda era muy asequible.

Pero las modas pasan. Hacia la década de 1970, las tasas de natalidad europeas habían vuelto a bajar hasta los niveles de reemplazo, y luego continuaron disminuyendo y se situaron por debajo de 2,1. En la mayoría de los países desarrollados, las tasas de natalidad se desplomaron hasta una cifra situada entre 1,3 y 1,8 niños por madre. La de Finlandia es de 1,8. La actual de Eslovenia es de 1,6. Irlanda, que fue uno de los últimos países europeos en modernizarse del todo, y donde la Iglesia Católica sigue ejerciendo una influencia considerable, se mantiene estable en 2,0. Italia ha oscilado entre 1,2 y 1,4 desde la década de 1980. La de Dinamarca es de 1,7.

¿Por qué esta nueva tendencia? La respuesta es fácil: no hay absolutamente nada nuevo al respecto. Como ya sabemos, las tasas de natalidad llevan un siglo y medio disminuyendo. La urbanización, las mejoras en la salud pública, el creciente bienestar económico y sobre todo la mayor autonomía de las mujeres se han traducido, una generación tras otra, en menos bebés por mujer. La llegada de la píldora, el acceso al control de natalidad o una educación sexual adecuada han tenido también su importancia. El *baby boom* fue una anomalía. Y en cuanto esa anomalía desapareció, se reanudó la tendencia a una tasa de natalidad menor hasta llegar a lo que actualmente es su estado natural: un índice de natalidad por debajo del nivel de reemplazo.

La correlación entre la disminución de la fertilidad y el declive de la religión organizada es especialmente clara en Europa. Antes de la Segunda Guerra Mundial, ambos bandos del mundo cristiano, católicos y protestantes, influían en las políticas públicas de sus respectivos países. Los dos condenaban las relaciones sexuales fuera del matrimonio y censuraban el uso de anticonceptivos, lo que dio lugar a familias numerosas encabezadas por esposo y esposa en sus roles tradicionales: el sostén de la familia y el ama de casa. Sin embargo, después de la guerra, debido a los grandes cambios en la tecnología de las comunicaciones, la mejora de los estándares educativos, el declive del trato deferente o un rosario de escándalos de abuso sexual entre los católicos —motivo a elegir—, la Iglesia perdió poder, incluido el poder para impedir el uso de anticonceptivos. En Bélgica, la asistencia a misa los domingos fue casi generalizada hasta finales de la década de 1960: hoy en día, en Bruselas solo acude aproximadamente el 1,5 por ciento de la población.[11] En Bélgica, tal como señalaba un corresponsal, la administración católica «podría llegar a ser poco más que un organismo encargado del patrimonio artístico de parroquias antiguas».[12] En la actualidad, el índice de matrimonios en Europa es la mitad del de 1965.[13] Las uniones de hecho —en Bélgica se denominan *samenwoning*, en flamenco; *cohabitation* en francés— son cada vez más la norma establecida.

El lector acaso esté preguntándose algo: ¿Por qué las sociedades no empiezan a perder población tan pronto su tasa de fertilidad desciende por debajo de 2,1? Hay dos explicaciones. Después de que en Europa terminara el *baby boom*, estaban aún todos esos niños, que a la larga llegarían a la edad reproductiva, de modo que aunque tuvieran menos hijos de los necesarios para sustentar la población a largo plazo, a corto plazo eran más que suficientes para mantener el crecimiento. En segundo lugar, mientras disminuía la tasa de fertilidad, aumentaba la longevidad: nuevos tratamientos, nuevos procedimientos quirúrgicos, nuevas limitaciones en el consumo de tabaco, nuevas advertencias sanitarias, frambuesas de Marruecos en enero. En 1960, la esperanza de vida de un varón nacido en el Reino Unido era de sesenta y ocho años, algo normal para un país desarrollado y razón por la cual en los nuevos y complejos sistemas de pensiones de la posguerra que estuvieron creándose en la década de 1960 se fijó la fecha de jubilación a los sesenta y cinco años. Trabajas hasta entonces, juegas unos años al golf, y luego te despides y te vas.

Sin embargo, en 2010, la esperanza de vida de un recién nacido británico era de setenta y nueve años, promedio que al parecer seguirá aumentando a menos que pase algo que aplane la curva, motivo por el cual el Reino Unido, como casi todos los países desarrollados, está teniendo dificultades para financiar su sistema de pensiones. Y a los ochenta sucederán los noventa. Todas estas personas de edad avanzada cuyo período de jubilación ocupa actualmente una quinta parte de su vida o más también contribuyen a apuntalar las cifras demográficas.

En cualquier caso, a la larga la realidad demográfica recupera terreno, pues las tasas de fertilidad se estancan por debajo del nivel de reemplazo para una segunda generación. La población empieza a disminuir, como ha empezado a hacer ya en España o Bulgaria. Con un crecimiento demográfico anual del 0,2 por ciento, pronto comenzará a menguar la población del continente entero.

Pero no en Bélgica. Se espera que la población belga permanezca estable, incluso que crezca un poco, entre el momento presente (11,2 millones) y 2060 (11,4 millones).[14] Esto tiene una explicación, que se remonta a una acuerdo alcanzado en 1964 entre Théo Lefèvre y Hasán II.

El cargo de primer ministro de Bélgica es uno de los empleos más precarios del mundo democrático debido al enconado enfrentamiento entre valones y flamencos. Durante buena parte de la historia de Bélgica, Valonia, con minas de carbón e industrias importantes, fue más próspera, con lo que los flamencos se sentían marginados y eclipsados. No obstante, en los últimos tiempos, han cambiado las tornas: solo otro fastidio en un país rebosante de mal rollo. Para formar una coalición tras unas elecciones pueden hacer falta meses, y encima esa coalición seguramente será inestable. Así, cuando en 1961 Théo Lefèvre llegó al poder, sabía que quizá no tendría mucho tiempo para hacer cosas. Pero había una que revestía carácter de urgencia. El país estaba sufriendo una grave escasez de mano de obra: había muy pocos trabajadores disponibles para los empleos malolientes, sucios y a veces peligrosos que mantenían en funcionamiento la industria belga. ¿Qué hacer?

Hasán II de Marruecos tenía también sus propios problemas. Llevaba solo tres años de reinado y ya estaba enfrentado a tribus rebeldes del norte del país al tiempo que las reivindicaciones marroquíes en Mauritania y Argelia enojaban a sus vecinos. Necesitaba ayuda extranjera y respaldo de gobiernos occidentales. Sin embargo, la seguridad y la prosperidad dependían de las exportaciones, y Marruecos tenía poco que exportar salvo población, precisamente lo que Bélgica precisaba. En 1964, Bélgica y Marruecos firmaron un acuerdo en virtud del cual decenas de miles de marroquíes —sobre todo miembros problemáticos de tribus de las montañas del Rif— se desplazaron a Bélgica en calidad de trabajadores invitados. Otros países europeos hicieron lo mismo con turcos, argelinos y gente de otras regiones de Oriente Medio y el norte de África. En principio su estancia sería temporal, pero este tipo de cosas casi nunca salen como se ha previsto. Los trabajadores importados tuvieron hijos, y esos hijos eran ciudadanos belgas.

En la década de 1970, desde Pensilvania a Valonia, la industria tradicional inició un declive debido a la cada vez más eficaz competencia de lo que se solía denominar «países del Tercer Mundo», lo cual en Occidente dejó sin trabajo a millones de trabajadores poco cualificados. En Bélgica, muchos de estos trabajadores eran marroquíes. Buscaban nuevas oportunidades de empleo, pero se tropezaban con la legendaria burocracia belga; esperaban una vida mejor para sus hijos, pero se encontraban con que las escuelas se deterioraban mientras barrios como Molenbeeck se hundían en la pobreza y los profesores se marchaban. A muchos belgas les preocupaba que una clase marginada marroquí, aislada y empobrecida, negándose tercamente a integrarse, levantara un muro que le separara aún más de la sociedad belga. Cuando estudió el problema, el periodista y teórico urbanista canadiense Doug Saunders llegó a una conclusión distinta: «Estos inmigrantes estaban retrocediendo a una sociedad marroquí atávica; estaban intentando sobrevivir sin la ayuda de la ciudad circundante, aunque eso significara economía de mercado gris y delito», escribió.[15] A la larga, el gobierno belga tomó medidas para mejorar las cosas, entre ellas mejor formación y más oportunidades educativas. Y desde entonces se aprecian alentadoras señales de integración, de manera que los belgas árabes están cada vez más presentes en las aulas y las oficinas gubernamentales. Bruselas ha llegado a ser una de las ciudades más diversas del mundo. Sin embargo, para muchos sigue habiendo soledad. Bélgica, con tantos millones de personas apiñadas en este diminuto país, con sus encantadores pueblos, sus campos cultivados de postal y sus colinas de pendiente suave, sin que crezca un solo árbol al azar, es una suma de soledades.

Los jóvenes artistas y profesionales flamencos de nuestra cena no tienen amigos musulmanes. (De hecho, tampoco tienen amigos valones). Se dan cuenta de que los belgas han de hacer mucho más por integrar a esta población nueva y distinta en la sociedad. «Nos gustaría conocerlos mejor. Hemos de aprender a comprendernos más unos a otros», insiste Judith. Pero es difícil.

La inmigración es el mecanismo por medio del cual las sociedades avanzadas con tasas de natalidad por debajo del nivel de reemplazo pueden mantener a sus respectivas poblaciones, o al menos mitigar el declive demográfico. No obstante, aparte de promesas la inmigración también conlleva problemas: aislamiento, rechazo, grupos étnicos en competencia, tensión creciente. Y aunque importar inmigrantes puede compensar en parte una tasa menguante de fertilidad, los inmigrantes —incluidos los musulmanes— adoptan enseguida los niveles de fecundidad del país de acogida. Los recién llegados solo tardan una generación en adaptarse a la realidad fundamental de la vida urbana del siglo XXI: los niños son algo que se debe atesorar en pequeñas cantidades.

Europa está destinada a ser más oscura y canosa a medida que la sociedad envejezca y los inmigrantes vayan satisfaciendo la demanda de trabajadores que hacen falta como consecuencia de la menor fertilidad. Las tensiones ya son palpables: cuando más de un millón de refugiados de Oriente Medio inundaron el continente a raíz de la guerra civil de Siria y el ascenso del Estado Islámico en 2015 y 2016, diversos gobiernos antaño hospitalarios cerraron sus fronteras y levantaron vallas con alambre de púas. ¿Alguien ha llegado a preguntarse por qué los refugiados arriesgan su vida cruzando el Egeo y el Mediterráneo para llegar a Europa en vez de atravesar a pie sin más la frontera entre Turquía y Bulgaria? Un motivo es la combinación de muros, patrullas y el trato supuestamente brutal de los vigilantes fronterizos búlgaros.[16] A los países del este de Europa les vendría bien una inyección de inmigrantes. Sin embargo, a la hora de admitir refugiados son mucho más reacios que sus homólogos del oeste. «Bulgaria no necesita refugiados incultos», dijo a la BBC el viceprimer ministro Valeri Simeonov. Pero los cualificados también son inoportunos. «Tienen otra cultura, otra religión, incluso hábitos cotidianos diferentes... Gracias a Dios hasta ahora Bulgaria ha sido uno de los países mejor defendidos contra la entrada de inmigrantes a Europa.»[17]

La población búlgara ya ha descendido desde casi nueve millones en 1989 a los poco más de siete actuales. Y puede que en 2050 haya perdido otro 30 por ciento debido a la baja tasa de natalidad (1,5), la ausencia casi total de inmigración y la emigración de búlgaros a otros países de Europa. Los búlgaros necesitan gente nueva. Pero les da igual. Prefieren desaparecer a vivir entre extranjeros.

Pese a las pruebas inequívocas de que su población está disminuyendo, o a punto de disminuir, ¿por qué tantos países europeos se muestran reticentes a aceptar inmigrantes? ¿Por qué a algunos grupos de inmigrantes les cuesta tanto integrarse? En torno a estas preguntas giran varios argumentos sombríos: racistas histéricos y trastornados como Bruce Bawer (*Mientras Europa duerme: de cómo el islamismo radical está destruyendo Occidente desde dentro*) o Mark Steyn (*Lights Out: Islam, Free Speech and the Twilight of the West*) advierten de que los islamistas tomarán el poder político y cultural en Europa y sustituirán la democracia constitucional occidental por la *sharía*, o ley islámica, y un nuevo califato. La verdad es que, hacia 2050, los europeos musulmanes no supondrán más que el 10 por ciento de la población del continente[18] —ni mucho menos suficiente para crear Eurabia o Londonistán—. Además, lo más probable es que la cifra sea muy inferior, pues las tasas de fertilidad de los países de origen están bajando y «con el paso del tiempo la fertilidad musulmana es cada vez más parecida a la de la mayoría de la población en los respectivos países [europeos]».[19] Un estudio del Centro de Investigaciones Pew predice que, en torno a 2030, la tasa de fertilidad entre los musulmanes de Europa se habrá reducido hasta 2,0, por debajo del nivel de reemplazo y menos de medio bebé por encima de la tasa de 1,6 de los no musulmanes. Sin embargo, cierta postura contraria a los inmigrantes —procedentes tanto de África y Oriente Medio como de otros países europeos— hizo que, el 23 de junio de 2016, el 52 por ciento de los británicos votara a favor de abandonar la Unión Europea. El miedo a los inmigrantes alimentó el ascenso de partidos de extrema derecha desde Francia a Polonia. Pero, ¿cómo se podía censurar a poblaciones sometidas a atentados terroristas de gran magnitud que exigieran más seguridad en sus fronteras y sus barrios? Europeos de todas las ideologías y opiniones se esfuerzan por encontrar una salida a la paradoja de la necesidad y la animadversión que caracterizan el debate sobre la inmigración.

Como es lógico, una respuesta al intrincado asunto de la inmigración no europea sería producir más europeos, incrementar la tasa natural de natalidad para que la población creciera y fuera más joven. Mejoras en la atención infantil, más guarderías y permisos por paternidad... seguramente hay numerosos incentivos que pueden ser lo bastante persuasivos para que las parejas europeas tengan un segundo o un tercer hijo. Y, en efecto, algunos gobiernos lo han intentado. En el mejor de los casos, los resultados son diversos.

A principios de la década de 1929, el economista, sociólogo y político sueco Gunnar Myrdal todavía estudiaba en la Universidad de Estocolmo, pero ya era visiblemente brillante y atrevido. Según parece, en una ocasión un profesor le aconsejó que tuviera más respeto a los mayores «porque somos nosotros quienes decidimos sobre tu ascenso». «En efecto —respondió Myrdal—, pero somos nosotros quienes escribimos vuestras necrológicas.»[20] Una noche, el hijo de un ferroviario, en un trayecto en bicicleta, se paró en una casa de labranza. Allí conoció a la hija del granjero, Alva, y lo que parece el inicio de una broma de mal gusto acabó siendo uno de los grandes matrimonios del siglo XX. Ganaría cada uno el premio Nobel por separado: él compartió el de economía con Friedrich Hayek en 1974, y ella el de la paz con Alfonso García Robles en 1982. El Tribunal Supremo de los Estados Unidos citó su emblemática obra sobre la desigualdad racial, *An American Dilemma* —el *New York Times* lo consideró «probablemente el mejor libro sobre América... desde Tocqueville»[21]— en el caso Brown *v.* Board of Education, en una resolución que ponía punto final a la segregación en las escuelas norteamericanas. Alva lideró una campaña global a favor del desarme nuclear. También eran un par de personajes fabulosos, afectuosos y cascarrabias cuyo matrimonio duró seis décadas. «La gente no comprende la gran felicidad que hay en llegar a una edad avanzada estando juntos todo el tiempo», dijo una vez Gunnar.[22]

Sin embargo, en la década de 1930 su obsesión común era la deprimente tasa de natalidad de Suecia. En 1900 era de 4,0, y en 1935 se había desplomado hasta 1,7. Como cualquier país occidental, Suecia luchaba por superar la Gran Depresión. Los Myrdal temían que, además de otros males, la Depresión acabara con los nacimientos en Suecia y pusiera en peligro la estabilidad de la población. Hasta entonces, las políticas «pronatalistas» que abogaban por familias numerosas pertenecían al derecho político y religioso, donde la Iglesia Católica predicaba contra los anticonceptivos y el aborto. Los Myrdal llevaron el problema a la órbita de la izquierda, defendiendo que se podrían mantener los niveles demográficos (la obsesión de Gunnar) solo si las mujeres gozaban de los mismos derechos en casa y en la sociedad (la obsesión de Alva).[23]

En 1934 publicaron *The Crisis in the Population Question*, que hizo tambalear el estamento político sueco. En 1932, ciertas tradiciones escandinavas de solidaridad social profundamente arraigadas habían llevado al poder a los socialdemócratas, y a partir de entonces el gobierno dedicó muchísimo dinero —pasando totalmente por alto el posible déficit— a contrarrestar el impacto de la recesión. Siguiendo las recomendaciones del libro de los Myrdal, Estocolmo puso en práctica reformas que ofrecían atención sanitaria a las mujeres embarazadas y generosos subsidios a la familia. Pasó a ser ilegal despedir a una mujer porque estuviera embarazada o a una madre. Las mujeres suecas se fueron sintiendo cada vez más cómodas con la idea de combinar carrera y familia. Como consecuencia de ello, la tasa de natalidad aumentó y la economía mejoró. ¿Las políticas sociales suecas originaron crecimiento económico, o el crecimiento económico dio lugar a un mayor índice de natalidad? Los economistas llevan décadas obsesionados con desenredar esta madeja, y todavía no hay consenso. Lo único que podemos decir es que las tres cosas sucedieron a la vez. La tasa de natalidad sueca subió de forma gradual hasta llegar a 2,5.

Sin embargo, en la década de 1960, apareció la píldora en el mercado, y una década después se legalizó el aborto libre. A los hombres suecos les encantaba que sus mujeres trabajaran, pero también que se ocuparan de las tareas domésticas, algo que a ellas les provocaba insatisfacción y estrés. En la década de 1970, la tasa de natalidad comenzó a disminuir, como en todas partes. No obstante, a diferencia de Europa y Norteamérica, Suecia se obstinó durante décadas en mantener las tasas de fertilidad en un nivel elevado. El gobierno amplió los servicios de guardería y organizó campañas que animaban a los hombres a cooperar en las labores del hogar y la crianza de los hijos. Hacia 1989, los permisos de maternidad duraban hasta un año entero en el que se percibía el 90 por ciento del salario, y el índice de fertilidad había vuelto a subir hasta 2,1.

No obstante, los programas eran muy caros, y en la década de 1990 la economía sueca entró en barrena cuando explotó una burbuja bancaria e inmobiliaria, lo que provocó una recesión importante. Los programas de apoyo materno sufrieron recortes, como todo lo demás, mientras el gobierno hacía frente a la crisis a duras penas. Ya sea por los recortes o por el miedo a la incertidumbre económica —seguramente una combinación de ambas cosas—, el caso es que las familias suecas volvieron a tener menos hijos. A finales de la década de 1990, la tasa de fertilidad había bajado hasta 1,5.[24]

Pero la recesión acabó, y el gobierno puso en marcha nuevos programas para que el índice de natalidad volviera a subir. Ahora el permiso parental llega a los 480 días, y en la mayor parte del mismo se cobra el 80 por ciento del salario. Cada cónyuge está obligado —¡obligado!— a tomarse dos meses libres, so pena de perder parte de los beneficios. Junto con una asignación familiar básica generosa, cada hijo adicional supone una cantidad adicional, de modo que el importe va subiendo con cada niño. En Estocolmo, los padres que empujan cochecitos tienen el transporte público gratuito. La mayoría de los empresarios ofrece días libres remunerados a los padres que han de quedarse en casa con un hijo enfermo. En la actualidad, la tasa de fertilidad sueca es de 1,9, superior a la de muchos países desarrollados pero no suficiente para mantener la población estable a largo plazo. Suecia está recurriendo cada vez más a inmigrantes para afianzar sus cifras, si bien entre los autóctonos se aprecia un creciente rechazo hacia los recién llegados.

El caso sueco parece ofrecer dos lecciones fundamentales a los países que quieren incrementar su índice de fertilidad. Los programas generalizados de apoyo cuya finalidad es animar a los padres a tener hijos producen, en efecto, ciertos resultados. Cambian algunas cosas. Sin embargo, no se trata de un cambio mayúsculo, y por otra parte los programas son muy caros y difíciles de sostener en una situación de recesión económica. Y cualquier recesión así hace que los padres se abstengan de tener niños. El temor a un futuro más sombrío quizá también esté contribuyendo a frenar la tasa de natalidad en Japón. La incertidumbre económica es un medio muy efectivo para controlar el número de nacimientos.

En Rusia se da una situación parecida. Cuando cayó el Muro de Berlín, la tasa de fertilidad era de unos saludables 2,2 hijos por mujer. Sin embargo, cuando en la década de 1990 la economía rusa se desmoronó, dicha tasa cayó en picado, y a finales de los noventa tocó fondo con 1,2. La combinación de esto con una menor esperanza de vida debida al extendido alcoholismo hizo que la población rusa empezara a disminuir: pasó de 148 millones en 1993 a algo menos de 142 en 2009. No obstante, Vladimir Putin —sin entrar a discutir sus otras peculiaridades— ha conseguido invertir la tendencia. Los programas contra el alcoholismo están dando frutos, y gracias a la recuperación económica del país basada en el petróleo y el gas así como a la inmigración, la población ha aumentado hasta llegar a los 144 millones y la tasa de natalidad ha subido a 1,7.

El lector acaso haya advertido en todo esto cierta ironía. La industrialización, la urbanización y el crecimiento económico crean las condiciones en virtud de las cuales las mujeres deciden tener menos hijos. Pero, al cabo de cierto tiempo, una crisis económica puede provocar una disminución de la fertilidad, y una mejora de la situación puede originar un repunte en la producción de bebés. En las épocas de vacas gordas hay menos niños, y en las de vacas flacas también.

Hasta la cena de aquella noche, Judith, Nathaniel y sus amigos no tenían esta cuestión en la cabeza. Eran como todo el mundo: buscaban un piso decente, querían encontrar un empleo, y luego otro mejor, ampliaban los límites de la relación para poner a prueba su fortaleza. En efecto, es sólida; vamos a vivir juntos. ¿Nos casamos? A lo mejor sí, o no. ¿Tenemos un bebé? Sí, ya es el momento. ¿Tenemos otro? No, es demasiado tarde.

Y Europa va menguando.

4

ASIA: EL PRECIO DE LOS MILAGROS

Pregunta: ¿Hay algo en el futuro de Corea del Sur que dé a Youngtae Cho motivos para la esperanza? El hombre hace una pausa, junta las puntas de los dedos, se reclina en la silla y menea la cabeza.

«Me temo que no», contesta el demógrafo de la Universidad Nacional de Seúl. «El futuro de Corea no es nada alentador.»[1] Cho no está solo. Al día siguiente, en el otro extremo de Seúl —un buen trecho, sin duda—, en un encuentro de intelectuales norteamericanos y coreanos, uno de los estadistas más veteranos de Corea, hablando informalmente, concluye su análisis del panorama político y social coreano con este comentario: «Nadie parece ser muy feliz.»[2]

A primera vista, esto tiene poco sentido. Seúl, aunque no es ni mucho menos la ciudad más bonita del mundo, sí es una de las más dinámicas y, según cómo defina uno los límites, una de las más grandes.[3] Y la historia coreana, como revela la arquitectura de su capital, es simple y llanamente milagrosa.

Hay una explicación de por qué sobrevive tan poco del viejo Seúl. Durante los quinientos años de la dinastía Joseon (1392-1897), el Reino Ermitaño, como era conocida Corea, adoptó una política de aislamiento estricto, de tal modo que solo tenía relaciones con China. Todo esto terminó en 1910, con la invasión y ocupación por parte de Japón. Los invasores arrasaron los antiguos palacios, pero también introdujeron cierta apariencia de modernización. Tras la Segunda Guerra Mundial, los norteamericanos y los rusos sustituyeron a los japoneses, con lo que el istmo quedó dividido. Durante la Guerra de Corea, Seúl acabó prácticamente destruida: fue invadida y reocupada cuatro veces por tropas norcoreanas y de la ONU. Como esta devastadora contienda se cobró la vida de 1,2 millones de coreanos en el sur (y otro millón en el norte), la república llegó a ser uno de los lugares más pobres de la Tierra, con unos ingresos anuales per cápita de menos de cien dólares, mientras millones de personas abandonaban las montañosas zonas rurales y se trasladaban a Seúl, debido a lo cual la ciudad se convirtió en un inmenso barrio de chabolas.

No obstante, la buena suerte de Corea del Sur fue la ocupación norteamericana. Después de la Segunda Guerra Mundial, en muchos países tener a los yanquis cerca fue una bendición. La ocupación ayudó a sentar los cimientos del *Wirtschaftswunder* alemán (milagro económico alemán); también procuró a Japón las bases tanto de una constitución democrática como de una recuperación económica rápida. La protección de Taiwán por parte de Estados Unidos, después de que el régimen del Kuomingtang huyera allí como consecuencia de su derrota frente a los comunistas de Mao Zedong, ayudó a la isla a desarrollar tanto una economía próspera como unas instituciones democráticas. En el mismo sentido, la ayuda y las tropas estadounidenses contribuyeron a que Corea del Sur se modernizara tras la guerra civil.

Esto no equivale a infravalorar el milagro colectivo del renacimiento asiático del Pacífico. Los japoneses, surcoreanos, taiwaneses y singapurenses aprovecharon la oportunidad para impulsar su economía. Se esforzaron muchísimo por modernizarse, con lo que en una sola generación sacaron de la pobreza a millones de personas. En cada uno de estos países se produjo un milagro económico. A los efectos de este libro, nos centraremos en el de la República de Corea.

En 1961, un golpe militar dio inicio al período de modernización. Es desagradable vivir bajo el dominio de una junta militar, pero si esta no es demasiado corrupta, puede implantar la disciplina económica y el bienestar social necesarios para transformar una sociedad. Los gobernantes militares coreanos impusieron una serie de planes quinquenales para el crecimiento económico y construyeron fila tras fila (tras fila, tras fila...) de bloques de apartamentos de hormigón para sustituir a las desvencijadas barriadas que habían proliferado en Seúl tras la guerra civil. Después llegaron los edificios de oficinas, y calles anchísimas que no conseguían evitar los interminables atascos de tráfico, lo que prácticamente eliminó las estrechas y atestadas callejas y callejuelas que todavía existen, ocultas tras los rascacielos de vidrio, donde los trabajadores de la ciudad con información privilegiada acuden a almorzar. El modelo económico coreano se centró en desarrollar el *chaebol* —conglomerados industriales con respaldo estatal— que convertirían a Hyundai, Samsung, Kia y LG en nombres familiares en el mundo entero. Desde la más absoluta pobreza de la década de 1950, Corea progresó tan deprisa que pudo albergar con gran éxito los Juegos Olímpicos de 1988, con lo que pasaba a integrarse en el mundo moderno. En la actualidad, Corea del Sur ocupa el decimoquinto lugar en el Índice de Desarrollo Humano de la ONU.

Tras la guerra, la combinación de mejoras en la asistencia médica y una tasa de natalidad de aproximadamente 6,0 —típica de una sociedad rural y pobre de la época— originó el propio *baby boom* de Corea, de modo que la población se duplicó pasando de veinte a cuarenta millones entre 1950 y 1985. Esta enorme cohorte de jóvenes resultó ser el «dividendo demográfico de Asia» —tal fue su denominación—: un gran número de jóvenes entusiastas camino de las fábricas productoras de las baratas radios a transistores y cosas parecidas, que promoverían la primera oleada de crecimiento. Según algunos críticos, una población joven y numerosa fue la única razón por la que Asia subió como la espuma en las últimas décadas del siglo XX, pero esto son tonterías: ahí tenemos a las Filipinas y casi toda Latinoamérica como ejemplos de un dividendo demográfico desa-provechado.[4]

Sin embargo, los gobiernos asiáticos, en vez de alegrarse de ello, tenían miedo de sus millones de trabajadores jóvenes. Seducidos por los cantos de sirena de los neomaltusianos, fomentaron la educación sexual y el control de natalidad, cosas buenas en sí mismas pero no necesariamente buenas para el crecimiento económico. Temiendo una bomba demográfica, el gobierno militar coreano organizó una campaña agresiva y efectiva para reducir la tasa de natalidad. En la década de 1980, el índice de fertilidad se situaba en el nivel de reemplazo. Sin embargo, en Corea, como en otros lugares, ese índice siguió disminuyendo hasta llegar a la cifra irrisoriamente baja de 1,2. Debido al alto nivel de vida, la esperanza de vida es algo superior a los ochenta y dos años, una de las más elevadas del mundo. El índice de envejecimiento representa el número de personas de más de sesenta años en relación con cien personas de menos de quince: Corea tiene un índice de envejecimiento de 89, o sea muy alto. Hacia 2040 habrá ascendido a 289, es decir, casi tres personas mayores por cada persona joven. Es por eso por lo que el profesor Cho es tan pesimista.

Corea está a punto de pagar el precio del milagro económico. Pero no es el único país que está así.

Masaru Ibuka era un ejecutivo frustrado. Al copresidente de Sony le encantaba escuchar ópera mientras estaba en la carretera, lo cual sucedía a menudo, pero la grabadora portátil emblemática de la empresa, la TC-D5, abultaba mucho. Entonces pidió a sus ingenieros que diseñasen algo más manejable para su uso personal. E Ibuka quedó tan impresionado con el resultado que llevó la máquina al presidente Akio Morita y le dijo: «¿No crees que sería una buena idea un reproductor de casetes estéreo que uno puede escuchar mientras va andando?»[5] Aquí entra en escena el Walkman.

Los ingenieros de Sony habían eliminado el altavoz y la

función de grabación, habían inventado unos auriculares ligeros y habían creado una transmisión tan eficiente que podía funcionar con un par de pilas doble A. Asumiendo cierto riesgo —toda vez que no parecía haber demanda alguna de un reproductor de música portátil—, Sony sacó al mercado el Walkman en julio de 1979, esperando vender cinco mil unidades al mes. Sin embargo, las ventas se dispararon de inmediato hasta cincuenta mil, y así el casete se convirtió en un icono de la década de 1980, lo cual dio un impulso a los sistemas musicales portátiles —cada vez más baratos y con mejor sonido—, que desembocaron —mediante el Discman, el iPod y el Smartphone— en la biblioteca musical que llevas hoy en el bolsillo. El Walkman representó el punto álgido de la creatividad y la habilidad mercadotécnica japonesa. Y desde entonces todo ha ido generalmente cuesta abajo.

Si queremos entender qué supone el descenso demográfico para una sociedad, solo hemos de fijarnos en Japón. En 1950, mientras el país se esforzaba por reconstruir su economía, devastada por la Segunda Guerra Mundial, se esperaba que, en promedio, la mujer japonesa tuviera tres bebés. Sin embargo, en la década de 1950, cuando Made in Japan llegó a ser sinónimo de barato y de mala calidad (pensemos en una vieja radio a transistores), las madres empezaron a tener menos hijos. En 1975, siendo Made in Japan cada vez más sinónimo de calidad a buen precio (pensemos en el Toyota Corolla) y estando ahora el país plenamente desarrollado, la tasa de natalidad de lo que actualmente es la segunda economía mundial se situó por debajo del nivel de reemplazo: bajó a 1,3 en 2005 antes de remontar hasta 1,4, la que tiene hoy en día.[6]

Esto no es algo inusual para un país desarrollado importante. Pero Japón es diferente de un país norteamericano o europeo típico. Los japoneses son muy, bueno, japoneses. Japón es un estado *jus sanguinis*: la ciudadanía se otorga por sangre —o, mejor dicho, por tener un progenitor que ya es ciudadano. Si una pareja danesa tiene un hijo en Canadá, el niño disfrutará de ambas ciudadanías, la canadiense y la danesa. Si la misma pareja tiene un hijo en Japón, será solo danés. Obtener la ciudadanía japonesa es posible en teoría, pero el papeleo es desalentador y ha de cumplimentarse en *katakana*, uno de los sistemas de escritura japonesa. Unos inspectores visitan tu casa y tu lugar de trabajo, y si eres aceptado, debes renunciar a tu ciudadanía anterior. En 2015, Japón concedió la ciudadanía a solo 9.469 solicitantes,[7] cifra inferior a la de cinco años atrás: en 2010, habían sido 13.072.[8] 2010 también fue el año en que la población japonesa llegó a los 128.057.352 habitantes, su valor máximo. Cinco años después eran 127.110.000. En solo cinco años, Japón había perdido casi un millón de personas al tiempo que expedía menos ciudadanías nuevas. Esto es lo que pasa si un país combina una tasa de natalidad baja con políticas contrarias a la inmigración. Cuando se describe la demografía actual de Japón, la palabra más utilizada es «catastrófica».[9]

Tengamos en cuenta lo siguiente. Más de una cuarta parte de los japoneses vivos en la actualidad son de edad avanzada, por lo que Japón es la sociedad más anciana de la Tierra. Hay más mujeres de cuarenta años que de treinta, que a su vez superan en número a las de veinte. Es por eso por lo que el descenso es tan inexorable: tan pronto se afianza, es prácticamente imposible detenerlo, pues cada año hay menos mujeres en edad reproductiva que el año anterior. Todavía más inapelable es el cambio de mentalidad que acompaña a la fertilidad baja. Los demógrafos llaman a esta mentalidad la «trampa de la baja fertilidad». Según esta teoría, si en una sociedad hay una generación o más cuya fertilidad está por debajo de 1,5, esta tasa llega a ser la nueva normalidad, una normalidad que es casi imposible cambiar. Como explica Sarah Harper, de la Universidad de Oxford, «cambian los patrones de empleo, disminuyen las escuelas y las guarderías, y se produce un cambio desde una sociedad basada en el binomio familia/hijos a una sociedad individualista, en la que los hijos forman parte del bienestar y de la realización personal».[10] Para una pareja japonesa —surcoreana, alemana o canadiense—, ya no es una obligación con la familia o el clan, con la sociedad o con Dios, sino un medio para que los miembros de esta pareja se expresen a sí mismos y experimenten la vida: algo que es infinitamente más importante que el estilo moderno de mediados de siglo que escogieron para la sala de estar, o aquellas dos semanas que pasaron en la selva de Costa Rica, o aquel asombroso —aunque inseguro y mal pagado— nuevo empleo de diseñador gráfico que él acababa de conseguir, pero, aun así, forma parte de este continuo. ¿No os recuerda a alguien?

A mediados de este siglo, la población japonesa habrá bajado hasta poco más de cien millones de personas. A finales de siglo, será de ochenta y tres millones, menos de dos tercios de su valor máximo de 2010.[11] El objetivo político del gobierno es encontrar la manera de mantener la población del país por encima de los cien millones de habitantes. Sin embargo, nadie ha resuelto cómo se va a hacer. Como los jóvenes abandonan las zonas rurales en busca de trabajo y esperanza en las ciudades, «algunos pueblos están tan despoblados que los vecinos los han decorado con maniquíes para dar una apariencia de actividad».[12]

Para Japón, 2010 fue un hito en otro sentido. Fue el año en que China lo sustituyó como segunda economía más importante del mundo. El crecimiento chino contribuyó a este cambio, pero el propio Japón fue un factor aún más determinante. El año en que la economía china superó a la japonesa fue asimismo el vigésimo aniversario del hundimiento del mercado bursátil japonés, lo que dio lugar a la «década perdida» —tal como fue llamada— de los noventa, a la que siguió una tercera década perdida que actualmente está terminando: la Generación Perdida. La causa inmediata de la crisis fue una burbuja de activos que estalló cuando, en diciembre de 1989, el Banco de Japón subió los tipos de interés, lo que provocó el *crack*. Los bancos quebraron y los supervivientes, ansiosos por proteger sus balances, se negaron a prestar dinero. El gobierno reaccionó dedicando miles de millones a infraestructuras para dar impulso a la economía. Este enfoque keynesiano quizá empeoró las cosas al debilitar el mercado de capital privado.

No obstante, intervino también otro factor. Junto a las penurias y la creciente deuda —un 250 por ciento del PIB, por lo que Japón es el país más endeudado del planeta—, la creciente marea de ancianos es un lastre para la economía. Como en Japón la edad de jubilación está fijada a los sesenta años y el salario se basa sobre todo en la antigüedad, las empresas no pueden seguir contando con esos trabajadores que quieren conservar su empleo. Como consecuencia de ello, la población de japoneses en edad laboral está reduciéndose constantemente, lo cual origina otro récord japonés: el coeficiente de dependencia de niños y ancianos más alto del mundo desarrollado. Se trata de la relación entre la población productiva, en edad laboral, y las poblaciones combinadas (y no productivas) de jubilados y niños. En Japón, este coeficiente es de sesenta y cuatro; en Estados Unidos, cincuenta y dos; en China, treinta y nueve.[13] Esto significa que, en comparación con otras economías importantes, en Japón hay menos trabajadores para financiar los programas sociales consumidos por los ancianos (asistencia médica) y los jóvenes (educación). En cualquier caso, hay otra consecuencia aún más perturbadora.

Acordémonos del Walkman. Habría podido ser diseñado para satisfacer las necesidades de un aficionado a la ópera de mediana edad, pero los doscientos millones de Walkmans vendidos antes de que la máquina se dejara de producir finalmente en 2010 habían sido adquiridos básicamente por las mismas personas que hoy escuchan música en *streaming*: los jóvenes. Los jóvenes consumen. A lo largo de las décadas, han comprado miles de millones de discos de cuarenta y cinco revoluciones, elepés, cintas, cartuchos de ocho pistas, cedés, iPods, teléfonos inteligentes y suscripciones a Spotify o iTunes. Cuando son adultos jóvenes, compran sus primeros sofás, lavadoras, neveras o utilitarios deportivos. Compran un cochecito de bebé y un sencillo vestido negro para la fiesta de la oficina. Compran una casa, y luego una casa más grande. Los trabajadores de veintitantos, treinta y tantos y cuarenta y tantos años no solo producen la mayor parte de la riqueza que propulsa la economía: también la consumen.

La economía japonesa ha estado prácticamente estancada

durante tres décadas en buena medida porque su envejecida población consume cada vez menos, debido a lo cual hay cada vez menos demanda y cada vez menos préstamos para proyectos nuevos, pues a los bancos les preocupa, con razón, el hecho de que esa demanda seguirá disminuyendo. Como señalaron los economistas Naoyuki Yoshino y Farhad Taghizadeh-Hesary, «el envejecimiento de la población y el menor número de trabajadores son dos de las principales causas de la prolongada recesión de Japón».[14]

El coste final es también de lo más intangible. Un ámbito en el que Japón nunca ha sido competitivo, ni siquiera cuando era una potencia económica —décadas de 1970 y 1980—, es el de los ordenadores. Se han sugerido toda clase de explicaciones, incluso afirmaciones cuasi racistas de incapacidad cultural para innovar. En cualquier caso, sí destaca un hecho. La revolución digital —el transistor, el chip de silicio, el ordenador personal, internet, las compras online, la nube— ha sido impulsada principalmente por inventores y emprendedores instalados en Silicon Valley, Seattle, o en universidades de élite como la de Harvard. Y si leemos sus biografías —desde las de Jack Kilby, Robert Noyce y otros que crearon los circuitos integrados y el chip de silicio hasta las de Bill Gates, de Microsoft, o Steve Jobs, de Apple, pasando por las de Marck Zuckerberg, de Facebook, o Jeff Bezos, de Amazon, etcétera—, vemos que tienen algo en común. Cuando se les ocurrió alguna idea innovadora, eran jóvenes. Japón ya no tiene jóvenes. Cuando la sociedad es vieja, cuesta mucho crear.

Los ejemplos de Japón y Corea se repiten en el Pacífico asiático: Hong Kong, Taiwán y Singapur. Los cinco países han embutido el valor de la modernización económica de un siglo en una sola generación. Y ahora las tasas de natalidad de los cinco se cuentan entre las más bajas del mundo. Según ciertas estimaciones, en Hong Kong la tasa de fertilidad ha descendido hasta ser inferior a uno.[15] Otros países asiáticos en vías de desarrollo pero aún no desarrollados del todo están pisándoles los talones: Tailandia, 1,4; Vietnam, 1,8; Malasia, 2,0. En los países grandes del Asia del Pacífico, el acercamiento al nivel de fertilidad de reemplazo, o a uno inferior, es uno de los principales motores del descenso demográfico global.

Los tigres asiáticos sacaron de la pobreza a un gran porcentaje de la población del planeta en cuestión de pocas décadas. Fue realmente poco menos que un milagro. Sin embargo, un crecimiento explosivo así tiene un coste, pues las sociedades no evolucionan tan deprisa como sus economías. Viejos valores chocan con nuevas realidades. Por otro lado, consecuencias imprevistas hacen fracasar los planes gubernamentales mejor diseñados. Y, como suele ocurrir con cualquier fenómeno, sea natural o de origen humano, los jóvenes lo perciben con la máxima intensidad.

Soo Yeon Yoo tiene veintitrés años y estudia económicas; Jihoe Park tiene veinticuatro y está centrada en las relaciones internacionales; y Soojin Shim, de veintitrés, quiere especializarse en comercio internacional. Las tres son estudiantes de posgrado en la Universidad Nacional de Seúl, la más prestigiosa de Corea, y frente a una bandeja de comida japonesa hablamos de empleos, chicos y el futuro. Como en el caso de sus homólogos de Bruselas, en sus respectivas familias hay muchos tíos y tías —sus padres, en conjunto, tenían veintiún hermanos—, pero cada una de ellas tiene solo un hermano y una hermana.

De lenguaje fluido, ambiciosas e ingeniosas, tienen la atención puesta en las notas, la graduación y el trabajo posterior. ¿Matrimonio? Más bien no. «Mi padre me anima a que no me case, porque la vida de soltero es mucho más libre, vivir por tu cuenta supone más libertad», explica Jihoe. «También es de veras difícil encontrar al chico adecuado. Y mi padre dice que si no lo encuentro, pues que no me case.» En cuanto a los hijos, «si me caso, quiero tener solo uno», declara Soo Yeon. Las otras están de acuerdo. Quizá uno, o ninguno, pero en todo caso más de uno no. «Las mujeres coreanas que trabajan han de afrontar muchos inconvenientes», explica Soojin. «En Corea hay un techo de cristal. Cuesta mucho seguir una carrera y al mismo tiempo criar hijos.»

En Corea, los mileniales afrontan desafíos sin igual. Sus padres formaron parte del fenómeno milagroso, unigeneracional, del crecimiento económico explosivo. Sin embargo, el estado coreano no tuvo tiempo de crear un plan de pensiones adecuado para los trabajadores jubilados. Por ello, en comparación con cualquier país avanzado, Corea tiene el índice de pobreza más alto entre las personas de la tercera edad: 45 por ciento.[16] Para aliviar esta apurada situación, el gobierno coreano elevó la edad de jubilación obligatoria para que los trabajadores más mayores pudieran conservar el empleo. Pero como Corea también da mucha importancia a la antigüedad, estos trabajadores más viejos están atascando el sistema, lo cual impide progresar a los jóvenes. Esto ha desembocado en lo que la escritora coreana Kelsey Chong describe como «una serie creciente de sacrificios para la Generación de la Renuncia».

Primero tuvieron que renunciar a tener pareja, a casarse y a tener hijos: «las Tres Renuncias».[17] «Cuando una mujer se casa y se queda embarazada, la mayoría de los empresarios la despide sin más», explica Jinhoe. «Como sabemos que el empresario nos echará a la calle, muchas de nosotras procuramos no quedarnos embarazadas.» Para colmo de males, los empresarios coreanos evitan el coste de tener en nómina trabajadores vitalicios ofreciendo a los jóvenes solo contratos eventuales, con lo cual a estos les resulta muy difícil permitirse un apartamento teniendo en cuenta lo caro que está el mercado inmobiliario en Seúl. La falta de empleo estable y una vivienda ha convertido las Tres Renuncias en las Cinco Renuncias —pareja, matrimonio, hijos, trabajo estable y una casa en propiedad—, lo que acaba siendo las Siete Renuncias si añadimos los estudiantes que sacrifican por un lado ingresos al quedarse en la universidad para obtener otro título, y por otro esparcimiento al matricularse en clases nocturnas a fin de lograr alguna ventaja competitiva.

Si todo esto es hoy tan deprimente, será todavía peor cuando la gran masa de *baby boomers* coreanos llegue a la edad de jubilación, pues entonces el gobierno se verá obligado a incrementar el gasto en asistencia sanitaria, que pagarán los mileniales, a quienes ya cuesta tanto salir adelante que Chong describe su difícil situación como «la Generación de las N Renuncias, siendo N una variable de crecimiento exponencial, sin límite superior».[18]

Cabe señalar que el profesor Cho no ha enviado a sus hijas a escuelas preparatorias: los profesores particulares a los que recurren muchos padres coreanos para procurar a sus hijos más posibilidades de llegar a una buena universidad. Estos profesores son caros; otro elemento disuasorio a la hora de tener hijos en Corea y otros países asiáticos. Pero el profesor Cho no cree que sus hijas vayan a tener dificultad alguna para ingresar en alguna de las 230 universidades públicas y privadas de Corea. Cuando hace cuarenta años él empezó a ir a la escuela, en su cohorte demográfica había aproximadamente un millón de chicos. Cuando sus hijas empezaron a estudiar, había solo 430.000. «Muchas universidades tendrán que cerrar las puertas o reestructurarse», pronostica. En vez de rechazar solicitudes, las universidades suplicarán a los alumnos que se matriculen.

Esto seguramente será una ventaja. Si las hermanas Cho pueden elegir universidad, ¿no podrán también escoger su trabajo después de graduarse, cuando millones de *baby boommers* coreanos se jubilen? Sí y no. «Cuando vayan a la universidad, su vida será mucho más fácil que ahora, y después les va a resultar muy fácil encontrar trabajo», admite él. «Da la impresión de que, con menos gente, las cosas tengan que ser mejores. Pero en realidad no es así. No van a ser empleos permanentes, sino más bien temporales. Y el nivel de vida será muy bajo.»

Pese a ir en cabeza del pelotón, las perspectivas de empleo y vivienda de Soo Yeon Yoo, Jihoe Park y Soojin Shim son inciertas. Los empresarios se mostrarán reacios a ofrecerles seguridad laboral para siempre, y su nivel de vida se resentirá, pues los impuestos necesarios para mantener a los ancianos supondrán una proporción cada vez mayor de su sueldo. No es de extrañar su escaso interés en casarse y tener hijos.

Todavía hay otra razón por la que las mujeres coreanas posponen el matrimonio y la maternidad: los hombres coreanos.

Aunque los mileniales insisten en que son de mente más abierta que sus padres y están más dispuestos a compartir las tareas domésticas y las responsabilidades en la crianza de los hijos, las estadísticas dan a entender lo contrario. De acuerdo, en 2011 los hombres japoneses hicieron el triple de labores domésticas (noventa y seis minutos diarios) que en 1996 (veintisiete minutos).[19] Pero esto aún está muy por debajo de las tres horas de promedio que las mujeres japonesas dedican a las labores del hogar, y también muy por debajo de las de los hombres de casi todos los demás países desarrollados. Según un estudio de la Organización para la Cooperación y el Desarrollo Económico, una asociación constituida por las principales economías desarrolladas, los hombres japoneses dedican mucho menos tiempo que el resto de la OCDE a proveer de cuidados, y también mucho menos tiempo que ningún otro país de la OCDE a los quehaceres domésticos, con la excepción de Corea, cuyos hombres hacen todavía menos en casa. Las tareas domésticas, combinadas con un sistema salarial basado en la antigüedad, que castiga a las mujeres que abandonan el trabajo para tener un hijo, hacen que para las mujeres japonesas y coreanas sea aún más difícil compaginar trabajo y maternidad. El sistema es incluso más punitivo debido a las políticas nacionales de atención a los niños —o más bien a la ausencia de ellas en comparación con otros países desarrollados.[20]

Las razones son culturales. Se considera que los matrimonios coreanos son la unión no simplemente de un hombre y una mujer sino también de dos clanes: una idea antaño aceptada universalmente que solo en décadas recientes empezó a desaparecer en Europa y Norteamérica. «Los tíos de nuestra edad saben que deben ayudar a la mujer en casa», dice Jinhoe. «Pero no sé si en la realidad pasa eso. Por otro lado, además la familia del hombre no quiere que este haga el trabajo de la mujer. En Corea, el matrimonio no se celebra entre dos personas, sino entre dos familias. Así pues, nos importa lo que piensan los padres del otro lado, sobre todo la suegra. Entre la esposa y la suegra hay una relación especial.»

En vista de las escasas ventajas, las políticas salariales que penalizan a las mujeres que acceden al permiso de maternidad y las normas sociales gracias a las cuales los hombres se libran de las labores domésticas, sería lógico pensar que las mujeres japonesas y coreanas han decidido quedarse en casa y tener niños. Pero no. La participación de las mujeres coreanas y japoneses en el conjunto de la población activa es inferior, aunque no en extremo, a la de países no asiáticos desarrollados: 49 por ciento en Japón y 50 por ciento en Corea, en comparación con el 56 por ciento de Estados Unidos o el 55 por ciento de Alemania.[21] Con poco respaldo del estado, del empresario o del marido, y aun así resueltas a trabajar (seguramente porque además necesitan el dinero), muchas mujeres asiáticas aplazan lo de tener niños hasta que casi ya no les queda tiempo. Una mujer japonesa tiene su primer hijo, por término medio, a los treinta años. En Estados Unidos, a los veintiséis.[22]

¿Y cómo se plasma todo esto sobre el terreno? En 2015, según la Agencia Coreana de Estadística, el índice de nupcialidad llegó a su nivel mínimo —5,9 por 1.000 personas—, teniendo en cuenta que se empezó a tener registros en 1970. La edad promedio en que una mujer se casaba alcanzó por primera vez los treinta años. Otra primicia: la población de coreanos de veintitantos y treinta y pocos años había disminuido por primera vez en la historia.[23] En cuanto a la posibilidad de tener hijos fuera del matrimonio —parejas no casadas o mujeres que son madres por su cuenta—, ni hablar. En la sociedad coreana, el estigma de la bastardía sigue siendo muy profundo.

Hemos dicho que la tendencia global hacia la urbanización se traduce en el empoderamiento de las mujeres, lo cual origina un descenso de la tasa de fertilidad. Esto es cierto. Sin embargo, cada cultura es única. En nuestros viajes, observamos numerosos factores locales que afectan a la fertilidad. Una característica de los tigres asiáticos es que en ellos persiste la idea de la superioridad masculina. Se acepta de buen grado que las mujeres adquieran una educación, que pasen a formar parte de la población laboral. Pero también se espera de ellas que se ocupen de la casa, y, tan pronto tengan hijos, que sacrifiquen su profesión para criarlos. Por este motivo, las mujeres de dichos países tienen menos niños. ¿Cómo va a echarles nadie la culpa?

Hay otro sistema para contrarrestar la pérdida de población: la inmigración. Sin embargo, esto en Corea y otros países asiáticos no es una opción válida. Para entender por qué, echemos un vistazo a la situación de los refugiados, un gravísimo problema del mundo actual.

La crisis de los refugiados de 2015 puso de manifiesto un marcado contraste entre países hospitalarios y excluyentes. Ya hemos hablado de cómo los europeos se esforzaron por acoger a los desesperados recién llegados. Pero, ¿cómo reaccionaron los países asiáticos? La respuesta simple y llana es que no reaccionaron en absoluto. No lo hacen nunca. Los países asiáticos no aceptan refugiados de manera voluntaria. China, el país más poblado del mundo, casi no admite a nadie: 0,22 por 1.000. Japón, justo al lado, es aún menos compasivo, con un índice de refugiados de 0,02. Corea del Sur se sitúa en el 0,03. Lo sorprendente es que esto no sorprende nada. Nadie espera que los países asiáticos ricos acepten refugiados. Por otro lado, los refugiados tampoco quieren ir allí. Y no tiene nada que ver con la lejanía. Canadá está a un océano de distancia de los puntos conflictivos, y admite a cuatro refugiados por cada mil personas.[24]

Si intentamos hacer conjeturas sobre por qué los países asiáticos valoran tanto la homogeneidad racial, pasaremos un mal rato. En todo caso, por la razón que sea, esto es así. Japón no es el único que apenas concede la ciudadanía a los forasteros. China, Corea y Taiwán tampoco admiten prácticamente refugiados ni inmigrantes. Las personas de estos países se consideran homogéneas desde un punto de vista racial, y entienden que esta homogeneidad es algo que deben valorar y proteger. En Japón, un postulado fundamental del *nihonjinron* —género popular de escritura sobre la identidad nacional— es que los japoneses son un pueblo homogéneo (*tan'itsu minzoku*) que constituye una nación racialmente unificada. Aunque el *nihonjinron* ha sido totalmente refutado en el mundo académico, sigue muy arraigado en el discurso popular.[25] Los chinos *han*, que conforman el 92 por ciento de la población china actual, consideran que las otras etnias de dentro de sus fronteras son elementos pintorescos y extravagantes en el mejor de los casos, y peligrosamente subversivos en el peor. Los extranjeros, de la clase que sea, no son bienvenidos. «La China actual es sumamente homogénea», señalaba *The Economist* en 2016. «Mantiene esta situación gracias a que permanece casi totalmente cerrada a nuevas llegadas, salvo por nacimiento.»[26] Al menos a los surcoreanos les avergüenza su xenofobia. En 2011, los militares modificaron su juramento de lealtad sustituyendo la palabra «raza» por la de «ciudadano».[27] No obstante, la República de Corea sigue estando básicamente cerrada a los extranjeros.

En Corea hay cuatro tipos de extranjeros: aproximadamente los dos millones de chinos de origen coreano con derecho a regresar al viejo país; los hombres coreanos, generalmente de las zonas rurales, que son incapaces de encontrar una esposa y consiguen una de Vietnam o alguna otra parte; los peones foráneos que vienen a encargarse de trabajos sucios, peligrosos y degradantes que los coreanos son reacios a realizar por sí mismos; y los estudiantes de otros países que asisten a universidades coreanas. (También podríamos mencionar a los veinticuatro mil extranjeros que vienen anualmente a Corea a enseñar inglés durante uno o dos años).[28] Sin embargo, hay menos chinos de origen coreano que emigren a Corea gracias, en parte, a las oportunidades económicas en China. Lá urbanización ha reducido el número de hombres rurales en busca de esposas extranjeras. Los trabajadores extranjeros temporales prácticamente tienen vedado el acceso a un empleo estable, menos aún a la ciudadanía. Y los estudiantes de fuera casi nunca se quedan en el país después de licenciarse debido a la dificultad de aprender coreano. El problema de la lengua suele citarse como un motivo por el que los países asiáticos se oponen a la inmigración —como dijo en una ocasión un diplomático japonés, el idioma japonés es muy difícil de aprender, y una vez que lo has aprendido no te sirve absolutamente para nada fuera de Japón—[29], pero esto son cortinas de humo. Los coreanos creen que solo los coreanos son coreanos. Tan sencillo como esto.

Los gobiernos asiáticos saben que están metidos en un buen lío. Si no invierten la tendencia de la sangría de niños, en las próximas décadas sus poblaciones disminuirán drásticamente. Como las políticas gubernamentales de las décadas de 1970 y 1980 redujeron las tasas de natalidad, quizá las medidas actuales ayuden a aumentarlas de nuevo. Singapur ha mostrado una especial creatividad —como no podía ser de otro modo teniendo en cuenta que su tasa de fertilidad de 1,2 era una de las más bajas del mundo—. Además de crear una Unidad de Desarrollo Social (UDS), una especie de agencia de contactos patrocinada por el gobierno —¡Citas rápidas! ¡Talleres de salsa!—,[30] en 2012 el gobierno anunció que la noche del 12 de agosto, Fiesta Nacional, sería la «Noche Nacional», en la que se animaba a las parejas a procrear. Como decía la canción del vídeo promocional, «sé que lo quieres, la UDS también... el índice de natalidad no va a aumentar por sí solo».[31]

Las medidas políticas de Corea son más convencionales. Hay subvenciones oficiales para las parejas que deseen tratamientos de fertilidad, permisos de paternidad y preferencias de admisión en guarderías para los padres con tres hijos o más. En 2010, el gobierno empezó a apagar las luces de sus edificios a las siete y media el tercer miércoles de cada mes a fin de que los trabajadores llegasen a casa temprano —teniendo en cuenta lo adictos al trabajo que son los coreanos—, para así «ayudar al personal a dedicarse a engendrar hijos y criarlos».[32] No obstante, hasta ahora ha sido en vano; en 2015, hubo un cinco por ciento menos de nacimientos que el año anterior.

En cualquier caso, opinan que tienen una ventaja demográfica singular: Corea del Norte. A la larga, cree la gente con fervor, la península se reunificará, con lo cual la población aumentará en veinticinco millones de personas. Por otra parte, si hemos de creer a la agencia estadística de este país, la tasa de natalidad de Corea del Norte es de 2,0: apenas en el nivel de reemplazo y muy superior a la de Corea del Sur. No obstante, con independencia del dividendo demográfico que la unificación pueda suponer, se vería desbordado por los problemas ligados a la integración de una población pobre y sometida a un lavado de cerebro (por su propio gobierno) que se esfuerza por familiarizarse con el mundo moderno.

El dividendo demográfico que permitió a ciertas regiones del Asia del Pacífico dar un salto adelante, lo que comportó para la gente una prosperidad y una estabilidad insospechadas, está a punto de convertirse en el lastre demográfico, pues las sociedades envejecen, las demandas de pensiones y asistencia médica aumentan, el coeficiente de dependencia evoluciona en una dirección totalmente equivocada, y a la generación más joven —igual que a la de sus padres— le cuesta llegar a fin de mes. Al parecer, dentro de treinta años Corea será el país más viejo de la Tierra. Si se mantiene la tendencia actual, el último coreano morirá hacia 2750.

Esto no sucederá, desde luego. Según el profesor Cho, los vínculos raciales que impiden a los coreanos dejar entrar a otros ya están debilitándose. «Mis hijas se llevan muy bien con los extranjeros en sus clases», dice. Con todo, sigue siendo pesimista. Cree que los coreanos todavía tienen que aceptar que se acerca una época de expectativas rebajadas. «Todo tiene que ver con el crecimiento. Nadie espera que las cosas vayan a menguar.»

Pero menguarán. La Noche Nacional de Singapur fue un fracaso.

5

LA ECONOMÍA DE LOS BEBÉS

Mientras rastreamos el descenso de la fertilidad por todo el planeta, es perfectamente razonable preguntarse: ¿Y qué? ¿A quién le importa cómo esté el mundo dentro de unas décadas? ¿Qué significa esto para mi vida actual? La respuesta es que lo significa todo. Ahora mismo, hoy en día, las fuerzas económicas, sociales y demográficas están tirando de ti, al margen de tu edad, de maneras apenas perceptibles. Estas fuerzas son, por ejemplo, por qué los adolescentes actuales no tienen tantas relaciones sexuales como tuvieron sus padres; o por qué la edad promedio para tener el primer hijo es hoy de treinta años en muchos países, o por qué en estos países la mayoría de los padres tiene solo uno o dos hijos. Dentro de no mucho, estas fuerzas obligarán a la gente a retrasar la edad de jubilación; le obligarán a dedicar al cuidado de sus padres más tiempo y energía de lo que jamás habían previsto. En algunos casos, estas fuerzas dejarán a las personas solas al final de su vida, desconsoladas, llorando por el niño de mediana edad que murió mucho antes.

No tendrás que esperar décadas para ver cómo será un mundo cada vez más pequeño y viejo. Lo único que has de hacer es mirarte a ti mismo. Porque esta historia habla de ti.

Comencemos con la decisión más importante de todas: si tener o no un hijo. En este contexto, es una gran noticia. Ya sabemos que la edad promedio de la mujer coreana cuando tiene su primer hijo es treinta años. Corea del Sur no se diferencia de Australia, Hong Kong, Irlanda, Italia, Japón, Luxemburgo, Portugal, España o Suiza. Casi todos los demás países desarrollados están cerca. (En el caso de Canadá, veintiocho años).[1] La tendencia planetaria de las mujeres a retrasar el primer parto es uno de los fenómenos más importantes de nuestra época.

Los niños son maravillosos. Traen alegría a los padres y vida a los barrios. Renuevan, inspiran y recompensan. No hay nada, absolutamente nada, más fuerte que el amor de un padre o una madre por su hijo. Este amor está literalmente inscrito en nuestro ADN. Pero, chico, son caros. La guardería cuesta más que la matrícula universitaria. En una familia norteamericana media con un niño de menos de cinco años, este consume el 10 por ciento de los ingresos.[2] Para empezar, está la comida y la ropa, entendiendo por ropa estas zapatillas y no aquellas, este estilo y no aquel, este otoño algo totalmente distinto de lo del otoño pasado. Hace falta una casa más grande, con más habitaciones y un patio en el que puedan jugar los niños, y tal vez una piscina. El estado paga la matrícula escolar, pero por lo general no costea los libros, las excursiones ni los uniformes nuevos. Hay equipamiento y entrenamientos de hockey, o clases de música o piano. La bicicleta tiene solo dos años y ya se ha quedado pequeña. «Pero, ¿por qué no puedo? ¿Por qué nunca me dejáis? ¡No es justo!» Y los aparatos ortodóncicos. No dejes que un padre se ponga a hablar de ortodoncia: 4.500 dólares al menos, y nunca es al menos. Y después está lo que le hizo al coche.

Según una estimación, criar a un hijo de clase media desde el nacimiento hasta los diecinueve años cuesta 250.000 dólares.[3] Y luego viene la universidad. No es de extrañar que, para muchos padres, uno o dos sea suficiente. Hay muchas parejas que no tienen ninguno. Muchas personas prefieren permanecer solteras, o junto con su pareja optan por viajar antes que criar un niño. Compran un perro.

Aun dejando a un lado la cuestión de lo caro que resulta un niño, todavía hay muy buenas razones para no tener ninguno. En el caso de un adolescente, la paternidad puede ser devastadora. Tener un hijo siendo tan joven puede suponer un peligro para la salud de la madre y el niño —los hijos de madres adolescentes suelen pesar, al nacer, por debajo de la media—. Ni la madre ni el padre están emocionalmente capacitados para asumir la responsabilidad parental; muy a menudo, él simplemente desaparece. Tener un hijo hace que sea dificilísimo seguir yendo a la escuela. Si la madre decide entrar en el mercado laboral, cualquier empleo disponible seguramente será no cualificado y mal pagado, y con frecuencia agotador. Como el salario quizá no baste para el cuidado del niño, se verá obligada a acudir a los servicios sociales. Un pequeño cuya madre soltera recibe asistencia social está en una situación muy desventajosa con respecto al niño que crece en un hogar con un padre y una madre que conservan su empleo. El peor impacto acaso sean las menores expectativas para el niño: la madre, otros miembros de la familia, los profesores y los amigos no esperan que llegue muy lejos, lo que en última instancia piensa también el propio chaval, por lo que este vive conforme a estas expectativas reducidas. Y se repite el ciclo. En Alemania, que cuenta con una amplia red de protección social, más de una tercera parte de los hijos de familias monoparentales vive en la pobreza. En los hogares con padre, madre y dos hijos, la cifra es del ocho por ciento.[4]

La buena noticia —no, la noticia simplemente fantástica que por lo general se pasa por alto cuando de hecho habría que anunciarla a gritos desde los tejados— es que los adolescentes entienden esto, razón por la cual, en contra de lo que comúnmente se cree, el índice de embarazos de adolescentes está cayendo en picado. En Estados Unidos, en 1990 dieron a luz sesenta y dos de cada mil adolescentes; hoy en día la cifra es de veintidós, una disminución de casi dos terceras partes. En otros sitios, el descenso ha sido aún más espectacular. En Canadá, los embarazos de adolescentes se han reducido en un 80 por ciento desde la década de 1960, lo mismo (más o menos) que en Suecia, la República Checa, Hong Kong, Australia, Omán, Mongolia, Maldivas, Barbados y casi todo el mundo desarrollado y ciertas regiones del mundo en vías desarrollo. En otros sitios, como Jamaica, Rumanía, Sudán del Sur o Sudáfrica, el descenso se acerca más a la mitad o los dos tercios.[5] Los investigadores lo atribuyen a mejoras en los programas de educación sexual y a un acceso más fácil a los anticonceptivos y al aborto. El fenómeno relativamente reciente del anticonceptivo de emergencia de venta libre —también conocido como «pastilla del día después»— y la píldora abortiva también está siendo de ayuda. Aunque algunos grupos conservadores desde el punto de vista social y religioso intentan negarlo, las pruebas están claras. Si se trata de reducir los embarazos de adolescentes, la clave es enseñar a los niños sobre sexo y hacer que los anticonceptivos sean baratos y fáciles de conseguir.

Las consecuencias sociales del menor número de embarazos de adolescentes son del todo positivas: menos mujeres jóvenes atrapadas en la pobreza por haber tenido un hijo demasiado pronto. Los gobiernos no tienen por qué gastar tanto en programas como el de los servicios sociales, con lo que hay más dinero para gastar en otros asuntos. Los índices de criminalidad disminuyen —gracias a que hay menos jóvenes de hogares desestructurados en peligro de integrarse en bandas o meterse en otra clase de líos—, debido a lo cual bajan los costes policiales y penitenciarios. Sin embargo, cuando las mujeres se hacen mayores y mantienen la decisión de no tener hijos, las consecuencias son más diversas.

Aunque las mujeres están aún lejos de haber alcanzado la igualdad plena, están acortando distancias y golpeando el techo de cristal. En 1973, el año en que el Tribunal Supremo de Estados Unidos reconoció el derecho al aborto en el caso Roe v. Wade, una mujer corriente ganaba el 57 por ciento de lo que ganaba un hombre. En 2016, se había llegado al 80 por ciento.[6] La brecha es aún considerable, pero la tendencia invita al optimismo. Las mujeres superan en número a los hombres en las universidades: el 72 por ciento de las que terminan la secundaria van directamente a la universidad, en comparación con el 62 por ciento de los hombres.[7] En el Reino Unido, el 55 por ciento de los estudiantes de medicina son mujeres.[8] En Estados Unidos, aproximadamente el 40 por ciento de los químicos y los científicos de materiales y el 30 por ciento de los científicos medioambientales y geocientíficos son mujeres.[9] Aún no hay igualdad plena, pero, en efecto, se está cerrando la brecha.

Si una mujer tiene un empleo interesante y bien pagado, es menos probable que se quede embarazada. El nacimiento de un hijo puede ser un importante obstáculo para su promoción profesional. Incluso con las políticas de permisos parentales más generosas, incluso con la mejor atención infantil disponible, dejar de trabajar un tiempo para tener un hijo puede suponer un revés para la carrera de una mujer. Si sales del trabajo antes porque han llamado de la escuela diciendo que tu hijo está vomitando, habrá suspicacias. Si envías un e-mail diciendo que hoy trabajarás en casa porque te ha fallado la canguro, alguien toma nota. Sí, el padre debería hacer más, pero no es lo habitual. Según ciertos estudios, las mujeres sin hijos ganan más o menos lo mismo que los hombres. Los hijos son la causa de la desigualdad salarial.[10]

Los buenos empleos requieren muchos años de formación, incluyendo a menudo una segunda licenciatura o una diplomatura. Esta educación es cara: en Estados Unidos, siete de cada diez graduados están endeudados, y la cuantía media de esa deuda ronda los veintinueve mil dólares.[11] ¿Quién puede permitirse tener un bebé antes de que esta deuda esté controlada? Uno de los efectos secundarios no deseados del incremento de la matriculación universitaria es que reduce las tasas de fertilidad.

Una vez que la deuda está cancelada, surge la cuestión de encontrar a la señora o al señor más indicados. La gente se toma este importantísimo desafío mucho más en serio que antes. Se animó a los *boomers* a casarse pronto, lo cual significa que muchos de ellos se casaron mal. En las generaciones anteriores, las personas aguantaban un hogar sin amor, pero en 1969, California fue el primer estado en aprobar el divorcio sin imputación de culpa, con lo cual era más fácil poner fin a un matrimonio.

En 1960, en Estados Unidos, cuando el divorcio aún era una especie de «escándalo», había cada año nueve divorcios por cada mil matrimonios; en 1980, el índice de divorcios alcanzó su valor máximo: veintitrés por cada mil matrimonios. Sin embargo, a partir de entonces empezó a disminuir y en la actualidad gira en torno a los dieciséis.[12] El divorcio es traumático para los hijos; muchos de los que lo han sufrido o vivido parecen decididos a no infligir esta experiencia a la siguiente generación. Una opción es no casarse: la tasa de nupcialidad se ha reducido en un 50 por ciento desde 1970. Otra es esperar a que los dos miembros de la pareja sean más mayores, más maduros y económicamente más estables. En 1960, la mujer norteamericana típica se casaba a los veinte años. Actualmente, a los veintiséis.

Todo esto significa que las mujeres dan a luz a su primer hijo más tarde que en el pasado. Como hemos mencionado, treinta años es actualmente, en muchos países, la edad más común para tener el primer hijo. Ahora dan a luz por primera vez más mujeres de más de cuarenta años que de menos de veinte. Curiosamente, existe una minúscula —aunque gradualmente creciente— cohorte de mujeres que paren superados los cincuenta años: en Estados Unidos, en 2015, fueron 754, por encima de las 643 del año anterior y de las 144 de 1997.[13] Como las mujeres empiezan a volverse menos fértiles a partir de los treinta años, cuanto más esperan a tener el primer hijo, menos niños es probable que tengan. En todo caso, ellas ya lo saben. La decisión de esperar un tiempo a dar a luz por primera vez forma parte de una decisión más amplia, tomada de común acuerdo con su marido o pareja: tener solo uno o dos hijos.

A veces, las parejas estériles recurren a la solución de la adopción. Sin embargo, por razones tanto locales como geopolíticas, la adopción es cada vez menos una solución válida. En el territorio nacional, encontrar bebés disponibles para ser adoptados está siendo más y más difícil debido a la drástica disminución de los embarazos de adolescentes. Por otra parte, han cambiado los valores: por ejemplo, las madres no casadas ya no están presionadas para entregar a sus hijos en adopción.[14]

Lo que tenemos entonces es el mercado del extranjero. Los norteamericanos adoptan más niños de otros países que el resto del mundo en su conjunto. Y hasta hace relativamente poco, adoptar un bebé era un sector en crecimiento. A los padres que querían niños, el final de la Guerra Fría les ofreció acceso a miles de bebés abandonados. En el año récord de 2004, llegaron a Estados Unidos 22.989 niños procedentes de otros lugares en calidad de adoptados. Los cinco principales países exportadores de bebés eran China (con 70.026 niños exportados al año), Rusia (46.113), Guatemala (29.803), Corea del Sur (20.058) y Etiopía (15.135).[15] Pero en un momento dado las cifras comenzaron a bajar y bajar. A bajar sin parar. En 2015, a Estados Unidos llegaron solo 5.647 bebés adoptados, menos de una cuarta parte que en la década anterior. Las razones son varias.

Cuando las relaciones con Occidente se deterioraron, en 2012 Rusia prohibió todas las adopciones extranjeras de niños rusos. Debido a la guerra en el este de Ucrania, era imposible sacar pequeños de esa región. Otros países cerraron sus fronteras a las exportaciones de niños cuando se supo que ciertos grupos criminales estaban comprando (o secuestrando) bebés para vendérselos a occidentales incautos. En cualquier caso, el factor más importante fue China. A medida que crecía la economía del país, y la política de un solo hijo empezaba a hacer notar sus efectos, el suministro de bebés disponibles menguó. En la actualidad, prácticamente todos los niños chinos disponibles para la adopción sufren alguna discapacidad y requieren atención especial.

Puede ser difícil dar con estadísticas sobre adopciones, pues estas se manejan sobre todo en al ámbito estatal o provincial. No obstante, seguramente la provincia de Alberta es típica. Allí, aunque el número de personas que quieren adoptar va en aumento, las adopciones reales descendieron en un 25 por ciento entre 2008 y 2015, y el período de espera para conseguir un bebé aumentó desde los dieciocho meses hasta los tres años.[16]

Si juntamos todo esto, he aquí lo que hay: saber más sobre los anticonceptivos y los costes sociales y económicos de tener un hijo en etapas tempranas de la vida y sin un padre fiable, sumado a un mejor acceso a los anticonceptivos de emergencia y al aborto, se ha traducido en menos mujeres adolescentes con bebés. La duración y el coste de una buena educación han convencido a un creciente número de mujeres de que no deben tener un hijo a los veintipocos años. Las exigencias profesionales, la liquidación de los préstamos estudiantiles y el deseo de estar seguras de que el hombre de su vida ha llegado para quedarse animan cada vez a más mujeres a abstenerse de tener hijos hasta acercarse a los treinta años. En la actualidad, cuando todo converge para que tener un hijo sea algo deseable y factible, muchas mujeres ya tienen más de treinta, incluso de cuarenta. No es de extrañar, por tanto, que estas mujeres tengan familias pequeñas.

Sospechamos que, al margen de la edad que tengas, de si eres hombre o mujer, o de si eres principalmente la hija o el hijo de alguien, o más que nada el padre o la madre de alguien, todo esto te resulta familiar. Se trata de decisiones con las que estás lidiando o que ya has tomado. Devolver los préstamos a duras penas, buscar con afán un trabajo decente, encontrar la persona adecuada con la que compartir la vida, sopesar si este es el momento para tener por fin un hijo, dudar si los dos os podéis permitir tener otro, asumir las consecuencias de esta decisión... es probable que esta sea tu historia. Por otra parte, tus decisiones influyen no solo en tu vida sino también en la vida de los demás. Porque resulta que tus elecciones multiplicadas por las elecciones de millones de individuos más tienen consecuencias para todo el mundo.

Las familias pequeñas son, de muy diversas maneras, cosas maravillosas. Los padres pueden dedicar más tiempo y recursos a criar —en realidad, mimar— al niño. Los niños tienen probabilidades de ser educados con arreglo a modelos de rol positivo de un padre trabajador y una madre trabajadora. Esta clase de familias son reflejo de una sociedad en la que las mujeres están en igualdad de condiciones, o al menos casi, que los hombres en casa y en el lugar de trabajo. Las mujeres trabajadoras también contribuyen a mitigar la escasez de mano de obra resultante del escaso número de bebés. No es exagerado decir que «familias pequeñas» es sinónimos de «sociedad de mente abierta, avanzada».

No obstante, las familias pequeñas tienen un efecto negativo en la economía. Como hemos visto, reducen el número de consumidores disponibles para adquirir productos; reducen el número de contribuyentes disponibles para financiar programas sociales; reducen el número de mentes jóvenes e innovadoras. No es una casualidad que, igual que la envejecida sociedad japonesa ha sido un factor clave de tres décadas de estancamiento económico, también el envejecimiento de Europa contribuye al estancamiento que está fastidiando las economías de tantos países del continente. La influencia de los niños, o de la falta de los mismos, en la economía de un país es profunda.

Muchos programas gubernamentales, como los permisos parentales o los subsidios por hijos, pueden animar a los padres a tener más descendencia. Pero el impacto es mínimo, y los programas son tan caros que a los gobiernos les cuesta mantenerlos. En cualquier caso, las familias pequeñas tienen que ver también con el autoempoderamiento, con deshacerse de la obligación social de procrear y, en vez de ello, elaborar un relato personal, la vida tal como se cuenta en Facebook. Una vez operativa, la trampa de la baja fertilidad es irreversible.

El descenso demográfico tiene otras consecuencias —sociales, políticas, medioambientales—, que analizaremos en los capítulos siguientes. De todos modos, al menos podemos decir esto con certeza: desde el punto de vista económico, la escasez de bebés es un asunto muy serio. Y subyace a uno de los fenómenos más interesantes pero menos mencionados de nuestra época: el bumerismo, o dominio de los *boomers*.

Mick Jagger, con su cara esquelética a los setenta y tres años y su mata de pelo sospechosamente libre de canas, saludó a los setenta y cinco mil fans que llenaban el Empire Polo Club con humor ladino: «Bienvenidos al asilo de Palm Springs para músicos británicos refinados.» Y a continuación él y el resto de los Stones provocaron una entusiasta respuesta del público.

No, esto no era Coachella, el famoso festival de música que también se celebra en el Empire Polo Field, sino Desert Trip, mejor conocido por su apodo: Oldchella. Los Stones, los Who, Bod Dylan, Neil Young, Paul McCartney y Roger Waters, de Pink Floyd, actuaron en ese lugar durante dos semanas de octubre de 2016. Y aquí está la cuestión: ese año, Coachella —que por lo general genera más ingresos que cualquier otro festival musical norteamericano—[17] se embolsó 94 millones de dólares; Oldchella, 160 millones; casi el doble.

La explicación es sencilla: Oldchella cobraba hasta 1.600 dólares por las entradas más caras, en comparación con los 900 de Coachella. Por ese dinero uno puede cenar cuatro platos con los mejores vinos y una exposición de arte en una carpa con aire acondicionado. Funcionaban todos y cada uno de los inodoros portátiles.[18] Entre la multitud había mileniales así como *boomers*, aunque la gente bromeaba diciendo que la droga más popular del concierto fue la Viagra, y cuando Rihanna se sumó a Paul McCartney en una aparición por sorpresa, la mitad del público tuvo que explicar a la otra mitad quién era.

Oldchella es un ejemplo clásico de bumerismo: el marketing ofensivo para atender las necesidades de los *baby boomers* antes que las de los más jóvenes y más pobres de la Generación X y los mileniales. «Aunque los medios de comunicación siguen estando entusiasmados con los mileniales, son los *boomers* quienes controlan el 70 por ciento de la renta disponible de este país», escribió un analista.[19] Y por si esto fuera poco, los *boomers* están a punto de heredar quince billones de dólares de sus padres desaparecidos. Los anunciantes y los vendedores están estudiando la manera de liberar esta riqueza, utilizándolo todo, desde tutoriales fáciles de entender sobre cómo navegar por las redes sociales hasta letras más grandes en las latas de pintura.[20]

En la actualidad, los jóvenes invierten en educación cara como único medio para obtener información sobre un buen empleo. En cuanto se gradúan, tienen todo el préstamo estudiantil pendiente de amortización. Además, sus trabajos son inestables, lo cual les obliga a retrasar las compras importantes. ¿Cómo vas a abrir un restaurante para hípsteres cuando los únicos clientes que pueden pagar tus precios creen que la música suena demasiado fuerte, las mesas están demasiado cerca unas de otras —¿cómo va a caber ahí un andador?— y la carta es simplemente ridícula? (¿Kimchi? ¿Qué demonios es kimchi?). Te conviene bajar el volumen, ser más generoso con el espacio y ofrecer un buen filete. Y si vives en una ciudad norteamericana de cierto tamaño, es muy probable que tengas al menos un cine con entradas a precios recargados que garantizan un asiento reservado, cómodo, con serviciales camareros que te llevan la comida y la bebida —vino blanco, no afrutado y flojo—. Dominio de los *boomers*, bumerismo.

No obstante, el impacto de una sociedad avejentada va mucho más allá de las estrategias mercadotécnicas. Tanto los niños como los viejos son poblaciones dependientes: usan una cantidad desmesurada de lo suministrado por el estado, ante todo en el mundo desarrollado. Pero son dependientes de maneras distintas. Los niños necesitan servicios de guardería y escuelas, mientras que los ancianos precisan pensiones y cuidados paliativos. Como la edad mediana del mundo sigue aumentando —en la actualidad es treinta y un años; en 2050 será treinta y seis; y en 2100, cuarenta y dos—, la agenda se inclinará cada vez más a satisfacer las necesidades de la población que más está creciendo: menos escuelas y más programas de apoyo a la vida asistida.

Una estadística que resume muy bien la interacción de estas fuerzas es el «coeficiente de dependencia de la tercera edad», es decir, el número de personas en edad laboral disponibles para mantener a cada jubilado. Hoy día, en el mundo hay 6,3 personas en edad laboral por cada persona que ha superado la edad de jubilación. Se trata de una proporción positiva, y si se mantuviera, el mundo estaría en buen estado. Sin embargo, ya sabemos que esto no será así. Según la ONU, hacia 2050 este coeficiente habrá bajado hasta ser de 3,4/1, y en 2100 aún habrá disminuido más: 2,4/1. En efecto, a finales de este siglo, en el mundo habrá apenas dos personas en edad laboral para pagar los servicios públicos utilizados por los jubilados. Esto da por supuesto que las previsiones de fertilidad de la ONU son correctas, y, como ya hemos visto, nosotros no compartimos esta opinión. Así pues, la proporción de dos personas laboralmente activas por cada anciano podría darse mucho antes de lo que muchos creen. En varios países europeos, el coeficiente ya se acerca a 2/1.

Esto podría provocar muchos problemas económicos mientras el estado se esfuerza por procurar servicios geriátricos pese a que la disminución de la base imponible y el menor número de consumidores se traducen en una economía más débil. Para algunos también podría ser muy doloroso desde un punto de vista personal. Así lo explica el sociólogo chino Feng Wang: «En el futuro, cada vez habrá más padres chinos que, cuando sean ancianos, no podrán contar con sus hijos. Y muchos padres afrontarán una realidad de lo más desdichada: vivir más que sus hijos y, por tanto, morir solos.»[21] Según ciertos datos de mortalidad, la probabilidad de que una mujer de ochenta años sobreviva a su hijo de cincuenta y cinco —muerto a causa de enfermedad o accidente— es del 17 por ciento.[22] Y donde no hay pena, puede haber en cambio sentimiento de culpa. A saber cuántos padres del mundo entero se sentirán avergonzados al tener que pedir ayuda a unos hijos que también tienen dificultades para gestionar su matrimonio, su paternidad o su empleo.

Las decisiones familiares y de pareja que una persona está tomando, va a tomar o ya ha tomado definen su presente y su futuro. En la actualidad moldean la sociedad, y la moldearán aún más a fondo más adelante. Los programas sociales, la empresa privada y la tecnología de investigación se alejarán de los jóvenes y estarán concebidos para las personas de edad avanzada, no de una forma absoluta —pues todavía tiene un gran valor enganchar a un joven a tu producto, quizá para toda la vida— pero sí al menos en parte. Estos cambios serán cada año más acentuados. El ayuntamiento discutirá si ha de convertir las escuelas vacías en residencias de ancianos. Habrá asesoramiento por duelo para padres afligidos que hayan perdido a un hijo adulto. Quizá veamos el regreso de la familia numerosa: tres generaciones viviendo bajo un mismo techo.

Bienvenidos al futuro del descenso demográfico. O, más bien, al presente.

6

LA CUESTIÓN AFRICANA

El aeropuerto Jomo Kenyatta, de Nairobi, no tiene nada que ver con lo que era, y esto es bueno. Hace cinco años, un viajero que llegara a NBO, uno de los aeropuertos con más tráfico de África, tenía que hacer una larga cola en el control de inmigración, que terminaba en un mostrador donde había un joven solo, aburrido y ajeno a la multitud que reclamaba su atención. De vez en cuando levantaba la vista de su móvil y a regañadientes reparaba en el viajero que, armado de paciencia, permanecía de pie frente a él. Tras coger el formulario de inmigración junto con 50 dólares americanos, anotaba una entrada en un dickensiano libro mayor y ponía el sello en el pasaporte. Bienvenido a Kenia. El siguiente.

Actualmente, si quieres viajar a Kenia, compras en internet un «eVisa» (visado electrónico) varias semanas antes. A la llegada, descubres que el aburrido muchacho ha sido sustituido por cabinas de inmigración que bordean un centro de recepción nuevo, moderno y luminoso, semejante al de cualquier aeropuerto occidental. Tan pronto estás delante del funcionario de inmigración, te toman una foto con una de esas cámaras fijas y te digitalizan las huellas dactilares, igual que cuando entras en Estados Unidos. Ni libro mayor ni pago en metálico. Bienvenido a Kenia. El siguiente.

Estamos en la zona cero del debate sobre el futuro de la población del planeta. La Organización de las Naciones Unidas prevé que el número de personas pasará de siete a once mil millones a lo largo del siglo porque no alberga muchas esperanzas con respecto a África. Cree que la tasa de fertilidad seguirá siendo elevada en las próximas décadas, sobre todo en el África subsahariana, lo cual impulsará el último gran *baby boom* antes de que las cifras empiecen a bajar en el próximo siglo. Se avecinan décadas sombrías mientras la humanidad se esfuerza a duras penas por alimentarse a sí misma y limitar el daño que esto inflige en un planeta frágil.

En todo caso, ¿debe África permanecer postrada en los años venideros? ¿La sociedad seguirá siendo rural, la gente será inculta, las mujeres carecerán todavía de libertad? ¿O también África tomará la senda de la urbanización, la educación y la emancipación? Quizá esta sea la cuestión más importante que se nos plantea. La riqueza o la pobreza, la guerra o la paz, el calentamiento o el enfriamiento de la atmósfera, dependen de la respuesta. De la respuesta no estamos seguros. Pero al menos podemos buscar pistas. Y quizá encontremos algunas de estas pistas en Nairobi.

En la segunda década del siglo XXI, África es un lugar donde pasan cosas. En 2016, catorce de las treinta economías de crecimiento más rápido —o sea, casi la mitad— estaban en África. Kenia ocupaba la vigésima posición, con un aumento previsto del PIB superior al seis por ciento anual para el futuro inmediato, es decir, el triple que la mayoría de los países occidentales.[1] Pocos dudan de que el continente seguirá siendo un polo de desarrollo económico en las próximas décadas.

Parte de este crecimiento es autogenerador, pues la región es cada vez más importante como mercado de consumo. Se prevé que, hacia 2050, la población de África se haya duplicado con creces y alcance los dos mil seiscientos millones. En la actualidad, el país africano más poblado, con 182 millones de habitantes, es Nigeria. A mediados de siglo, Nigeria será, en términos demográficos, el cuarto país más grande del mundo. En el mismo período, la población de Kenia se duplicará. Entretanto, se calcula que en Europa disminuirá un cuatro por ciento.[2] Si fueras un inversor obligado a decidir, ¿qué escogerías, Europa o África?

Aunque África es nuestra cuna, el lugar del que venimos todos, también es un continente joven, con una edad mediana de solo diecinueve años, en comparación con los cuarenta y dos de Europa o los treinta y cinco de Norteamérica.[3] Se espera que, en las próximas décadas, África sea la única región del mundo en la que aumente de manera significativa la población en edad laboral. Todo el mundo está de acuerdo en esto: a partir de ahora y hasta mediados de siglo, en África crecerá tanto la población como la economía.

Kenia, que quiere convertirse en un centro económico regional para empresas internacionales que buscan oportunidades en África, participa en una carrera hacia la modernidad con sus competidores del continente. El aeropuerto mejorado tiene mucho que ver con ganar esta carrera. La ventaja de Kenia, como en el chiste de los dos tipos que son perseguidos por el oso, es que no tiene que vencer al mundo sino solo ganar la competición local. El país goza de una situación céntrica y estratégica en el este de África, y tiene frontera con el océano Índico, Uganda y Tanzania. También comparte línea fronteriza con Etiopía, Sudán del Sur y Somalia. Vale, es un vecindario un poco complicado, pero Kenia es una zona de relativa calma dentro de la región, lo que la vuelve atractiva para los negocios internacionales.

Dicho esto, el destello de un aeropuerto moderno tiene algo de pueblo Potemkin. Aproximadamente el 75 por ciento de los trabajadores kenianos todavía se dedican, a tiempo parcial o completo, a la agricultura, que supone más o menos un tercio de la economía.[4] Solo una cuarta parte de los ciudadanos cobra un salario de una empresa, pública o privada, que es lo que define realmente al trabajador moderno.[5] En Kenia, el índice de desempleo acaso llegue al 40 por ciento.[6]

La mitad de la población considera que no come lo suficiente, y aproximadamente una tercera parte dice que a veces se acuesta con hambre.[7] Siete de cada diez kenianos dicen ganar menos de 700 dólares al mes.[8] Cuatro de cada diez viven por debajo del umbral de la pobreza.[9] Se trata de un país en que más o menos la mitad de la población vive la antigua vida de la subsistencia premoderna. Por otro lado, sin embargo, el 75 por ciento de la gente tiene un contrato de móvil.[10] Además, el mundo rural está cediendo el paso poco a poco al urbano. La población urbana de Kenia crece a un ritmo superior al cuatro por ciento anual, centrada en Nairobi (cuatro millones) y Mombasa (1,1 millones).[11] En las últimas tres décadas, la población urbana del país se ha doblado con creces, pasando del 15 por ciento del total en 1979 al 32 por ciento en 2014.[12] Y a estas alturas ya sabemos lo que le pasa a un país cuando se urbaniza: la tasa de fertilidad comienza a disminuir.

Muchos kenianos viven dos vidas al mismo tiempo: la primera es inmemorial, agrícola, subsistente y, por supuesto, patriarcal. Sin embargo, en el bolsillo trasero llevan un móvil. Y, aunque todavía no se lo han dicho a sus padres, están planeando mudarse a la ciudad.

Amanece sobre Nairobi, ciudad que conserva pocos vestigios de su pasado colonial. Torres de vidrio, edificios oficiales, vallas publicitarias electrónicas, escaparates y amplias zonas verdes dominan el centro de la ciudad. Las aceras están llenas de gente bien vestida camino del trabajo. Las calzadas son modernas y se hallan en buen estado (salvo el ocasional socavón apocalíptico), al igual que los coches y camiones que las utilizan. El tráfico es un dolor de cabeza, pero nada comparable a los desesperantes atascos de Nueva York o París. Todo parece razonablemente tranquilo y en orden: una ciudad abierta y preparada para los negocios actuales.

Sin embargo, a unos cuantos kilómetros del centro de Nairobi —que recorremos en *matatu*, el minibús local que utilizan los kenianos para desplazarse, en un corto y arriesgado viaje—está Kibera, el barrio de chabolas más populoso de África, y tal vez del mundo, en el que viven aproximadamente un cuarto de millón de almas.[13] Kibera representa la otra cara de las realidades duales de Nairobi: el centro urbano, Kibera.

El lugar es una agresión a los sentidos, empezando por una sobrecarga de color rojo. El óxido rojo tiñe los tejados de hojalata que se extienden hasta donde alcanza la vista. También es rojo el fangoso suelo sobre el que se asienta la profusión de barracas y conforma las sucias y azarosas calles llenas de baches. Para un occidental remilgado, es difícil describir el olor. En Kibera no hay infraestructura sanitaria propiamente dicha, y las alcantarillas a cielo abierto discurren por dondequiera que haya terreno despejado. Se aprecian asimismo montones desperdigados de basura, y se ve a adultos, niños y animales revolviendo ahí.

Desde la óptica occidental, Kibera es miseria distópica, sin esperanza. Para los kenianos, sin embargo, Kibera es una comunidad con una cultura y una finalidad muy marcadas. Forma parte de Nairobi igual que el centro moderno. Kibera es también la sede de la economía tradicional. Rebosa de negocios informales: puestos callejeros de comida, pequeños comercios, carnicerías, tiendas de ropa de segunda mano, talleres de reparación. Algunos están bien montados; otros son solo mantas extendidas en el suelo con todo lo que está en oferta encima. Las mujeres kenianas que salen hoy a la calle toman notas mentales sobre qué tiendas de ropa valdrá la pena volver a visitar durante el fin de semana. Los hombres regresarán en busca de una pieza de ferretería reciclada o de un repuesto para un coche viejo. En Kibera se vende cualquier cosa que uno pueda necesitar, y más barata que en ninguna tienda moderna.

Kibera es también el destino de los recién llegados, sean migrantes que vienen del campo o personas procedentes de otras comunidades. Hace un siglo, Mahattan tenía su Lower East Side; actualmente Nairobi tiene Kibera. Aunque la pobreza, la deplorable higiene, las patologías sociales (como el abuso del alcohol o los embarazos de adolescentes), la corrupción y el delito campan a sus anchas, todo esto no convierte la comunidad en una zona prohibida para los kenianos de otras partes de Nairobi. Kibera es un centro singular para interacciones culturales y comerciales, semejante a un enclave histórico étnico en una ciudad occidental importante. Pensemos en el Barrio Latino, en Little Italy o en Chinatown; no en las versiones actuales, sino en el aspecto de estos sitios hace algunas generaciones. En Kibera pasan muchas cosas.

Con independencia de si vive en Kibera, en un barrio residencial próspero o en algo intermedio, la identidad de un keniano está arraigada en la tribu, el clan y la familia. Estas lealtades desbancan cualquier vínculo con el estado. Un visitante preguntó a uno de sus colegas autóctonos si se identificaba como keniano, y este contestó: «Si tú me abofeteas, soy keniano; si me abofetea un keniano, soy lúo.»[14] Para los kenianos, la tribu es lo primero. Y en la mayor parte de África ocurre lo mismo.

En Kenia hay tres grupos étnicos principales: los bantúes (el mayor, constituye aproximadamente un 70 por ciento de la población), seguidos de los nilóticos y los cusitas. Cada grupo étnico tiene una historia, una cultura, una forma de vida, una lengua, una religión y una gastronomía características. A su vez, estos grupos étnicos se dividen en más o menos cuarenta y dos tribus, y estas se subdividen en clanes. Un clan equivale a un árbol genealógico. Los integrantes del clan pueden rastrear su linaje hasta llegar a un antepasado común. En todo caso, los clanes pueden trascender y cortar transversalmente los grupos étnicos y las tribus. La idea de clan es algo que una persona de las Tierras Altas de Escocia captaría a la perfección.

La mayoría de los lugares de la Tierra están organizados en torno a la familia, la tribu o la comunidad. Los gobiernos locales y nacionales de muchos países constituyen cierta combinación de elementos remotos, incompetentes, corruptos y amenazadores. La policía intenta sacar tajada: para obtener un permiso hace falta sobornar; y si tienes algún contacto, consigues lo que quieres. En estas sociedades, las relaciones familiares lo son todo. En la familia se puede confiar. La familia no te dejará tirado. Tu sitio en la familia o la tribu determina tu personalidad y tu comportamiento.

En los países desarrollados, el estado de bienestar moderno ha sustituido en gran medida a las tribus, los clanes y las familias como fuente final de autoridad y apoyo en la vida de sus ciudadanos. Pero en Kenia no. Para un keniano corriente, el gobierno es solo una plutocracia que genera riqueza personal para políticos y burócratas con buenos contactos, no el sitio al que vas a buscar ayuda cuando las cosas se tuercen.

Aunque nadie, en ningún lugar del mundo, niega la importancia de la familia, todo funciona muchísimo mejor cuando los países están gobernados por individuos honrados y los lazos del clan o la tribu son débiles o inexistentes. Puedes pensar que tu gobierno es ineficiente, pero si vives en una sociedad capitalista democrática, seguramente no tienes ni idea de lo que es un gobierno de veras ineficiente. Acaso tus padres, hermanos e hijos lo signifiquen todo para ti, pero probablemente no sospechas siquiera lo poco que importa el nombre de tu familia, la iglesia a la que asistes, la escuela primaria a la que fuiste, tu acento o tu manera de vestir en comparación con lo que ocurre en otras sociedades. Quizá no des mucha importancia a lo mucho que dependes del gobierno en cuestiones realmente importantes de la vida. Sin embargo, la dicotomía entre sociedades dominadas por gobiernos y sociedades dominadas por familias es aproximadamente la dicotomía entre países avanzados y desarrollados, por un lado, y países en evolución, en vías de desarrollo (o, en algunos casos, en involución, en vías de hundimiento), por otro.

La dicotomía no es exacta: algunos países, como Grecia o Ucrania, actúan como estados modernos desarrollados los días buenos, y como pseudoestados corruptos los días malos. En cualquier caso, la peor versión de Grecia es infinitamente más funcional que la versión mejor de Kenia. El gobierno poscolonial de Kenia es caótico, revoltoso, a veces violento, y suscita desconfianza a escala universal. El país ocupa el puesto 139, entre 168, en el Índice de Percepción de la Corrupción.[15] Y, según Freedom House, se halla en la posición 135, entre 178 países («en gran medida no libre»), en cuanto a libertad económica,[16] y puntúa 51 sobre 100 («libre en parte») con respecto a libertad política.[17] Las cosas podrían ser peores, pero Kenia tiene aún un largo camino por recorrer, razón por la cual es tan fuerte la lealtad tribal en lo relativo tanto a la identidad personal como a la organización social. Incluso los kenianos cultos y viajados reconocen sin reparos que, si rascas educadamente, la identidad tribal está ahí presente, justo debajo de la superficie. Como dijo un keniano, «el gobierno tiene que ver con el ñame y los cuchillos [el dinero y la fuerza], la tribu tiene que ver con la confianza».[18] Además, como ya hemos señalado, cuando los vínculos familiares son fuertes, las tasas de fertilidad son mayores gracias a la presión familiar para que los jóvenes se casen y tengan hijos; cuando la familia es reemplazada por los amigos y los compañeros de trabajo, la presión disminuye y la fertilidad también.

Cuando los kenianos jóvenes van a la escuela o empiezan a trabajar en un sitio nuevo, quedan abandonados a su suerte. La familia tiene con ellos una relación de consanguinidad, tribal o de clan. Ellos pueden mantener físicamente esta relación; saben que, en un momento de apuro, siempre es posible ponerse en contacto. Todo el mundo confía en estas conexiones, y de cada uno se espera que ponga de su parte para echar una mano. En Kenia nadie se muere solo. La tribu, el clan y el pueblo atienden a quien lo necesita. La mayoría de las comunidades o de los grupos sociales tradicionales cuenta con una «sociedad funeraria». Existen grupos de autoayuda que garantizan que cada miembro de la comunidad —al margen de su estatus económico— tendrá un entierro adecuado cuando llegue el momento. Todos hacen donaciones a la sociedad, y todos esperan tener acceso a lo que la sociedad ofrece.

El enfoque comunitario de la organización social encuentra la forma de llegar incluso al epicentro del capitalismo moderno:

las oficinas centrales de las empresas globales en Nairobi. Un expatriado belga que llegó a Kenia para encargarse de las operaciones regionales de su empresa lo aprendió enseguida: en la oficina, siempre hay una colecta para algo, una boda, el próximo nacimiento de un bebé, una jubilación.[19] Los kenianos lo llaman *harambee*, que en suajili significa «todo el mundo aúna esfuerzos». Se espera que el alto ejecutivo marque la pauta; será evaluado por su disposición a contribuir personalmente a la causa. Por otro lado, esto no es una aportación simbólica para una postal de cumpleaños o una tarta, sino un regalo significativo en virtud del cual cada uno establece el punto de referencia de su propia contribución personal esperada, en función del lugar que ocupa en la jerarquía de la oficina. El recién llegado enseguida captó su rol cuando algunas mujeres de la oficina lo llevaron aparte para explicarle, con amabilidad pero también con firmeza, lo que se esperaba de él como ejecutivo de máximo rango.

Esta singular interacción de los requisitos comerciales modernos y las expectativas culturales tradicionales provoca ataques de histeria en los creadores de modelos demográficos mientras tratan de predecir cómo van a desarrollarse las poblaciones en el futuro. Aunque admite que Kenia ha reducido a la mitad su tasa de natalidad en poco más de una generación (desde cerca de ocho en 1975 hasta cuatro más o menos en la actualidad), la División de Población de las Naciones Unidas pronostica una gradual ralentización del descenso, por lo que el país no alcanzará el nivel de reemplazo de 2,1 hijos por madre hasta aproximadamente 2075. La ONU también prevé que, en este siglo, otros países africanos reducirán su tasa de fertilidad más lentamente de lo que lo hicieron en el anterior. No obstante, si el descenso sigue a un ritmo como el actual, Kenia alcanzará el nivel de reemplazo antes de 2050, es decir, dentro de una sola generación.[20]

¿Llevará a cabo Kenia una transición lenta, tal como pronostica la ONU, desde una sociedad basada en la familia, orientada a la agricultura, con un nivel educativo bajo y mucha corrupción, a una sociedad cuya población crece deprisa debido al aumento de la esperanza de vida y a la elevada fertilidad? ¿O se urbanizará y modernizará rápidamente reforzando los lazos con el estado, debilitando la influencia tribal y empoderando a las mujeres para que tengan los hijos que quieran tener, lo cual a su vez provocará un rápido e ininterrumpido descenso de la fertilidad? Nosotros creemos que pasará lo segundo, que en Kenia y en muchos otros países africanos la mezcla de valores capitalistas y tradicionales seguramente ralentizará el enorme crecimiento demográfico previsto por la mayoría de los expertos. ¿Por qué? Porque gran parte del resto del mundo constituye un precedente. En África está produciéndose también el cambio global hacia la urbanización, la escolarización de las mujeres y una menor tasa de fertilidad. Y esto es especialmente cierto en el caso de Kenia.

En 2003, el gobierno keniano instituyó la enseñanza primaria pública gratuita; la gratuidad llegó a la enseñanza secundaria en 2008. Aproximadamente dos millones de alumnos reciben formación en «escuelas informales» que suelen ser religiosas y bastante buenas. En torno al 17 por ciento de los niños kenianos todavía no goza de una educación aceptable, si bien la cifra es menor que en las generaciones anteriores.[21] En los últimos años, el gobierno ha comenzado a invertir mucho en educación superior. En 2005 había cinco universidades; una década después suman veintidós, y hay planes para crear otras veinte. Entre 2012 y 2014, la matriculación universitaria se duplicó, con lo que llegó a 445.000 estudiantes.[22] Los sesgos culturales que todavía favorecen a los hombres suponen graves obstáculos para las chicas kenianas que quieren estudiar, sobre todo si viven en las zonas rurales. Pero los muros del patriarcado están desmoronándose. En la actualidad, los chicos y las chicas están representados por igual en las aulas de primaria y secundaria,[23] y gracias a diversos programas de acción afirmativa las mujeres suponen actualmente al menos el 40 por ciento de las matriculaciones en las universidades kenianas.[24]

¿Contribuye la educación al empoderamiento de las mujeres

y a su decisión de tener menos hijos? Según la Oficina Nacional de Estadística de Kenia, la fertilidad se ha reducido desde 4,9 hijos por mujer en 2003 a 4,6 en 2008-2009, y a 3,9 en 2014. El país ha experimentado «una disminución de un hijo a lo largo de los últimos diez años y alcanzado la TGF [tasa global de fecundidad] más baja jamás registrada en Kenia».[25] Tengamos también en cuenta lo siguiente: la Oficina Nacional de Estadística señaló además «un acusado incremento en la tasa de uso de anticonceptivos (TUA), que pasó del 46 por ciento en 2008-2009 al 58 por ciento en 2014».[26] En solo cinco años, esto es un gran salto. De aquí a una fertilidad en rápido descenso, el salto será más pequeño.

Esto no significa que en Kenia el fuerte aumento demográfico no vaya a continuar a medio plazo. Las poblaciones jóvenes —las de una edad mediana baja, como en Kenia— llevan décadas creciendo de forma considerable, simplemente porque hay muchas mujeres jóvenes. Por otro lado, la mortalidad infantil también está bajando. Mientras las mujeres kenianas están teniendo menos hijos que sus madres, un mayor número de estos niños sobreviven y llegan a la edad adulta. Sin embargo, como han demostrado varios estudios, la reducción de la mortalidad infantil en los países en desarrollo reduce también la tasa de fertilidad: los padres tienen menos hijos cuando pueden confiar en que esos niños sobrevivirán.[27] En Kenia, son más los niños que no nacen que los que no mueren.

En Kenia, el acelerado ritmo de urbanización, el rápido aumento de la educación entre las mujeres, el tremendo impacto de la tecnología online, el efecto transformador del comercio internacional en África, las mejoras en los programas de educación y salud maternas (incluida la educación sexual) a cargo de oenegés... son factores a los que no prestan atención, o al menos no la suficiente, los modelos demográficos que consideran que en África la tasa de fertilidad es estática o disminuye solo lentamente.[28] La situación es demasiado dinámica y fluida para hacer estas suposiciones.

Podemos juntar esta infinidad de factores económicos y so-

ciales —urbanización, educación, modernización, transforma-
ción social— examinando una vieja costumbre en período de
transición: la dote. En Kenia todavía está vigente. Y resulta que
para esto hay incluso una aplicación informática.

En la cultura occidental, cuando dos personas deciden casarse, por lo general se considera que dan inicio a una nueva familia diferenciada de las familias de los padres respectivos aunque conectada con ellas. Durante las vacaciones todos intentan
juntarse, desde luego. Sin embargo, en Norteamérica y Europa,
normalmente las relaciones familiares no son tan determinantes
para que un matrimonio se celebre o tenga éxito. En Kenia es
distinto. Ahí, una boda se parece más a una fusión empresarial.
Las dos familias se unen para fortalecer sus redes sociales mu-
tuas de protección. Aunque no son exactamente matrimonios
arreglados, la implicación de ambas familias en la búsqueda y la
supervisión de parejas adecuadas para sus hijos es crucial, pues
ambas familias necesitan creer que la fusión mejorará las perspectivas económicas y de salud para unos y otros. La mayoría
de los africanos considera que los contactos online son, en gran
medida, tan extraños como irresponsables. Como dijo una mujer keniana, «¿cómo vas a saber si viene de buena familia?».[29]
Como en Kenia el noviazgo y el matrimonio tienen que ver
con el fortalecimiento de las redes familiares, los kenianos han
creado complicados procedimientos cuya finalidad es seleccio-
nar, para sus hijos y sus familias, parejas apropiadas que vayan a
reforzar la red de protección. En las conversaciones con un fo-
rastero, se habla mucho del papel de las «tías» (que pueden ser
parientes consanguíneas femeninas, vecinas íntimas o mujeres
de cierta jerarquía en el clan) en el proceso. Como dijo una mujer, «mis tías siempre conocen a alguien que conoce a alguien
que conoce a la familia del chico. Y hacen para nosotras las
comprobaciones necesarias».[30]
El pago de dotes es también una característica esencial del
cortejo y el matrimonio. En otros muchos países africanos ocu-

rre lo mismo. Las dotes son complicadas. Para adquirir el derecho a casarse con una mujer de determinada familia, un hombre ha de negociar el número preciso de vacas, cabras o una combinación de ambas. En algunas comunidades, existe un número estándar de cabras o vacas. En otras pueden intervenir otras mercancías, como miel u otras clases de ganado. A veces, aunque la familia de la novia considere que el novio es adecuado, tal vez este no puede asumir el precio inicial de la dote. En tal caso, hay que acordar un calendario para que el novio pueda pagar a plazos.

La dote se basa en el valor percibido de la futura novia. En la fijación del precio concurren varios factores. Como señaló una mujer, es por eso por lo que las familias kenianas tienen en casa una estancia donde se muestran fotos de graduación de sus hijos. La sala procura, a la familia del pretendiente interesado, una declaración visual de los logros de los hijos y de su capacidad potencial para ganar dinero tras el matrimonio.[31]

Cabría suponer que los kenianos jóvenes, en especial las mujeres, que han estado expuestos a los idealizados matrimonios por amor ensalzados por Hollywood y a la mercantilización del sexo en internet, se mostrarían muy contrarios a este tipo de trapicheo con su cariño. Sin embargo, en conversaciones con mujeres y hombres kenianos el respaldo a la tradición de la dote era sólido y sistemático, al margen del género, la edad o el estado civil, incluso entre mujeres ejecutivas cultas y absolutamente modernas en todos los aspectos de su vida profesional.

Mientras las dotes constituyen una costumbre del pasado, la tecnología y el pensamiento modernos se han abierto camino en el sistema actual. En un lugar como Nairobi, pocas familias dispondrían de las instalaciones adecuadas para cuidar un rebaño de vacas y cabras. Así pues, monetizan el pago. Existen incluso páginas web y aplicaciones que, basándose en tu perfil personal, calculan la cuantía de tu supuesta dote.[32] Esto no significa que hoy en día no tenga lugar intercambio de ganado de verdad. Una keniana joven se describía a sí misma como una «chica tradicional» procedente de un pequeño pueblo a unas horas en coche de Nairobi. Ella y su familia insistían en que el futuro esposo debía pagar la dote en ganado real. Así pues, en la primera parte de su boda un camión con el número adecuado de vacas llegó a la granja de la familia donde iba a celebrarse la ceremonia. Todos fueron al establo a inspeccionar el producto. Tan pronto la familia de la novia mostró su satisfacción con el pago, la fiesta del casamiento y los invitados regresaron a la casa para proseguir con el alegre festejo.[33]

A lo largo de los siglos, en Kenia las tradiciones nupciales han evolucionado con el fin de reforzar alianzas comunitarias, algo que se mantiene en la actualidad. Sin embargo, gracias a la urbanización y al comercio global, se han transformado de tal manera que solo van en contra de la elevada tasa de fertilidad del país. He aquí la razón. Si una mujer keniana quiere un empleo bien pagado en la ciudad, necesita educación superior. Con nivel educativo y trabajo, será más cotizada por mejores parejas potenciales. Si tiene un título universitario y despacho propio, vale más vacas y cabras. Esto también supone retrasar tanto el matrimonio como la maternidad. El futuro marido debe trabajar más tiempo a fin de acumular el capital necesario para pagar la dote. Y la futura esposa espera de buen grado. «Nos casamos más tarde», explicaba una mujer. Queremos una formación, seguridad laboral y un lugar bonito donde vivir antes de tener hijos. Ahora nos casamos a los treinta años porque pasamos mucho tiempo en la escuela. Después viene la presión de las madres y las tías para que tengamos niños. Pero es difícil porque trabajamos mucho para ser competentes en nuestra profesión. Esto también significa que, aunque queramos, no podemos tener tantos niños.»[34]

Así pues, la institución tradicional de la dote se combina con la dinámica actual de la educación y la carrera profesional para posponer el matrimonio y la llegada de los hijos, lo cual ya ha reducido la tasa de fertilidad keniana, que en los próximos años aún bajará más. Esta es otra de las razones por las que las previsiones demográficas de las Naciones Unidas para Kenia no valen, y los pronósticos a la baja del Centro Wittgenstein, el Instituto de Demografía de Viena y el Instituto Internacional para Análisis de Sistemas Aplicados —según los cuales Kenia llegará al nivel de reemplazo hacia 2060— tienen más probabilidades de dar en el clavo.

Kenia no es África. En ciertas partes del continente, la vida todavía es en gran medida rural, y las mujeres tienen pocos derechos, si acaso alguno, y ninguna educación formal. En estos sitios, las tasas de natalidad siguen siendo alarmantemente altas. Geoffrey York, periodista canadiense, relató los esfuerzos de los organismos de ayuda por educar a las mujeres sobre salud sexual y reproductiva mediante una «embarcación de los anticonceptivos» que viajaba de pueblo en pueblo por el empobrecido Benín, en el oeste de África. Las mujeres con las que él hablaba eran muy conscientes del daño que suponía para su salud tener un hijo tras otro. «He tenido demasiados hijos», decía Christian Djengue, que había tenido diez, de los que sobrevivían ocho. «Me encuentro mal y me noto más débil. Tengo algunas enfermedades, como hipertensión. Sufro dolores de cabeza, vértigo y fatiga.» Sin embargo, no le quedan muchas opciones. «Si le dices a tu esposo que no quieres una familia numerosa, él se irá y se casará con otra», explica. «Hay mucha presión. A nuestros esposos les encantan los niños y las familias extensas.» Los líderes religiosos de la zona respaldan a los hombres predicando contra los males de los anticonceptivos. «Ella dirá exactamente lo que digo yo», explicaba Bourasma Kokossou, sastre de profesión, sobre su esposa. «Mi mujer me obedece. Sin mi aprobación, no puede hacer nada. Ni siquiera irse.»[35]

Si África se pone en pie, como está empezando a hacer Kenia, ahí no nacerán los millones de personas pobres que pronostican los demógrafos de la ONU. En cualquier caso, la verdad es que hay otro futuro para el continente, uno de miseria, patrimonio y familias numerosas. ¿Avanzarán más países, si bien con vacilaciones como Kenia, o la mayoría de los africanos permanecerán hundidos en la pobreza, en constante peligro de padecer violencia y enfermedades? Una manera de responder a esta pregunta es analizando los derechos de las mujeres de un lado a otro del continente. Pues no hay mejor medida del progreso de una sociedad que el de las mujeres de esa sociedad.

Según un informe de 2017 de la Unión Africana, algunos países africanos tienen, en sus cámaras legislativas, más mujeres que la mayoría de los países occidentales. De hecho, Ruanda, donde el 64 por ciento de los parlamentarios son mujeres, ocupa la primera posición. No obstante, hay otros datos que son desalentadores. Una de cada tres mujeres africanas sufre violencia física o sexual. Como muchos países africanos prohíben el aborto en todos los supuestos —incluido el de peligro para la vida de la madre—, casi una tercera parte de los abortos inseguros del mundo se practica en África. La mayoría de los 130 millones de mujeres vivas que han sido sometidas a mutilación genital están en África, y de la población actual de mujeres africanas, 125 millones se casaron antes de los dieciocho años.[36] «Cada vez que posibilitamos entornos en los que las mujeres son capaces de ejercitar y disfrutar de sus derechos, incluyendo el acceso a la educación, a habilidades técnicas, a empleos, se produce una oleada de prosperidad, de resultados positivos para la salud y de mayor libertad y bienestar no solo de las mujeres sino del conjunto de la sociedad», concluye el informe.

Sin embargo, muchas sociedades se resisten a conceder a las mujeres esos derechos, debido a la inestabilidad local, los problemas religiosos y «la continua pugna de la universalidad de los derechos humanos con los valores africanos», tal como diplomáticamente lo expresaba el informe de la Unión Africana.[37] La mejor medida del avance de las mujeres en el seno de una sociedad es el avance de la educación femenina, pues todo lo demás surge de ahí. Como decían la baronesa Valerie Amos y Toyin Saraki, filántropas de la salud, «la educación de las niñas podría ser el principal determinante individual del desarrollo en los países con ingresos más bajos».[38] En una ocasión, la UNICEF afirmó que educar a las niñas era «una solución para casi todos los problemas».[39] La educación no solo prepara a las mujeres para trabajar e incrementa su autonomía personal, sino que también reduce las probabilidades de desnutrición, de enfermedades y de matrimonios infantiles. Si África quiere escapar de la trampa de la pobreza, el camino más seguro es la escolarización femenina.

Y aquí las cifras son muy estimulantes. Según OXFAM, en 2000, en casi todos los países africanos, al menos el 30 por ciento de las niñas que debían estar en la escuela no estaban. Entre las excepciones se incluían Argelia (once por ciento), Sudáfrica (cinco por ciento), Gabón (nueve por ciento) y algunos más. Pero en 2016, el desdichado club de países que no educaba a sus chicas había quedado reducido a una franja de estados próximos al ecuador, que se extiende desde Malí en el oeste hasta Sudán en el este. En casi todos los situados al sur de esta línea, iban a la escuela al menos el 80 por ciento de las niñas en edad escolar. En Benin se constató que el índice de presencia femenina en la escuela primaria era del 88 por ciento.[40]

Además, en Benin, la tasa de fertilidad está empezando a disminuir. En 1985 era 7,0; ahora es 5,2. La ONU prevé para este país un progreso solo gradual, donde en principio no se alcanzará una tasa de fertilidad de 2,1 —nivel de reemplazo— hasta finales de siglo. Pero ahora hay más niñas en la escuela. Y mientras la embarcación de los anticonceptivos hace sus visitas, las mujeres escuchan.

En la Nochevieja de 1913, se inauguró el Muthaiga Country Club a bombo y platillo; un siglo después, sigue siendo una regresión a una época en que los gobernantes coloniales ingleses ansiaban las comodidades materiales de un club de caballeros en medio de la agreste África. En la actualidad, el club conserva los impresionantes edificios originales, con sus columnatas de color blanco y rosa, junto a muchos de los adornos y tradiciones del pasado: trofeos de caza disecados, mullidos sillones de cuero, una espectacular biblioteca y unos extraordinarios bares con paneles de madera. Entre los toques modernos se incluye un gimnasio, una piscina y opciones para comer más informales. No obstante, por la noche los caballeros aún deben ponerse americana y corbata. Después de todo, esto es el Muthaiga Club. Estamos cenando aquí gracias a una invitación del director de una empresa local que recientemente ha sido adquirida por una de estas multinacionales que pretenden introducirse en África. También asisten quince miembros de la empresa. Excepto el anfitrión y un viajero, todos son africanos. Mujeres africanas.

La agradable y templada noche comienza con unas copas en los bellos jardines ornamentales, el aroma de las flores perfumando el aire, y en un momento dado interrumpimos nuestra animada y risueña conversación para entrar en la imponente Yellow Room del club, así llamada por el color de sus paredes. Unos camareros kenianos uniformados cortan y sirven un excelente costillar asado acompañado de budín de Yorkshire, que van cogiendo de un carrito con ayuda de gruesos utensilios de plata. La cena termina con oporto y coñac del carrito de las bebidas. Los británicos gobernaban su imperio así, y las capas superiores de la sociedad keniana continúan la tradición de muy buen grado.

Hablamos de la identidad tribal con un nivel de franqueza perturbador para alguien procedente de un ambiente occidental políticamente correcto. Para los kenianos, entre las tribus hay una jerarquía obvia y clara, determinada por factores como la historia y las predisposiciones culturales, el color de la piel, la estatura, la textura del cabello y el lugar donde se ha crecido. Es como oír a alguien de Gran Bretaña describir el sistema clasista inglés —qué averiguas a partir del acento de alguien, qué escuelas hay que aceptar o rechazar, quién es Uno de los Nuestros y quién no— sin el menor atisbo de vergüenza. Como sucede con todos los sistemas clasistas, el matiz lo es todo, y un extranjero es ajeno a las sutiles distinciones que lo son todo para el autóctono.

La conversación gira ahora en torno al tamaño de la familia. Las madres de estas mujeres tuvieron un montón de hijos. La camada más numerosa constaba de once; el promedio era de seis. En Kenia, en 1980, la tasa de fertilidad era de ocho, por lo que, dada la edad de las personas presentes en la cena, todo cuadra bastante. Seis multiplicado por quince da un total de noventa niños. Pero, como madres, las invitadas son gente tacaña. Unas quieren como máximo tres hijos; otras, ninguno. El promedio es de 1,5. Así pues, unos veintitrés niños, y la mayoría de las madres sentadas a la mesa diciendo que ya han tenido todos los que pensaban tener. Esto supone una disminución de dos tercios en el número de hijos en una sola generación.

Es verdad que esa mesa del Muthaiga Country Club compone un grupo selecto. La mayoría de los kenianos no se identificaría con la vida que viven esas personas. Todas las comensales africanas tenían al menos un título universitario y un trabajo bien remunerado en una empresa internacional con sede en la ciudad. No obstante, están fijando la tendencia de la sociedad en cuanto a sus aspiraciones. Si Kenia sigue internamente en paz —un problema para casi todos los estados poscoloniales africanos, que se las apañan a duras penas con las tensiones tribales y unas fronteras trazadas de forma arbitraria—, la gente seguirá desplazándose del campo a la ciudad, habrá más mujeres con una mejor formación y nacerán menos niños.

Como es lógico, aunque la población de Kenia estará limitada por la menor fertilidad, también se verá fortalecida por una mayor longevidad. En la actualidad, el keniano medio vive hasta los sesenta y un años: ha aumentado desde los cincuenta y uno a inicios del siglo.[41] Se trata de un incremento considerable en la cantidad de tiempo que supuestamente permanecerá cada keniano en este planeta. Con respecto a la longevidad en Kenia, hay un factor que resulta ser una gran incógnita, a saber, la prevalencia del VIH/sida. Se calcula que el 5,3 por ciento de los kenianos tiene el VIH/sida (la decimotercera tasa de infección más elevada en el mundo), y que por esta causa mueren treinta y tres mil cada año (noveno puesto del mundo). Si la prevalencia de mortalidad de VIH/sida aumenta, cabe esperar que la longevidad descienda.[42] Esto mismo sería aplicable a cualquier otro brote de alguna enfermedad, como el ébola. No obstante, el uso generalizado de fármacos retrovirales asequibles —estimulado por iniciativas emprendidas por la administración Bush a principios de la década de 2000— mantiene viva la esperanza de que sea posible atajar al azote del VIH/sida en África. En cualquier caso, el hecho de que haya más personas ancianas vivas no tendrá ningún efecto en el número de niños que nazcan. Aunque las cifras demográficas de Kenia se mantienen elevadas, el impacto es temporal, pues a cada generación le sigue otra menos numerosa, con menos niños.

Si Kenia ofrece un ejemplo típico del camino por el que transita África, es poco realista esperar que los padres africanos tengan los bebés que la gente de otras partes del mundo no está teniendo. Los kenianos ya están teniendo menos hijos, y en los próximos años seguramente tendrán menos aún. La compleja interacción de cultura, capitalismo, urbanización, tecnología y educación de las mujeres está formando torbellinos de cambio que moldearán el futuro de la humanidad, una humanidad que será de menor tamaño y más vieja, en la que la población seguirá creciendo en menos zonas de las que la mayoría de nosotros podemos imaginar. Algunos países desafían esta tendencia, efectivamente. Sin embargo, esperamos y creemos que el futuro de África es más prometedor de lo que predicen los demógrafos de la ONU, que habrá más países como Kenia que como Benín, y que el futuro de Benín quizá será más brillante de lo que prevén los escépticos. Casi en todas partes del continente, las niñas que van cada año a la escuela son más que las que fueron el año anterior, y ya sabemos en qué desemboca esto. Tal vez llegue más pronto que tarde el día en que la cuna de la humanidad ya no haga crecer más la población de la Tierra.

7

CIERRE DE LA FÁBRICA EN BRASIL

Estamos en São Paulo en busca de respuestas a un misterio. Este misterio es un número: 1,8, la tasa de fertilidad de Brasil. Pobre, caótico, atormentado por gobiernos corruptos y políticas contraproducentes, el quinto país más poblado del mundo debería ser una caldera de crecimiento demográfico. Pero no lo es. Desde un nivel típico del mundo en desarrollo de seis hijos por mujer en la década de 1960, la tasa de fertilidad de Brasil ha bajado en picado: en el cambio de milenio alcanzó el nivel de reemplazo y ha seguido disminuyendo hasta estar hoy por debajo de dicho nivel. Según los pronósticos de las Naciones Unidas, la tasa de fertilidad de Brasil se estabilizará e incluso aumentará ligeramente a lo largo del siglo, pero esto suena raro. Si la fertilidad ha descendido tan rápido hasta ahora, no tiene sentido suponer, como suponen los demógrafos de la ONU, que vaya a estabilizarse y menos aún que vuelva a subir. Así pues, he aquí el misterio: ¿Por qué las mujeres brasileñas dejaron de tener tantos hijos, tan rápidamente, y cuáles son las perspectivas para el futuro crecimiento o decrecimiento demográfico?

No es una cuestión exclusivamente brasileña. En los países en vías de desarrollo del hemisferio occidental, las tasas de fertilidad están disminuyendo deprisa. En 1960, la tasa de fertilidad promedio de Latinoamérica y el Caribe era de 5,9. En la actualidad es de

2,1, el nivel de reemplazo. De los treinta y ocho países de la región, diecisiete se hallan en el nivel de reemplazo o por debajo del mismo. Los dos mayores, Brasil y México, tienen una población de 205 millones y 125 millones de personas, respectivamente. Hoy en día, México va en pos de Brasil, cuya tasa de fertilidad es de 2,3 y va bajando. Si Latinoamérica tuviera una tasa estable de fertilidad de 2,1, esto supondría una cosa: la población de la región aumentaría de manera lenta y previsible en una fase Ricitos de Oro prolongada. Pero no es así. Las tasas de fertilidad siguen bajando —en una proporción equivalente a medio bebé desde 2000 en los catorce países más grandes de la región—. No se trata de un descenso suave y gradual, sino de un colapso. ¿Qué ha pasado?

«Brasil es el país del futuro... y siempre lo será», bromeó Charles de Gaulle, y lo mismo cabría decir de Latinoamérica en su conjunto. Una región rica en recursos naturales que siempre parece estar a punto de quitarse de encima los grilletes que han oprimido a su gente durante siglos, pero los grilletes siguen estando ahí. Las razones del fracaso son muchas. Los españoles y los portugueses fueron amos crueles, que se llevaron el oro y el azúcar y a cambio solo dejaron el catolicismo. Una sociedad infectada de esclavitud no se cura fácilmente; los brasileños todavía utilizan la expresión *para Inglês ver*, «para que los ingleses lo vean», al referirse a los pueblos Potemkin mostrados a los británicos, que habían prohibido la esclavitud, aun cuando se mantenía un activo comercio en otras partes. Cualquier cosa que se intente hoy para impresionar a los forasteros mientras se mantiene oculta la lúgubre realidad es «para que los ingleses lo vean». Un sistema de castas basado en la raza y la clase creó oligarquías para las que el negocio del gobierno servía para proteger sus negocios. De vez en cuando la gente se rebelaba, pero cada hombre fuerte populista parecía peor que la última junta militar. Floreció la corrupción con una falta (totalmente justificada) de confianza en las instituciones del estado, entre ellas la policía y los tribunales.

Chile, el país más democrático y desarrollado de Sudamérica, ha encontrado la forma de avanzar; Argentina podría estar por fin enderezándose tras décadas de mal gobierno; y durante un tiempo pareció que Brasil también iba a escapar de la trampa de la pobreza y la corrupción. En 2001, Jim O'Neill, a la sazón economista jefe de Goldman Sachs, acuñó el término BRIC para reunir en un acrónimo a las potencias económicas emergentes y en desarrollo de Brasil, Rusia, India y China, que, según predecía, en 2014 superarían a las viejas economías del mundo desarrollado. Desde 2003 a 2011, Brasil estuvo gobernado por el popularísimo presidente Luiz Inácio Lula da Silva, que consiguió para el país el Mundial de Fútbol de 2014 y los Juegos Olímpicos de 2016, al tiempo que ponía en marcha reformas progresistas que mejoraron el nivel de vida general. Pero de repente bajaron los precios de las materias primas, la economía empezó a deteriorarse, y afloró el inevitable escándalo de la corrupción, una crisis política que se tradujo en la destitución de la sucesora de Lula, Dilma Rousseff. Y la humillación final: en julio de 2017, el propio Lula fue declarado culpable de corrupción y lavado de dinero, y en abril de 2018 empezó a cumplir una condena de prisión de doce años. Él sigue reivindicando su inocencia, y, para ser justos, solo estaba trabajando dentro del sistema heredado cuando intentaba poner en práctica su programa de reformas. *Rouba mas faz* —«roba, pero hace cosas»—, como dicen los brasileños de algunos políticos. Como ha advertido más de un analista, fueron los esfuerzos de Lula por hacer limpieza en el sistema policial lo que desencadenó el operativo que lo atrapó.[1] En opinión de algunas personas, la incipiente generación de mileniales brasileños acabará por fin con el viejo sistema corrupto.

En cualquier caso, pasamos por tiempos difíciles. Tras una recesión grave, ha regresado el crecimiento, si bien la previsión de la OCDE es cautelosa debido en parte a las reticencias de Brasil a abrir su economía cerrada.[2] Brasil es, de nuevo, un país con un futuro en permanente retroceso.

Los edificios de la Universidad de São Paulo están desperdigados por un campus enorme, bonito, aunque bastante destartalado y descuidado. En la Facultad de Filosofía, Lenguas y Literatura, y Letras y Ciencias Humanas, no hay señales visibles de aire acondicionado pese al tremendo calor de pleno verano. Los recortes presupuestarios, nos explican, han originado el abandono y el deterioro en toda la universidad. Estamos aquí para hablar con el equivalente brasileño de las estudiantes universitarias de Corea, los asistentes a la cena de Bélgica o las jóvenes profesionales de Nairobi: una representación social de los individuos educados, profesionales, ambiciosos y de movilidad socioeconómica ascendente. Sus experiencias y percepciones, ¿en qué difieren o coinciden con las de sus homólogos de otras partes del mundo? Los resultados son sorprendentes.

La profesora Lorena Barberia, del departamento de ciencia política, ha reunido a una docena de alumnas que asisten a un curso estival de posgrado. Se trata de estudiantes brillantes, resueltas, centradas en su carrera, con un inglés fluido, decididas a hacer realidad todo su potencial intelectual y profesional, y cuyas edades oscilan entre los veintitantos y los treinta y tantos años. Una está casada y tiene un hijo. Algunas tienen novio; casi todas están solteras, pero esperan casarse y tener uno o dos hijos —una quería más, pero no veía claro si podría compaginar esto con sus metas profesionales, sobre todo teniendo en cuenta lo que cuesta sostener una familia en São Paulo. Resulta que el papel de los hijos en su vida es algo en lo que han pensado mucho. Lo que iba a ser una sesión de preguntas y respuestas se convierte en algo parecido a una terapia de grupo.

Al igual que las mujeres jóvenes instruidas de todas partes, estas alumnas pretenden conciliar el reto de hacer progresos académicos y tener al mismo tiempo una familia. ¿Cómo conseguir tanto un doctorado como la pareja adecuada? Rechazan las aplicaciones de contactos online, pues prefieren encontrar a su príncipe azul a la manera tradicional: al conocer al amigo de una amiga, o si les presentan a alguien en un acto social o deportivo. Sin embargo, a medida que se hacen mayores, esto es cada vez más difícil. «Todo el mundo parece estar ya con alguien.» «Las mujeres tenemos ahora unos estándares superiores.» «Es muy difícil conocer a alguien con lo atareadas que vamos.» Unas cuantas están pensando en congelar algunos de sus óvulos para su uso futuro.

La conversación se vuelve cada vez más personal y tensa. Una de ellas intenta a duras penas explicar la insoportable presión de sus padres para que se case y tenga hijos. Las otras asienten. Una se pone a llorar calladamente. Las otras le brindan su apoyo y la abrazan. Después, la profesora Barberia, un modelo a seguir empático y afectuoso a quien preocupa muchísimo el futuro de esas mujeres, explica que ellas aspiran a tener un título superior en un esfuerzo por vacunarse contra el machismo todavía muy extendido entre los hombres brasileños. «Brasil sigue siendo una sociedad muy sexista», señala. Estas mujeres esperan que un doctorado les ayudará a nivelar el terreno de juego, tanto en el ámbito profesional como en casa. La profesora niega con la cabeza. «No sé cuántas lo lograrán.» Debido a los recortes estatales en educación, los puestos de profesor titular son más difíciles de alcanzar. Encontrar maridos que las respeten y comprendan sus ambiciones, mientras ellas luchan por convertir sus títulos en una profesión segura, es un problema casi insuperable. Para la profesora Barberia, esto es algo personal: «Yo he forcejeado con esto durante toda mi carrera.» Está casada y tiene tres hijos.

En el empeño por compaginar la carrera y la familia, las profesionales brasileñas de clase media afrontan los mismos obstáculos que sus homólogas de otras partes del mundo —con la dificultad añadida, tal vez, de las actitudes antediluvianas de algunos hombres brasileños—. En todo caso, estas mujeres jóvenes tendrán, forzosamente, menos hijos que sus padres. Al menos entre la clase media de Brasil, la tasa de fertilidad seguirá con su curva descendente. No obstante, la mayoría de los brasileños son menos prósperos y educados que estas alumnas y su profesora. Muchos viven en la pobreza. Si la fertilidad de Brasil es baja, debe serlo debido a ellos. Sin embargo, la sabiduría popular sostiene que las mujeres pobres y sin formación tienen más hijos que sus equivalentes de la clase media. Entonces, ¿qué pasa aquí? ¿Cuál es el problema?

Sabemos que la urbanización provoca un descenso de la fertilidad, toda vez que los hijos pasan a ser más una carga que un activo y las mujeres adquieren más autonomía y control. Brasil, con el 80 por ciento de la población viviendo en ciudades, es uno de los países más urbanos del mundo. En 1950, el país más poblado de Latinoamérica llegó a un nivel de urbanización que Asia y África no alcanzaron hasta 2000. Los motivos de esta urbanización son numerosos y complejos, pero la clave es la siguiente: los caciques portugueses no alentaron la colonización ni la agricultura, pues preferían limitarse a extraer la riqueza de la colonia y enviarla a la metrópoli. En el siglo XX, los gobiernos brasileños fomentaron la industrialización mediante políticas de sustitución de importaciones (aranceles altos que no dejaban entrar a los competidores y estimulaban el crecimiento de las industrias locales), lo cual animó a los trabajadores de las zonas rurales a trasladarse a la ciudad en busca de empleo en las fábricas.[3]

No hay duda de que la urbanización tuvo mucho que ver en la disminución de la tasa de fertilidad en Brasil. Quizá también tenga algo que ver en otro factor que influye en el descenso de la fertilidad: la menguante influencia de la religión en gran parte de Latinoamérica. Según un estudio del Centro de Investigaciones Pew, en las sociedades donde domina el islam, la tasa de fertilidad es de 3,1; en las sociedades cristianas, de 2,7; las mujeres hinduistas tienen 2,4 hijos per cápita; las budistas, 1,6.[4] Aquí lo importante no es solo la religión sino también la religiosidad, la firme adhesión de los miembros de una sociedad a la religión que sea dominante en dicha sociedad.[5] Tanto Europa como el África subsahariana son sobre todo cristianas, pero por lo general los europeos son muchísimo menos religiosos que los africanos y tienen asimismo unas tasas de fertilidad muy inferiores.

Las sociedades musulmanas son comúnmente menos laicas que sus homólogas cristianas.

Aunque Latinoamérica alberga casi al 40 por ciento de los católicos del mundo, en las últimas décadas está experimentando una crisis de fe. En la década de 1960, el 90 por ciento de las personas de Latinoamérica se consideraba católica; en la actualidad, son el 69 por ciento. Esto se debe en parte al crecimiento del protestantismo evangélico en la región, desde el nueve hasta el 19 por ciento durante el mismo período, y en parte a un aumento del número de personas no afiliadas sin ninguna denominación —en esencia, agnósticos y ateos—, que se ha duplicado pasando del cuatro al ocho por ciento.

Aunque los cristianos evangélicos se oponen tan ferozmente como los católicos al aborto, a las relaciones sexuales fuera del matrimonio y a la plena igualdad de las mujeres, sí permiten los anticonceptivos (aunque no estén necesariamente de acuerdo con ellos). Desde siempre, las tasas de fertilidad de los protestantes han sido inferiores a las de los católicos (si bien, en las sociedades más avanzadas en el aspecto económico, la diferencia desaparece).[6] Sin embargo, quizá lo más importante, más que el decrecimiento del catolicismo en favor del protestantismo, sea el decrecimiento en el grado de religiosidad en el continente, o al menos en partes del mismo. Una manera de evaluar este cambio es analizando las posturas hacia el matrimonio entre personas del mismo sexo, algo que tanto las autoridades católicas como evangélicas condenan enérgicamente.

Según otro estudio Pew, o bien una minoría amplia, o bien una mayoría, de la población de Brasil (46 por ciento), Chile (46 por ciento), México (49 por ciento), Argentina (52 por ciento) y Uruguay (62 por ciento) apoyan el derecho de las personas del mismo sexo a casarse. (El matrimonio entre personas del mismo sexo es legal en Argentina, Brasil y Uruguay.) Lo captas, ¿no? Estos países también exhiben algunas de las tasas de fertilidad más bajas de la región: Chile, 1,8; Uruguay, 2,0; Argentina, 2,4. También, con la excepción de México, muestran en su seno cifras de no creyentes superiores a la media. Además, las sociedades donde las uniones del mismo sexo arraigan menos, y donde los no creyentes escasean, también tienen algunas de las tasas de fertilidad más elevadas: Paraguay, 2,6; Honduras, 2,7; Guatemala, 3,2).[7]

Conclusión: con pequeñas variaciones, cuanto mayor es la tasa de fertilidad, menor es el respaldo a los matrimonios entre personas del mismo sexo y mayor es el grado de religiosidad de una sociedad. Las investigaciones también ponen de manifiesto que «los países que tienen la máxima igualdad de género tienen también... las actitudes globales más positivas hacia las lesbianas y los gays».[8] Así pues, la disminución de la religiosidad da lugar a una mayor tolerancia hacia los ciudadanos LGTB, más igualdad para las mujeres y una tasa de natalidad menguante. En América Latina, las tasas de fertilidad están descendiendo porque la religiosidad es asimismo cada vez menor.

No obstante, esta tesis tiene un problema fastidioso. En Brasil hay un nivel altísimo de desigualdad en cuanto a los ingresos. Mientras el 10 por ciento de los brasileños poseen la mitad de la riqueza del país,[9] al menos una cuarta parte de la población vive por debajo del umbral de la pobreza.[10] Sin duda alguna, los brasileños pobres están teniendo más hijos que sus semejantes de la clase media. En tal caso, ¿cómo es que la tasa de fertilidad de Brasil es tan baja? Este es el misterio que debemos descifrar. Y es aquí donde se trastocan nuestras convencionales y autocomplacientes suposiciones.

Como el resto de Brasil, São Paulo es un cúmulo de contradicciones. Está la visible opulencia de las relucientes torres de oficinas y los lujosos bloques de apartamentos que dominan el perfil del centro de la ciudad. Pero en comparación con las comunidades americanas de acceso controlado, los barrios de clase media y media-alta —casas bonitas, modernas, que no quedarían mal en, pongamos, Phoenix— son verdaderas fortalezas rodeadas por complicados muros de seguridad, verjas de hierro, alambre de púas y cámaras de circuito cerrado. En Brasil, el crimen es algo abyecto —en 2015 hubo más muertes violentas que en la Siria asolada por la guerra civil—,[11] y el miedo define el paisaje urbano: la clase media está literalmente amurallada y aislada del resto de la sociedad.

Mientras las clases media y alta se esfuerzan por proteger su propiedad y su seguridad personal, millones de personas se esfuerzan simplemente por salir adelante, en lo que Eduardo Marques, experto en cuestiones urbanas de Brasil, denomina «alojamientos precarios», entre los cuales los más famosos son las favelas.[12] Las favelas fueron creadas por brasileños que emigraron desde el norte rural al sur urbano a partir de la década de 1950, atraídos por las oportunidades de empleo generadas a raíz de la rápida industrialización del país.

Los residentes de las favelas son ocupantes ilegales: ellos o quienes habían llegado antes ocuparon sin más la tierra en la que viven ahora. Parte del terreno tenía originariamente propietarios privados, otra parte era de carácter público, pero, a lo largo de los años, los diversos niveles de la administración brasileña han tolerado la apropiación. Algunos gobiernos han hecho llegar ahí incluso algunos servicios municipales, como electricidad o carreteras, buscando así también apoyos políticos. En ciertas favelas, también se han aceptado domicilios como residencias reconocidas por el estado. En São Paulo, tener un domicilio residencial es sumamente importante, pues certifica la ciudadanía de una persona, le permite tener un documento de identidad y le faculta para participar en la economía formal y recibir los limitados servicios gubernamentales existentes en el país.[13] Siguiendo las recomendaciones del economista peruano Hernando de Soto, en algunos casos el gobierno brasileño ha concedido derechos de propiedad a residentes en favelas, que constituyen más o menos el 20 por ciento de la población urbana. No obstante, los críticos arguyen que esto simplemente provoca gentrificación, pues los promotores inmobiliarios compran y reurbanizan las propiedades, lo cual expulsa a los pobres a la periferia más extrema de la ciudad, con lo que les cuesta más conseguir trabajo o acceder a ciertos servicios.[14]

Algo que los brasileños te cuentan sin titubear sobre las favelas es que son sitios peligrosos. Como comentaba un vecino, «cuando vas conduciendo por São Paulo has de consultar el GPS, pues a veces tomas una ruta que atraviesa una favela; y esto podría ser fatal».[15] En las favelas, el peligro ha aumentado al haber más bandas y tráfico de drogas. Actualmente, incluso para visitar una favela con fines investigadores hace falta el permiso de las bandas de traficantes del barrio.

En São Paulo, la favela más antigua es Vila Prudente, cuya población ronda las cien mil almas, aunque en realidad no hay cifras fiables. Las personas con quienes hablamos la describen como una favela segura porque no se considera «caliente» (escenario de tráfico de drogas). No obstante, los colegas organizadores de la visita hicieron un gran esfuerzo por explicar el protocolo apropiado: no mires a la gente, no te separes del grupo, ten presente la hora que es. Todo es más arriesgado cuando las personas están en movimiento, yendo o volviendo del trabajo.

El día de la visita, el chófer nos deja a corta distancia de la favela, y nosotros entramos a pie. Cruzar el muro que divide las dos comunidades es como entrar por un portal por el que accedes a otro mundo. Aunque los alrededores son modestos, no tienen nada que ver con lo que nos encontramos.

En Vila Prudente, las viviendas son más sólidas y permanentes que las del barrio de chabolas de Kibera, en Nairobi. Sin embargo, los montones dispersos de desechos humanos —basura, trozos de ladrillos, asfalto roto— son similares, al igual que el olor rancio de la porquería putrefacta. Después de una tormenta, los caminos se convierten en un barro gelatinoso, casi marrón, que zigzaguea por un laberinto de apretujadas casuchas, en algunas de las cuales se venden comestibles, baterías o tentempiés. No obstante, la mayoría de las casuchas son casas donde vive gente. Es fácil ver la diferencia entre las dos, pues casi todo lo que pasa dentro es visible desde fuera.

Al final viene a nuestro encuentro un grupo de una entidad benéfica llamada Arca do Saber, que dirige un centro de acogida de preadolescentes que viven en la favela. El centro está financiado por las embajadas francesa y británica, así como por diversas empresas privadas y el Ayuntamiento de São Paulo, que se hace cargo de la mitad del presupuesto.[16] Arca do Saber presta cada día apoyo a unos 120 niños de la favela. Evelyn, presidenta de la entidad, y su compañero Frédéric nos enseñan el centro y las partes del barrio que a su juicio son lo bastante seguras para poder andar por ellas. Sin embargo, no estamos autorizados a hablar con ningún residente, pues esto podría enojar a la banda local. Evelyn y Frédéric son ciudadanos franceses. Les acompañan dos mujeres jóvenes: graduadas universitarias francesas, idealistas y comprometidas, que han venido aquí a cambiar el mundo.

Arca do Saber se propone ayudar a los jóvenes de Vila Prudente a tomar mejores decisiones en su vida, como ir a la escuela, mantenerse alejados de las drogas y la violencia, y evitar los embarazos adolescentes. Los cooperantes difunden este mensaje entre los niños que asisten al centro así como entre sus familias. Los que más les preocupan son los chicos, sobre todo los más listos. A las chicas les resulta más fácil quedarse en la escuela, pero ellos reciben la presión familiar para encontrar un trabajo. Las bandas de traficantes procuran captar a los más espabilados.

El embarazo adolescente sigue siendo un problema en la favela. Se quedan embarazadas demasiadas chicas de quince o dieciséis años. En Brasil, la edad promedio a la que las mujeres tienen su primer hijo es todavía muy baja, veintidós años, lo cual debería elevar la tasa de natalidad.[17] Sin embargo, lo que no recogen las estadísticas es que las mujeres de todo el país, incluidas las de las favelas, están decidiendo dejar de tener hijos antes de lo que lo hicieron sus padres. Aunque dan a luz a una edad más temprana que sus homólogas más ricas, también deciden dejar de tener hijos antes que las generaciones anteriores.

Esta voluntad de las mujeres brasileñas más pobres se puede explicar, en parte, mediante el fenómeno universal del incremento de la educación y la alfabetización que acompaña al traslado a la ciudad.[18] No obstante, hay otros factores, como la influencia de los popularísimos culebrones televisivos, llamados *telenovelas*, en cuyas tramas aparecen familias más pequeñas, mujeres empoderadas, consumismo desenfrenado y relaciones amorosas y familiares complicadas. A medida que el impacto de la red Globo TV, el principal productor de telenovelas, fue creciendo, los investigadores observaron que, en las comunidades donde las telenovelas eran de fácil acceso, había épocas en que a los niños se les ponía a menudo el nombre de algún personaje popular del culebrón de turno, así como un descenso de la fertilidad.[19] El gobierno contribuyó a este proceso ampliando la red eléctrica y facilitando el acceso a bienes de consumo como los televisores. Hoy en día, las mujeres de las favelas cuentan con un nuevo conjunto de modelos a seguir que les muestran una vida distinta que pueden admirar y a la que pueden aspirar. Como dice el demógrafo brasileño George Martine, «la imagen familiar exhibida es normalmente la de la unidad pequeña, igualitaria y orientada al consumo. Además, en la pantalla se suelen tratar asuntos nuevos —como las relaciones sexuales extraconyugales, la inestabilidad familiar, el empoderamiento femenino y los marcos familiares no tradicionales— que después pasan a formar parte del discurso cotidiano».[20] Para estas mujeres, como para las de otras partes del mundo, tener un hijo tiene menos que ver con el cumplimiento de ciertas obligaciones con la familia, la iglesia o el estado y más con la realización personal. Tener solo uno o dos es aún más gratificante.

Otro elemento que contribuye al descenso de la fertilidad es tan imprevisto como asombroso. Se denomina *a fábrica está fechada*, «la fábrica está cerrada», o «bajar la persiana».[21] Brasil tiene un índice de nacimientos por cesárea muy elevado. También presenta un índice singularmente alto de esterilización femenina. Ambas cosas están relacionadas. El sistema público de salud asume el coste de una cesárea, y para el médico el procedimiento es más rentable que la asistencia en un parto natural. La esterilización, aunque no está cubierta directamente por el sistema de salud, suele ser factible si se efectúa un pago «especial» al médico. Como dice George Martine, «un ardid habitual consiste en que el médico certifica que su paciente corre grave peligro de sufrir complicaciones en el embarazo. A continuación, partiendo de este riesgo elevado, dispone lo necesario para llevar a cabo una cesárea y para que la mujer sufrague el coste de una ligadura de trompas que se llevará a cabo de forma simultánea. Podemos considerar que las ventajas económicas de esto para los generalmente mal pagados enfermeros del sistema nacional de salud explican en buena medida los índices altísimos de cesáreas y esterilizaciones en Brasil».[22] Otro aliciente para llevar a cabo una ligadura de trompas es que en Brasil el aborto sigue siendo ilegal.

«Cerrar la fábrica» (que también viene a significar cualquier forma de control de natalidad) mediante *laqueadura tubária*, «atar los tubos», es un fenómeno también de la clase media. Como señala la antropóloga urbana Teresa Caldeira, «en los últimos veinte años he hablado en Jardim das Camélias [un barrio de clase media-baja de São Paulo] con infinidad de mujeres que ya no quieren tener una familia numerosa. Esto no se debe exclusivamente a razones económicas, sino a que, como las mujeres de clase media en general, quieren tiempo para hacer otras cosas, entre ellas conseguir un mejor empleo antes que ser sirvientas. No quieren ser presas de la necesidad, y muchas han decidido esterilizarse tras el nacimiento del segundo o el tercer hijo. Lo consideran una liberación. Han aprendido —y la televisión, con su representación de la conducta y los patrones familiares de las mujeres de clase alta, les ha enseñado mucho al respecto— que el control de su sexualidad y su fertilidad puede suponer para ellas una inmensa liberación no solo de las cargas de la naturaleza sino también de la dominación masculina».[23] En los países desarrollados, las mujeres deciden casarse más tarde, y por tanto tener menos hijos. En algunos países en vías de desarrollo, como Brasil, las mujeres no tienen más remedio que casarse pronto, pero limitan el tamaño de la familia mediante la esterilización.

Como hemos visto, las circunstancias locales —desde las presiones de la carrera en Corea al precio de la novia en África pasando por la popularidad de los culebrones en Brasil— influyen en cómo y por qué deciden las mujeres tener hijos. En cualquier caso, siempre y cuando puedan elegir, las mujeres deciden tener menos en todas partes. En todo caso, el deseo de que la familia sea pequeña está convirtiéndose en un acontecimiento universal. En una encuesta de Ipsos con 18.519 personas de veintiséis países se preguntaba: «¿Cuál es el número ideal de hijos que ha de tener una familia?» En casi todos los países, la respuesta era aproximadamente dos. El promedio, 2,2, coincidía con el de Brasil. La respuesta no variaba en función de ningún segmento demográfico clave —género, edad, ingresos o nivel educativo—, lo cual pone de manifiesto que la norma no ha sido adoptada solo por la población rica, instruida y joven. Ha acabado siendo el nuevo patrón para casi todo el mundo prácticamente en todas partes.

Aunque el promedio global de 2,2 debería bastar para mantener el tamaño global de la población del planeta, no es suficiente para hacer que se cumplan las estimaciones de la ONU y lleguemos a los 11,2 mil millones de habitantes a finales de siglo, sobre todo desde que la norma de la «familia pequeña» se haya asentado con tanta fuerza en los dos países más poblados del mundo, China y la India, cuestión que analizaremos más adelante. En cualquier caso, por razones tanto universales como locales, Brasil ya no es capaz de reponer su población. La velocidad de esta transición es increíble. Europa y otros países desarrollados tardaron casi dos siglos en llevar su tasa de natalidad desde la Fase 1 de seis hijos o más por familia a la Fase 5, por debajo del nivel de reemplazo. Brasil y muchos países de Latinoamérica han llevado a cabo el mismo cambio en dos generaciones, y otros estados de la región siguen sus pasos. Latinoamérica está marcando la pauta del freno al crecimiento de la humanidad.

8

TIRA Y AFLOJA DE LA MIGRACIÓN

Incluso ahora, años después, solo de pensar en ello siente uno una punzada de dolor. Un niño tendido boca abajo en la playa, junto a la orilla, acurrucado como si estuviera durmiendo. Alan Kurdi se había ahogado cuando zozobró la embarcación que transportaba a su familia y a otros refugiados sirios. En 2015, perdieron la vida en el Mediterráneo o el Egeo más de tres mil refugiados, muchos de ellos niños. Sin embargo, la fotografía de Nilüfer Demir sacudió las conciencias. Llovieron las donaciones; los políticos europeos se animaban mutuamente a aceptar más refugiados y reprendían a los que se negaban. En Canadá, en plena campaña electoral, la noticia de que a los miembros de la familia Kurdi se les había negado la condición de refugiados porque sus papeles no estaban en regla seguramente tuvo que ver con la derrota de los conservadores del gobierno. Los refugiados sirios se convirtieron en la historia más importante del planeta. El mundo estaba inmerso en una grave crisis migratoria.

No obstante, esa tragedia y sus secuelas ocultaron y tergiversaron algunas verdades importantes. En un contexto más amplio, los desplazamientos de los refugiados son insignificantes. La verdadera fuerza tectónica que reestructura las sociedades y las economías es el flujo de migrantes económicos, una década tras otra, desde los países pobres a los ricos. Este cambio en el ámbito laboral no está acelerándose, sino ralentizándose. Y esto irá a más en el futuro. Vamos a encontrarnos con una preocupante escasez de migrantes. Por desgracia, dentro de las poblaciones autóctonas, las suspicacias hacia los inmigrantes y refugiados, sobre todo si provienen de países musulmanes, alimenta el rechazo a los recién llegados, actitud fomentada por políticos populistas y nativistas. Estas políticas son contraproducentes, pues en los países con una tasa de fertilidad por debajo del nivel de reemplazo —es decir, casi todos los del mundo desarrollado— los migrantes económicos son esenciales para contrarrestar el impacto del descenso demográfico. Por otro lado, va a ser cada vez más difícil que vengan inmigrantes a medida que en los países en desarrollo aumenten los ingresos al tiempo que disminuye la fertilidad. Si los políticos fueran hombres de estado, afrontarían estas realidades y las explicarían a los votantes. En cambio, muchos de ellos condescienden con los prejuicios mientras sus poblaciones envejecen y comienzan a achicarse, pese a que millones de posibles inmigrantes podrían invertir la tendencia si simplemente se les dejara entrar.

Nacimos para movernos. Hace tiempo, entre seis y siete millones de años atrás, nuestros antepasados bajaron de los árboles del este de África y comenzaron a ponerse derechos y a caminar. Fue esta adaptación excepcional a andar sobre dos piernas lo que separó a los primeros homínidos de los otros simios.[1] Esto contribuyó a que nuestro cerebro aumentara de tamaño. Una vez que nos hubimos aficionado a movernos, ya no paramos. La movilidad nos ayudó a encontrar y seguir fuentes cambiantes de comida, así como a reaccionar ante los cambios en el clima y el hábitat de la zona. Si no había comida, nos íbamos sin más. El descubrimiento de la agricultura, hace unos doce mil años, nos asentó un poco.[2] Sin embargo, siempre había más niños que tierra disponible. Y siempre estaba el horizonte. Así que seguíamos andando, ahora en busca no de caza sino de mundos que conquistar, de suelo que cultivar, de personas que oprimir o convertir, de gloria.

Los seres humanos comenzaron su migración desde África al resto del mundo hace unos cincuenta mil años.[3] Mientras transitábamos, íbamos inventando tecnologías innovadoras, como la rueda o la vela, que nos ayudarían a cruzar los inmensos mares y continentes. Fuimos tan eficientes en nuestros desplazamientos, que a principios del siglo XII había sido poblado por seres humanos la mayor parte del mundo en la que era posible habitar. Y aún seguimos moviéndonos, por razones tan antiguas como la especie y tan nuevas como el último titular de periódico. Hay cosas que nos expulsan y cosas que nos atraen. Nos empujan: la guerra, las hambrunas, la persecución étnica o religiosa, las catástrofes, cosas que vuelven muy peligroso seguir viviendo en determinado sitio. Huimos para salvar la vida. Nos atraen: campos más fértiles o empleos mejores al otro lado de esas colinas, o al otro lado de ese mar. Existe la posibilidad de una vida nueva y mejor para nosotros, o al menos para nuestros hijos.

Los movimientos de atracción son graduales pero inexorables. El *Homo sapiens* abandona África en busca de tierra y caza; millones de personas se van de Europa al Nuevo Mundo en busca de una vida mejor; los filipinos viajan a los estados del Golfo para trabajar. Los movimientos de expulsión suelen llegar sin previo aviso y de forma inesperada, lo que provoca caos. Los movimientos de expulsión son episodios de horror: millones de personas huyendo de la violación y la muerte mientras se acercan los ejércitos, del hambre tras otra cosecha fallida, de inundaciones, erupciones de volcanes o terremotos. Los movimientos de atracción son mucho más potentes pero también más difíciles de detectar, pues se producen despacio, a lo largo de décadas, o de generaciones. Los movimientos de expulsión acaparan los titulares de los periódicos.

En nuestra memoria reciente, entre los acontecimientos de expulsión incluimos la Boat People [gente de los botes], que escapaba de la brutal unificación de Vietnam, las víctimas de Somalia y Sudán, el seísmo de 2010 de Haití, la guerra civil siria o el ascenso del Estado Islámico. Los movimientos de atracción son más viejos pero también más transformadores: la promesa de oro, plata y otros tesoros en los Andes, la noticia de que en las Grandes Llanuras se podía cultivar trigo y criar ganado, una carta de tu hermano diciéndote que en Chicago y Toronto había trabajo, y dada tu dura vida siciliana, ¿por qué no? En la actualidad, la gente sigue sintiendo la atracción, desde luego: la guerra ha terminado, todo está más tranquilo, volvamos a casa y empecemos de nuevo; hemos de abandonar nuestro pueblo de Guatemala para trabajar en los campos de California durante la cosecha, y así tendremos comida; en esta economía, los conocimientos que tengo se desperdician, pero en Europa y Norteamérica podría abrirme camino. En las migraciones basadas en la atracción, un rasgo común es un exceso de población —por tanto, pobre— en un sitio y oportunidades en otro.

Sin embargo, aunque nacimos para movernos, la mayor parte del tiempo preferimos quedarnos donde estamos. Aquí está la familia, y todo lo que es familiar. Antes de la Revolución Industrial, los viajes se realizaban a ritmo de marcha a pie. Casi nadie se aventuraba más allá del siguiente pueblo, a menos que se reclutara a hombres para la guerra. Incluso en la época actual, la mayoría de los estadounidenses jamás ha salido de su país.[4] A menos que nos veamos expulsados o atraídos, nuestra casa está donde esté nuestro corazón.

A decir verdad, no estamos moviéndonos tanto como en otros tiempos. Las grandes migraciones del pasado lejano, desde el Viejo Mundo al Nuevo, han concluido. Las grandes migraciones actuales, desde el mundo en vías de desarrollo al desarrollado, están estabilizadas, quizá incluso ralentizándose. En 1990, migraron aproximadamente tres cuartas partes del uno por ciento de la población del planeta; en 2010, la cifra había bajado a tres quintas partes.[5] La crisis de refugiados de Oriente Medio incrementó la cantidad, pero, al igual que en muchas migraciones de expulsión, la marea bajará, e incluso retrocederá, cuando remita la crisis. Los países europeos que accedieron a aceptar refugiados de Oriente Medio lo hicieron con la esperanza de que, una vez que Siria, Irak y otros estados desgarrados por conflictos recuperasen cierta apariencia de normalidad, la gente regresaría.

Es extraño que nos hayamos vuelto más sedentarios. Al fin y al cabo, nunca ha sido tan fácil desplazarse. Gracias a la democratización de los viajes aéreos globales, la migración es relativamente indolora. (Quienes echan de menos la época en que un viaje en avión era un placer y no un calvario han olvidado lo que costaba un billete). No siempre fue así. En un pasado no tan lejano, viajar conllevaba cierto riesgo. Por ejemplo, todavía en la actualidad hay personas vivas que conocen a gente que conoce a gente que arriesgó su vida al trasladarse de Europa a Norteamérica durante la hambruna irlandesa. A lo largo de seis años, desde 1845, una plaga arruinó las cosechas de patatas en Irlanda. Murió un millón de personas; y otro millón se marchó a Estados Unidos y Canadá a empezar de nuevo.[6] Uno de ellos era Thomas Fitzgerald, que en 1852 abandonó su famélico pueblo de Buff, en el condado de Limerick, con veintipocos años. Llegó a Norteamérica en uno de los «barcos ataúd», sucio, abarrotado (por lo general, con el doble de la capacidad legal de pasajeros) y lento (podía tardar entre cinco semanas y tres meses en cruzar el mar, según fueran el clima y la habilidad de la tripulación), acribillado por los piojos y el tifus y sin demasiada comida ni agua. La gente se tumbaba entre la mugre y la enfermedad, con la duda de si viviría o moriría. Normalmente, en el trayecto fallecía una quinta parte de los pasajeros, aunque también eran habituales tasas de mortalidad del 30 al 40 por ciento.[7] Sin embargo, Fitzgerald sobrevivió, lo mismo que Patrick Kennedy, un tonelero de Dunganstown, condado de Wexford.[8] Ambos hombres se instalaron en Boston, donde se esforzaron con afán por sobrevivir pese a la profunda hostilidad de los encopetados anglosajones de Beacon Hill. Analfabetos, trabajaron como peones y tenderos, se casaron, tuvieron hijos, murieron. En la actualidad, se tarda menos de ocho horas en volar desde al aeropuerto de Dublín hasta el JFK de Nueva York, llamado así en honor del biznieto de aquellos dos hombres: John Fitzgerald Kennedy.

Una razón por la que no migramos tanto como antes es que

las hambrunas y muchas enfermedades infecciosas son ahora raras, y a menudo los gobiernos locales o la ayuda internacional las pueden controlar. Otra explicación es que el mundo es un lugar muchísimo más sano, lo cual limita el fenómeno del exceso de población. Solo entre 1900 y 1915, tres millones de italianos, sobre todo de las regiones meridionales del país y de la isla de Sicilia, empujados por la pobreza rural, emigraron a Estados Unidos, donde aterrizaron en los talleres de trabajo esclavo de Nueva York y otras ciudades.[9] Hoy en día, los sicilianos no abandonan su país para trabajar en talleres clandestinos de la Nueva York actual. Ya no existen estos talleres, y aunque Sicilia, con un PIB per cápita de 18.000 dólares (casi la mitad de la media nacional), todavía es pobre, la gente va tirando. En cuanto a las migraciones desde países más pobres a otros más ricos, estas continúan. No obstante, como ya hemos señalado, incluso las partes más pobres del mundo son actualmente mucho más prósperas que hace una generación. El número de personas que viven en la extrema pobreza (menos de dos dólares al día) ha disminuido desde más de 1,8 mil millones en 1990 a menos de 800 millones en 2015.[10] El final de la pobreza extrema dentro de este siglo no es solo posible sino también probable. Las personas que no son pobres son menos susceptibles de mudarse.

Y aunque las tremendas migraciones desde Oriente Medio de los últimos años son tan peligrosas y difíciles como las de nuestros antepasados, ocultan una verdad más amplia: la situación de los refugiados es más estable de lo que parece.

La advertencia de las Naciones Unidas era taxativa: a finales de 2015, la población de refugiados del mundo había llegado a los 19,9 millones, una cifra superior incluso a la existente al acabar la Segunda Guerra Mundial.[11] Con el mundo sumido en el caos, decenas de millones de personas se habían visto obligadas a abandonar su casa, y la vida de muchas de ellas quedó en suspenso en los campos de refugiados. Hay mucha necesidad. ¿Quién echará una mano?

Lo que pasa es que la ONU estaba adulterando las cifras. En 2015 ha habido más refugiados que en 1945, pero la población del planeta actual triplica la de entonces. Y si la situación de los refugiados musulmanes es peligrosa, desesperada y aterradora, los millones de alemanes que huyeron de la Prusia Oriental mientras avanzaba el ejército soviético, o los que fueron expulsados por los polacos, los checos o los húngaros que querían sus tierras lo pasaron mucho peor. A su vez, millones de polacos tuvieron que irse de los territorios orientales, de los que los rusos se apropiaron. Las escenas fueron igualmente caóticas en los Balcanes. En su punto álgido, cada día catorce mil personas cruzaban, o se veían forzadas a cruzar, la frontera entre las zonas ocupadas por los soviéticos y las ocupadas por los occidentales. Muchos miles se ahogaron en atestados cargueros que naufragaron en el mar Báltico. Los que no pudieron o no quisieron irse, y que acabaron atrapados tras las líneas rusas, a veces recurrieron al canibalismo. A la larga, muchos terminaron en campos soviéticos de trabajos forzados. Al mismo tiempo, las autoridades occidentales enviaron a unos dos millones de ciudadanos soviéticos, un buen número de ellos prisioneros de guerra, de vuelta a su país, donde en muchos casos no volvió a saberse nada de su paradero. Y centenares de miles de judíos que habían sobrevivido al Holocausto luchaban a duras penas para poder llegar a su patria, Palestina. Tuvieron que pasar quince años antes de que se clausurara el último campo de refugiados en Europa.[12] En total, al final de la guerra hubo hasta catorce millones de alemanes desplazados, como consecuencia de lo cual murieron unos quinientos mil.[13] Y, en el otro extremo del mundo, un estudio contabilizó trece millones de chinos desplazados o sin hogar en 1947.[14] Esta cifra era solo una estimación, y evidentemente no incluía a los cien millones de desplazados a causa de la guerra civil entre los nacionalistas y los comunistas que tuvo lugar antes y después de la Segunda Guerra Mundial.[15] El número de víctimas no se conoce, pero debió de ser impresionante. En resumen, el planeta estaba mucho más agitado tras la Segunda Guerra Mundial que en 2015.

De hecho, si no fuera por el caos de Siria e Irak, sumado a la crónica inestabilidad de Afganistán y Somalia y al estado de naturaleza en el que se ha hundido Libia, la situación actual de los refugiados sería relativamente estable. Según el Programa de Desarrollo de las Naciones Unidas, en 2015 había diseminados por el mundo 244 millones de migrantes internacionales, es decir, personas que no vivían en el país donde habían nacido.[16] Aunque pueda parecer mucho —al fin y al cabo, la cifra equivale a la población del cuarto país más poblado del mundo, Indonesia—,[17] es solo el 3,3 por ciento de la población mundial total, frente al 2,9 por ciento de 1990, lo que en un plano más global no supone un gran aumento.

¿Hasta qué punto la crisis de Oriente Medio está ocultando la estabilidad general de las tendencias en el ámbito de los refugiados? Veamos. En 2015, más de la mitad (54 por ciento) de los refugiados del mundo provenían solo de tres países: Siria (4,9 millones), Afganistán (2,7 millones) y Somalia (1,1 millones).[18] Y aunque algunos países europeos afirmaban que su continente estaba viéndose inundado de refugiados, la mayoría de estos —el 80 por ciento del total global— se hallaban acampados en regiones en vías de desarrollo, no en regiones desarrolladas. El 40 por ciento de las personas desplazadas estaban siendo alojadas provisionalmente en campos de refugiados de Oriente Medio y el norte de África, y el 30 por ciento en el África subsahariana. Los tres principales países anfitriones eran Turquía, que había acogido a 2,5 millones de refugiados, Pakistán (1,6 millones) y Líbano (1,1 millones).[19] Por otro lado, a medida que las fuerzas kurdas e iraquíes con respaldo occidental derrotaban una y otra vez al Estado Islámico, y la violencia de la guerra civil siria empezaba a menguar, muchos refugiados fueron volviendo poco a poco —medio millón en la primera mitad de 2017—.[20] La canciller Angela Merkel dijo que esperaba que todos los refugiados en Alemania regresaran a casa una vez que en Oriente Medio se hubiera restablecido algo parecido a la paz.

El resto de los que se mueven por el mundo —tres cuartas partes del total— siguen un recorrido de atracción —no de expulsión— desde países de ingresos medianos a países con ingresos superiores.[21] Más o menos el 40 por ciento procede de Asia.[22] Actualmente, las principales diásporas —individuos que viven en países distintos de aquel en el que han nacido— corresponden a la India (dieciséis millones de personas), México (doce millones), Rusia (once millones) y China (diez millones).[23] En nuestra época, las migraciones tienen menos que ver con crisis humanitarias y más con personas que se esfuerzan por aprovechar las oportunidades económicas que a ellas y sus familias puede ofrecerles otro país. Aproximadamente una quinta parte de esas personas termina en Estados Unidos, la eterna tierra de las oportunidades. Alemania, Rusia (que admite a inmigrantes procedentes de países más pobres de su periferia) y Arabia Saudí (un imán para trabajadores extranjeros) son también destinos clave.

Tal como se aprecia en el gráfico siguiente, si lo agrupamos todo vemos que las personas en movimiento son expulsadas de ciertos países y acaban dondequiera que sean aceptadas, y son atraídas desde países de ingresos medianos a otros de ingresos elevados adonde acuden en busca de una vida mejor.[24]

DESTINOS PRINCIPALES (2010-2015) (en miles)

Estados Unidos	1.002
Turquía	400
Líbano	250
Alemania	250
Omán	242
Canadá	235
Rusia	224
Australia	205
Reino Unido	180
Sudán del Sur	173

ORÍGENES PRINCIPALES (2010-2015)

Siria	806
India	520
Bangladesh	445
China	360
Pakistán	216
Sudán	160
Indonesia	140
Filipinas	140
España	119
México	105

En resumidas cuentas, dejando a un lado las conflagraciones locales, la situación migratoria lleva un par de décadas siendo bastante estable. No obstante, estos conflictos suponen un riesgo no solo para los migrantes sino también para la gente de las economías avanzadas a la que se ha embaucado haciéndole creer que hay una especie de crisis migratoria. No hay nada de esto. Pensar que sí existe perjudica tanto a los migrantes como a las personas de los países a los que quieren emigrar.

Pese a todo el follón político europeo sobre la inmigración procedente de Oriente Medio y África, de los veintisiete millones de migrantes internacionales que han sido reubicados en Europa a lo largo de los últimos veinticinco años, casi la mitad había nacido en el continente (45 por ciento). Se trata de europeos que se mueven entre países europeos. En el caso de Estados Unidos, aproximadamente la mitad de los inmigrantes que llegaron entre 1990 y 2013 había nacido en Latinoamérica y el Caribe.[25]

En casi todas las partes del mundo, las migraciones parecen discurrir por pasillos regionales. El norte de África y Oriente Medio abastecen a Europa; Latinoamérica abastece a Estados Unidos. Pese a las facilidades actuales para viajar por el mundo, la mayoría de los migrantes aún prefiere desplazarse a un sitio cercano a casa. Esto se puso de manifiesto en la crisis de los refugiados de Oriente Medio. Se esperaba que la mayor parte de los aceptados en Europa regresaran a su país de origen tan pronto la situación se calmara; solo los acogidos en Canadá y Estados Unidos fueron considerados adopciones permanentes. (Abandonar Siria para ir a un campo de refugiados, y luego dejar el campo para ir a Vancouver, es irse para siempre). También Asia es el principal destino para los migrantes asiáticos. En la actualidad, más de cincuenta y nueve millones de inmigrantes asiáticos viven en otro país asiático, con lo cual este continente es el centro de operaciones migratorias más importante del mundo.[26]

Es fundamental recordar esto: en el mundo, casi nadie quiere moverse de donde está; y los que quieren irse, o se ven forzados a ello, se trasladan a un lugar cercano, donde la lengua y la cultura sigan resultando familiares. Quizá regresen. En todo caso, al menos será más fácil visitar a la familia. Las grandes migraciones globales entre continentes, los excedentes de población que ocupan tierras vacías, han tocado a su fin. Los territorios ya no están vacíos, y a medida que las economías en vías de desarrollo van siendo más prósperas, deja de haber población sobrante. A partir de la crisis económica de 2008, son más las personas que desde Estados Unidos han vuelto a México y Latinoamérica que las que se han ingresado en el país desde el sur. Diversos investigadores que estudian el fenómeno hacen referencia a una economía norteamericana debilitada, más oferta de empleo en México y la disminución de la tasa de fertilidad entre los latinos.[27]

En los próximos años, la reemigración será una cuestión interesante, pues los inmigrantes se sentirán tentados de regresar al lugar del que partieron, con su familia, su gente y su comida preferida. Los países desarrollados que necesitan migrantes para sostener a sus poblaciones deberían hacer todo lo posible para retenerlos. En vez de ello, se han mostrado cada vez más hostiles con los recién llegados, lo que supone una actitud muy contraproducente.

Keith Ellison lanzó un aviso. Era julio de 2015, y el congresista de Minnesota aparecía en el popular programa de entrevistas dominical de ABC *This Week with George Stephanopoulos*. «Cualquiera del lado democrático de la valla que esté aterrado ante la posibilidad de que el presidente Trump salga elegido mejor que vote, mejor que esté activo, mejor que se implique —advirtió—, porque este hombre ha cogido cierto impulso.» Los otros invitados prorrumpieron en carcajadas al instante. «Sé que no cree usted esto», dijo Stephanopoulos con una sonrisa burlona.[28] Al fin y al cabo, Trump había iniciado su campaña para la nominación presidencial republicana el mes anterior declarando que los inmigrantes mexicanos eran «gente que tienen montones de problemas y quieren traernos estos problemas a nosotros [*sic*]. Traen drogas. Traen crímenes. Son violadores. Y algunos —añadió generoso—, supongo yo, son buenas personas».[29] Levantaría un muro para que no pudieran entrar. Al cabo de seis meses, tras la masacre de San Bernardino, California, juró prohibir la entrada de todos los musulmanes en Estados Unidos hasta que las autoridades fueran capaces de «determinar qué demonios está pasando».[30]

La cuestión no es si el presidente Trump ha cumplido estas promesas, sino que estas le ayudaron a ser elegido. Este no es un libro dedicado a analizar la desconexión entre las élites liberales y los votantes enfadados y nativistas. Lo importante es que el enfado es real, no solo en Estados Unidos sino también en Europa, donde los partidos de extrema derecha y contrarios a la inmigración van al alza, y donde Gran Bretaña votó a favor de abandonar la Unión Europea en parte debido a la indignación popular ante lo que para muchos es una inmigración descontrolada.

En julio de 2016, Ipsos Public Affairs encuestó a personas de veintidós países sobre lo que pensaban de los inmigrantes. La mitad de los encuestados estaba de acuerdo con la afirmación «en mi país hay demasiados inmigrantes». Las cifras eran incluso superiores en los países cuya población está menguando o está a punto de empezar a menguar, como Italia (donde el 65 por ciento de las personas compartía la declaración) o Rusia (64 por ciento). En Hungría, que previsiblemente habrá perdido el 20 por ciento de su población hacia 2060, el apoyo a los inmigrantes es del seis por ciento. Sin duda, parte de la animadversión se debe al miedo a los posibles cambios culturales, religiosos o étnicos que los inmigrantes pueden provocar en su país. Sin embargo, otra razón es económica. En la encuesta, solo un 25 por ciento aproximadamente de los encuestados creía que la inmigración era buena para su economía. La mitad pensaba que los inmigrantes colapsaban los servicios sociales. Tres cuartas partes opinaban que los inmigrantes competían con los autóctonos por los empleos disponibles.

Estas percepciones populares son rotundamente erróneas. Citaré solo un sondeo, especialmente exhaustivo: un estudio de 2016 de las Academias Nacionales de Ciencia, Ingeniería y Medicina llegó a la conclusión de que los inmigrantes legales que llegaban a Estados Unidos —de los cuales más de la mitad tenía estudios superiores— accedían a empleos cualificados para los que faltaba gente, creaban puestos de trabajo mediante su iniciativa emprendedora y casi nunca suponían una competencia para los autóctonos. «La inmigración expande la economía mientras, por término medio, deja a la población nativa en una situación ligeramente mejor —concluía el informe—, si bien los máximos beneficiarios de la inmigración son los propios inmigrantes, pues aprovechan oportunidades de las que no gozaban en su país de origen.»[31] Además, como ya hemos demostrado, los inmigrantes proporcionan los cuerpos necesarios para impulsar el consumo y pagar impuestos por los servicios utilizados por quienes ya no trabajan. La inmigración es ventajosa para todos, tanto inmigrantes como autóctonos. Es todo lo contrario de un juego de suma cero.

La cruda realidad es que, sin migración, el crecimiento demográfico de casi todo el mundo desarrollado ya estaría parándose con un chirrido. Es el caso sobre todo de Europa. En este continente, si no hubiera sido por los migrantes, entre 2000 y 2015 la población ya habría disminuido.[32] En el resto del mundo desarrollado, principalmente en Estados Unidos y Canadá, la inmigración acabará siendo el único dinamizador del crecimiento demográfico, que se iniciará en algún momento de la década de 2020.[33]

Los políticos deberían concienciar a los votantes sobre la vital importancia de la inmigración para su seguridad económica. Deberían poner en marcha políticas favorables a los solicitantes con el idioma y las destrezas necesarias para conseguir un trabajo en el país de adopción. Y deberían asegurarse de que los recién llegados tienen a su disposición todo lo necesario para integrarse con facilidad y rapidez. En vez de eso, muchos sucumben a los temores revelados en el estudio de Ipsos, a los avisos de empleos perdidos y vidas amenazadas. En efecto, no ayuda en nada que la crisis de los refugiados de Oriente Medio se haya visto acompañada de acciones terroristas puntuales a cargo de extremistas que se han hecho pasar por refugiados. Sin embargo, ya mucho antes de la guerra civil siria o del ascenso del Estado Islámico, las poblaciones nacionales se irritaban ante lo que consideraban una infiltración de extranjeros en sus sociedades. El Estado Islámico no creó a Donald Trump en Estados Unidos ni a Marine Le Pen en Francia o a Viktor Orbán en Hungría. Las semillas ya habían sido esparcidas.

No obstante, la culpa de esta lamentable situación no es solo de los nacionalistas nativistas y populistas de derechas. Los de izquierdas que defienden la inmigración también hacen su aportación al describir la inmigración como un test de tolerancia y compasión personal. Para ellos, oponerse a la inmigración es, en el mejor de los casos, egoísta, y en el peor, racista. Y las personas no reaccionan bien ante esta clase de insultos. Tienden a arremeter contra sus acusadores, tildándolos de élites alejadas de la realidad, y luego votan al político que, a su juicio, les apoyará. Lo que los políticos sensatos tanto de derechas como de izquierdas han de explicar es que aceptar inmigrantes no es una cuestión de compasión o tolerancia. Es bueno para los negocios. Ayuda a la economía a crecer. Incrementa la base tributaria. A la gente le resulta mucho más fácil actuar en su propio interés que sacrificarse por los demás. Los inmigrantes latinos y asiáticos que llegan actualmente a Estados Unidos son solo la última oleada de un proceso que comenzó con los disidentes religiosos que desembarcaron en Nueva Inglaterra y continuó con los irlandeses, los alemanes, los eslavos y todos los que hicieron grande a Norteamérica mucho antes de que apareciera Donald Trump.

La inmigración no es una solución definitiva al problema de una población envejecida y menguante. Para empezar, no todos los migrantes son tan jóvenes; según la ONU, su edad promedio es de treinta y nueve años.[34] A los treinta y nueve años, la mayoría de las personas ya casi ha dejado de tener hijos, por lo que en realidad la potencial fertilidad de buena parte de la población migrante es muy baja. Además, los inmigrantes adoptan enseguida los patrones de fertilidad del nuevo país. «La principal razón por la que las tasas de natalidad de los inmigrantes están disminuyendo es que tienden a adoptar las pautas de las comunidades anfitrionas», señalaba *The Economist*. «Esto sucede deprisa: según algunos estudios, una chica que migra antes de la adolescencia se comporta prácticamente como un autóctono.»[35]

Por otro lado, quizá pronto será más difícil que los inmigrantes vengan. La fertilidad está bajando en todas partes, incluso en los países pobres. Y en países antaño pobres, están aumentando los ingresos, lo que reduce los alicientes para irse. Tiempo atrás, China era la principal fuente de inmigrantes de Canadá. Hoy en día es la tercera. Recordemos que, tal como revelan los datos, la mayoría de nosotros preferimos quedarnos en el país donde nacimos hasta que nos vemos expulsados o impulsados a marcharnos. Aquí no estamos hablando de una palmadita en la espalda; lo que suele llevar a la gente a desarraigarse y arriesgarse a empezar de nuevo en tierra extrajera es un empujón fuerte. Aun así, de momento, la mejor solución para que un país a punto de perder población pueda mantener a raya dicha tendencia es favorecer la entrada de inmigrantes. Al final, da lo mismo si la solicitud de entrada se debe a haberse visto expulsados o atraídos. Los necesitamos tanto como ellos nos necesitan a nosotros.

Cuando dijimos que los patrones migratorios eran relativamente estables, desastres aparte, no estábamos diciendo toda la verdad. Hay un movimiento importantísimo en marcha desde hace seis décadas, el de las zonas rurales a las áreas urbanas, del campo a la ciudad, que está reestructurando el mundo.

En 1950, era urbana solo el 30 por ciento de la población mundial, si bien en el mundo desarrollado el porcentaje era muy superior. Sin embargo, a medida que el mundo en desarrollo iba acercándose al mundo desarrollado, las personas empezaron a trasladarse progresivamente desde el campo a la ciudad, donde había trabajo, primero en la industria, luego cada vez más en los servicios. En 2007, la población urbana del planeta superó a la rural por primera vez en la historia.[36] En la actualidad, los residentes urbanos suponen el 55 por ciento. Hacia 2050, dos terceras partes de nosotros viviremos en ciudades, lo que invertirá la proporción rural/urbana de un siglo antes. La población rural global ya ha alcanzado su valor máximo y pronto iniciará un descenso inexorable. Se trata de un cambio enorme en la condición humana, y está teniendo lugar en el espacio de un solo siglo.

Aunque la mayoría vivimos en ciudades de un millón de habitantes o menos, las estrellas del espectáculo son las megaciudades, con poblaciones de diez millones o más. Esta tabla enumera las diez más importantes y su respectiva población en millones de personas:

Tokio, Japón	38,1
Nueva Delhi, India	26,5
Shanghái, China	24,5
Bombay, India	21,4
São Paulo	21,3
Pekín, China	21,2
Ciudad de México, México	21,2
Osaka, Japón	20,3
El Cairo, Egipto	19,1
Nueva York-Newark, Estados Unidos	18,6[37]

Solo tres de estas megaciudades están en el mundo desarrollado, y dos en Japón. Y la población de Japón está disminuyendo. No es casualidad. Como sabemos, la urbanización provoca
descenso demográfico. Con un asombroso 93 por ciento, Japón
es una de las sociedades más urbanizadas de la Tierra. Y por
otro lado está experimentando uno de los índices más elevados
de pérdida de población.

Hagamos una proyección y veamos las diez primeras clasifi-
cadas en 2030:

Tokio, Japón	37,2
Nueva Delhi, India	36,1
Shanghái, China	30,8
Bombay, India	27,8
Pekín, China	27,7
Daca, Bangladesh	27,4
Karachi, Pakistán	24,8
El Cairo, Egipto	24,5
Lagos, Nigeria	24,2
Ciudad de México, México	23,9[38]

Osaka ha desaparecido del *top ten* y Tokio ha perdido un
millón de personas mientras la despoblación cobra impulso.
Pero tenemos algún recién llegado, como Lagos. Y esto es una
noticia importante.

El irremediablemente corrupto gobierno federal de Nigeria
no es capaz de resolver las rivalidades tribales y religiosas que
están desgarrando el país. Pero Lagos es otra historia. Una serie
de gobiernos regionales eficientes, cuantiosas inversiones chinas y los intereses empresariales en la mano de obra barata de la
ciudad y su emergente clase media están transformando la urbe
y la región. Se está construyendo un nuevo puerto de gran cala-
do, nuevos edificios de oficinas y barrios residenciales, un nuevo sistema de transporte público —incluyendo el primer metro
subsahariano fuera de Sudáfrica— y una nueva superautopista
de diez carriles, tanto para coches como para transporte rápido,

que enlazará Lagos con Accra, en Ghana, y Abiyán, en Costa de Marfil. Diversos economistas y demógrafos pronostican que, hacia 2050, cincuenta y cinco millones de personas vivirán a lo largo de la Autopista Costera del África Occidental, lo que supondrá una versión ampliada de la I-95, el eje BosNYWash, acrónico de la conurbación que abarca Boston, Nueva York y Washington. Como señaló el escritor y periodista Howard French, «las ciudades más grandes del continente están generando enormes corredores urbanos que trascienden las fronteras y crean pujantes zonas económicas nuevas que sobrepasan la capacidad de los débiles y torpes gobiernos centrales para gestionar o siquiera mantener el control de la situación.[39] Y esta es la cuestión. Nigeria, Ghana y Costa de Marfil tienen tasas de fertilidad comprendidas entre 4 y 5. Sin embargo, sabemos que en el corredor LagAcAbid, o comoquiera que se acabe llamando, esa cifra será muy distinta. Ahí estará cerca del nivel de reemplazo, pues esto es lo que pasa cuando la gente va a vivir a las ciudades. Entonces, ¿cómo es que la ONU sigue previendo estas elevadas tasas de fertilidad para África?

Todas las regiones del mundo son más urbanas a cada día que pasa. Más o menos el 80 por ciento de las Américas y el Caribe está ahora urbanizado; en Europa es el 70 por ciento; en Asia, el 50 por ciento; y en África, la proporción es del 40 por ciento y crece deprisa. En el mundo urbano que está consolidándose, predominará una población concentrada, más vieja y menos fértil. Y como esto está sucediendo con más intensidad en lugares que tradicionalmente producen el exceso de población que emigra, y como la pobreza en estas regiones también está disminuyendo, en un futuro no tan lejano será difícil que vengan inmigrantes. Es por eso por lo que los países desarrollados con problemas de fertilidad deberían abrir las puertas de par en par, en vez de cerrarlas. Insensatos.

9

CRECE EL ELEFANTE; DECAE EL DRAGÓN

Los niños nacidos, o no nacidos, hoy en día en China y la India determinarán el futuro de la humanidad. Más de una tercera parte de nosotros vivimos en uno de estos dos países. El número que nazca este año, y el otro, y el siguiente, y la cantidad de tiempo que estos recién llegados estén entre nosotros, serán el punto de referencia de la población mundial futura. Los creadores de modelos demográficos deben acertar con China y la India, pues el destino del medio ambiente, la economía global y el ascenso y el declive de las potencias dependen de ello.

La División de Población de las Naciones Unidas prevé que la población de China llegará a su valor máximo de 1,4 mil millones de personas hacia 2030, y luego disminuirá hasta quedarse justo por encima de los mil millones en torno a 2100: un descenso espectacular, se mire por donde se mire. Según la ONU, la población de la India alcanzará algo parecido a 1,7 mil millones en 2060, y a partir de ahí empezará a bajar poco a poco.[1] Creemos que estas predicciones tienen muchas probabilidades de ser desacertadas. La población de China no solo disminuirá; podría prácticamente desplomarse. La población de la India nunca llegará a los mil setecientos millones de personas. Veamos por qué.

La Oficina Nacional China de Estadística está alojada en un edificio de Pekín bajo, gris y anodino que nunca fue candidato a ningún premio de arquitectura. El interior está tan limpio que exaspera. Cuando entramos, un grupo de mujeres vestidas con uniforme de limpiadora patrullan el vestíbulo con el equivalente chino del mocho restregando y quitando suciedad invisible de un reluciente suelo de mármol. En el vestíbulo, unas mujeres con un idéntico vestido azul celeste, de mangas cortas, escote cerrado y largo hasta la rodilla y el pelo recogido en un moño austero, están en posición de firmes, como azafatas de vuelo sometidas a inspección. Cuando llegan nuestros anfitriones —una delegación de estadísticos estatales chinos que quieren analizar con nosotros ciertos avances en los sondeos y las investigaciones sociales—, algunas de esas mujeres nos siguen por pasillos impolutos; otras, emplazadas a lo largo de dichos pasillos, nos indican el camino hacia la sala pertinente, como si los estadísticos no conocieran su propio edificio.

La estancia es un espacio interior para reuniones, sin ventanas, como los que hay en insulsos edificios de oficinas de todo el mundo, bien provista de ordenadores, proyectores y cosas así. Las mujeres se sitúan cada una detrás de una silla. Si tomas un sorbo del té verde servido a cada uno de los presentes, una de ellas vuelve a llenar la taza al instante. Si utilizas la caliente toalla de manos colocada atinadamente al lado del bloc de notas y el lápiz perfectamente afilado, es sustituida de inmediato. A saber qué pasa si usas el lápiz. Después, un colega chino empieza a hablar. El gobierno tiene una política de pleno empleo, o al menos todo lo pleno que es posible. Estas mujeres fueron contratadas en el campo y traídas a Pekín para realizar estas tareas. Trabajar en cualquier cosa, por absurda que sea, es mejor que estar ocioso.

Como país más poblado del mundo, China dispone de una cantidad ingente de mano de obra barata, tan ingente y barata que muchas empresas occidentales han decidido trasladar allí sus plantas y empleos, lo que ha dado pie a acusaciones de que los trabajadores chinos mal pagados han debilitado la industria manufacturera norteamericana. Aunque quizá esta crítica fuera válida en otro tiempo, en la actualidad ya no lo es tanto. El PIB chino per cápita es solo un tercio del de Estados Unidos, en efecto, pero el nivel de vida ha mejorado muchísimo, y los índices de crecimiento todavía superan a los de cualquier economía desarrollada.[2] En opinión del economista Branko Milanović, actualmente la verdadera brecha salarial no se da entre China y Estados Unidos, sino entre los perceptores de salarios altos y de salarios bajos en ambos países.[3] Por otro lado, el mercado laboral chino está a punto de contraerse, pues los chinos han dejado, en gran medida, de tener hijos. El país más grande del mundo tiene una tasa de natalidad muy baja, y lleva así décadas. Como los chinos no aceptan inmigrantes, las inexorables matemáticas dictan un descenso y un envejecimiento rápido de la población, una fuerza laboral menguante y una sociedad cada vez más dependiente. China está volviéndose como Japón.[4] La única diferencia es que Japón llegó a ser rico antes de ser viejo. China no tendrá tanta suerte.

En un reciente viaje desde Shenzhen (ciudad de doce millones de habitantes que enlaza Hong Kong con la China continental) a Pekín, nos sorprendió la ausencia de niños. En la mayoría de los aeropuertos, es normal ver a padres con niños. Los cochecitos son un peligro constante en las colas de seguridad. («Nunca he visto plegarse un cochecito en menos de veinte minutos», dice el personaje de George Clooney en *Amor sin escalas*). Sin embargo, los cochecitos son tan raros tanto en Shenzhen como en Pekín que en cada aeropuerto se pueden contar con los dedos de una mano, y sobran dedos. Y miramos por todas partes.

Alarmados por la escasez de nacimientos, el gobierno chino acabó por fin con la detestable política del hijo único.[5] Esta política se debió a que la ideología y la burocracia habían enloquecido. Tras la guerra civil de la que surgió el estado chino moderno, Mao Zedong animó a los chinos a tener bebés para ayudar a satisfacer una combinación de aspiraciones militares y económicas. Tanto no podía ser bueno. A finales de la década de 1950, el exceso de población contribuyó a la hambruna que mató a decenas de millones de chinos.[6] Como consecuencia de esa hambruna, el régimen dio un giro de ciento ochenta grados y creó el Comité de Planificación Familiar. Al comienzo del cuarto Plan Quinquenal, en 1971, el gobierno puso en marcha una campaña denominada «Wan-Xi-Shao» [Más tarde, más espaciados, menos], en virtud de la cual se exhortaba a los ciudadanos a casarse más tarde, a tener menos niños y a esperar más entre un niño y el siguiente.[7]

Seguramente esto habría bastado para hacer bajar la tasa de fertilidad hasta el nivel de reemplazo. En 1979, ya había descendido desde 6,2 en 1960 hasta 2,5, gracias a los estímulos estatales y a la urbanización. (En 1960, vivía en áreas urbanas solo el 16 por ciento de la población china; actualmente la cifra es del 54 por ciento; hacia 2050 será el 76 por ciento).[8] Sin embargo, a los planificadores les encanta planificar. Ese año, Deng Xiaoping impuso una política obligatoria de hijo único. Había muchas excepciones (las minorías étnicas estaban exentas, y en numerosos casos se permitía un segundo hijo si el primero era niña), pero los funcionarios del estado calcularon que, para cuando —en 2016— fue derogada la ley, se habían evitado cuatrocientos millones de nacimientos.

La política del hijo único fue, en el peor de los casos, autoritarismo. En vez de alicientes —como educación o control de natalidad gratuito—, el estado recurría a la coerción, lo que provocó desolación en los padres que anhelaban criar a un segundo o un tercer hijo, y soledad en los hijos únicos. Y, como pasa con la mayoría de los actos coercitivos del estado, esa política fue contraproducente, pues hizo disminuir la tasa de natalidad por debajo del nivel de reemplazo mientras la de mortalidad también descendía gracias al desarrollo económico y a la mejor asistencia médica. En la actualidad, los chinos viven en promedio hasta los setenta y seis años, un asombroso aumento de dieciocho años con respecto a la esperanza de vida en 2010.[9] Esto significa que la población anciana, dependiente, de China seguirá aumentando a lo largo del siglo mientras la parte productora de bebés de la población continuará reduciéndose. Hacia 2040, una cuarta parte de todos los chinos serán personas de edad avanzada en comparación con un promedio global del 14 por ciento.

Hemos de hacer hincapié en esta cuestión: las poblaciones numerosas no son necesariamente fértiles, sobre todo si la edad promedio es cada vez más alta. En 1960, la edad mediana en China era solo de veintiún años; actualmente es de treinta y ocho; hacia 2050, será de cincuenta.[10] Para entonces, China se habrá acercado más a la edad mediana de Japón (53) que a la de Estados Unidos (42), su principal competidor como potencia mundial.[11]

El demógrafo Feng Wang resume hábilmente el dilema poblacional de China con un número: 160. «Primero, el país tiene 160 millones de migrantes internos que, en el proceso de buscar una vida mejor, han suministrado abundante mano de obra a la floreciente economía del país. Segundo, más de 160 millones de chinos tienen sesenta años o más. Tercero, más de 160 millones de familias chinas tienen solo un hijo, fruto de la norma que durante tres décadas prohibía a las parejas tener más de uno.» La sensata conclusión de Wang es que el descenso demográfico de una sociedad envejecida podría ocasionar una crisis de legitimidad política. «Durante tres décadas, en China la legitimidad política se ha construido en torno al crecimiento económico, que a su vez se ha basado en una mano de obra barata y voluntariosa. Una fuerza laboral avejentada obligará a efectuar cambios en el modelo económico y quizá vuelva más difícil la acción política gubernamental.[12]

Las políticas natalicias autoritarias chinas tienen otra trágica consecuencia: la eliminación de un gran número de mujeres de la población china mediante abortos selectivos por sexo. La política de un solo hijo, sumada al tradicional énfasis en la producción de un heredero masculino, es lo que explica el sesgo. En circunstancias normales, debería haber ciento cinco chicos por cada cien chicas.[13] En China, nacen ciento veinte niños por cada cien niñas.[14] Este desequilibrio de género es aún más extremo en algunas zonas rurales del país. Han «desaparecido» entre treinta y cuarenta millones de mujeres chinas, aunque en el mundo rural algunas de ellas simplemente no han sido inscritas en el registro civil.[15]

Si al menos treinta millones de mujeres han desaparecido de facto, entonces al menos treinta millones de hombres chinos no podrán encontrar esposa.[16] Además, aunque en China la norma social es que las mujeres han de casarse, actualmente muchas mujeres están batallando por el derecho a tener una carrera profesional, lo cual significa casarse más tarde, si acaso, para dar cabida a sus aspiraciones profesionales y educativas.[17] China podría albergar pronto a millones de hombres solos y sexualmente frustrados, algo nada aconsejable para la estabilidad social.

Las autoridades chinas suponían que, una vez que se suprimiera la política del hijo único, el país experimentaría su propio *baby boom*. De momento, este *boom* no está produciéndose. Como hemos visto en otras partes, tan pronto la familia pequeña se convierte en la norma, sigue siéndolo una generación tras otra. La trampa de la baja fertilidad condiciona las expectativas. Esto es especialmente cierto en China, que lleva décadas pregonando las virtudes de las familias pequeñas. Además, en China la esterilización es un método muy popular de control de la natalidad. Nada menos que la mitad de las mujeres en edad fértil dicen que o bien ellas o bien sus parejas están esterilizadas.[18] Por tanto, si ahora se permite tener un segundo hijo a potenciales padres y madres, muchos serán físicamente incapaces de tenerlo.

El sondeo de Ipsos sobre el tamaño de la familia ideal subraya esto. Casi un unánime 93 por ciento de los encuestados chinos afirma que en la familia ideal debería haber dos hijos o menos. Según el 20 por ciento, lo ideal es uno o ninguno. Y, como prueba de lo profundamente grabada que ha quedado la norma de la familia pequeña en la cultura china, incluso cuando se marchan del país las mujeres siguen respetándola. En Canadá, las mujeres chinas son las que exhiben la tasa de natalidad más baja entre los principales grupos de inmigrantes —inferior incluso a la ya baja tasa de las mujeres canadienses autóctonas.[19]

Sin embargo, pese a las pruebas irrefutables de que la tasa de fertilidad china seguirá siendo baja, las Naciones Unidas prevén que aumentará pasando de 1,59 en 2020 a 1,75 en 2050 y a 1,81 en 2100. En tal caso, la población china se mantendría en aproximadamente mil millones de personas a finales de siglo. No obstante, dados todos los indicios de que las familias seguirán siendo pequeñas, las estimaciones de Wolfgang Lutz y sus colegas de Viena seguramente son más acertadas. Al tener en cuenta el impacto de las mejoras en educación para las mujeres chinas, pronostican que la tasa de natalidad se estabilizará en torno a 1,4 o 1,5 durante la mayor parte del siglo. Si pasa esto, la población china disminuirá hasta ser de 754 millones hacia 2100, doscientos cincuenta millones por debajo de la estimación de la ONU, y, atención, 630 millones personas menos de las que hoy día están vivas en el país. En este siglo, la población china podría reducirse casi a la mitad. Pero ni siquiera este es el peor escenario. Si el Modelo de Desarrollo Rápido de Lutz o las previsiones de variante baja de la ONU resultan acertadas, la población podría desplomarse hasta una cifra comprendida entre 612 y 643 millones. Desaparecerían de la faz de la Tierra setecientos millones de habitantes.

Estas proyecciones de variante baja, ¿podrían hacerse realidad? Pues podrían no solo cumplirse, sino también ser conservadoras. Los estadísticos chinos sitúan la tasa de fertilidad en 1,2,[20] cifra que los analistas descartan por ser demasiado baja debido a los nacimientos no comunicados.[21] Pero, ¿y si no es baja en absoluto? Algunos demógrafos citan datos de una encuesta de 2016 de la Oficina Nacional China de Estadística en la que se habla de una tasa de fertilidad de 1,05.[22] Según otros estudios, la tasa de fertilidad ha estado en este nivel, o cerca del mismo, durante casi una década, y ahí seguirá al menos hasta 2035.[23] Esto no es tan inverosímil como parece. Al fin y al cabo, en Hong Kong y Singapur las tasas de fertilidad también han disminuido hasta 1,0 o incluso por debajo. Ciudades importantes como Pekín o Shanghái exhiben asimismo tasas de fertilidad inferiores a 1,0, y millones de personas siguen llegando en masa a las ciudades desde las zonas rurales, donde esas tasas son mucho mayores.[24] Si los padres chinos siguen el ejemplo, a finales de siglo el Imperio Medio tendrá una población de solo 560 millones de individuos. En términos demográficos, China no será mucho mayor que Estados Unidos. En cualquier caso, el país parece estar al borde de un desplome deliberado, controlado y masivo de su población. Nunca había pasado nada parecido. Analizaremos las consecuencias económicas y geopolíticas de este cambio en capítulos posteriores del libro, pero ninguna de ellas presagia nada bueno para el Imperio Medio.

La población mundial podría acercarse a los previstos once mil millones en 2100 si la India mantuviese el desenfrenado ritmo de crecimiento del siglo pasado. En 1950, la población india era de solo 376 millones. Cincuenta años después, se había triplicado con creces hasta llegar a los mil millones. La ONU prevé que, en 2060, la India habrá alcanzado la increíble cifra de mil setecientos millones de personas abarrotadas en el subcontinente, de tal modo que en los próximos años habrá sustituido a China como país más poblado del planeta. A partir de ahí empezará a decrecer gradualmente. ¿Qué probabilidades hay de que se dé este escenario? Echemos un vistazo.

Comparar la India y China puede ser un poco chocante. A pesar de su enorme población de veintidós millones de personas, Pekín es una ciudad sorprendentemente bien organizada. De acuerdo, la contaminación ambiental es tremenda, pero buena parte del centro fue construido en el siglo XX. Incluso los barrios más pobres están bajo control del gobierno y en ellos el índice de criminalidad es bajo; por otro lado, los duros inviernos suponen un obstáculo insalvable para la formación de barrios de chabolas como las favelas.

Por su parte, Nueva Delhi es un escenario de contrastes aleatorios. Por ejemplo, en un lado de una calle hay un moderno edificio de oficinas, y en el otro, una enorme cerda negra asilvestrada y sus cerditos circulan felices por el polvo de un solar descuidado y vacío. Surgen de la nada protestas y celebraciones religiosas. Hay monos que trepan a los tejados mientras las vacas y las cabras deambulan libremente. Y los perros. Muchos perros callejeros. Tendidos frente a los puestos de comida, vagando por las aceras, descansando en los vestíbulos de los edificios de oficinas y las explanadas de las universidades. No los controla nadie. Y en esta sociedad hinduista, sacrificarlos es impensable.

Las calles están congestionadas por coches antiguos y modernos, camiones, autobuses, autorrickshaws verdes y amarillos, carros tirados por varios animales de carga. Un Mercedes flamante comparte de mala gana la calzada con un burro que arrastra a duras penas una carreta hasta los topes. Si el sonido de los cláxones de Nueva York te resulta molesto, a ver qué te parece la cacofonía de una rotonda de Nueva Delhi. En la parte trasera de uno de los omnipresentes autorrickshaws —motocicleta de tres ruedas con una cabina adjunta para el pasajero—, una pegatina en hindi e inglés reza «Este rickshaw responsable respeta y protege a las mujeres», lo cual revela mucho sobre la vida de las mujeres aquí. La India sigue siendo una sociedad profundamente patriarcal. Este adhesivo es importante porque, como muchas mujeres nos dijeron, «Nueva Delhi es la capital de las violaciones de la India». El problema se extiende a las empresas de autorrickshaws y taxis, razón por la cual el Departamento de Transporte de Nueva Delhi organiza clases de sensibilidad de género para los conductores. Todo aquel que quiera un permiso anual de autorrickshaw ha de acudir obligatoriamente a una clase de una hora.[25]

No obstante, para muchas mujeres indias las relaciones más tensas no son con los desconocidos sino con sus maridos, padres, tíos, hermanos e hijos adultos, incluso cuñados o primos. Los hombres deciden sobre casi todos los aspectos de la vida de los miembros femeninos de la familia: educación, empleo, matrimonio o planificación familiar. Como nos dijo una de ellas, el control masculino llega incluso a la cuestión de si una mujer de la familia puede viajar.[26] El control de los hombres sobre las mujeres es más estricto en las zonas rurales que en las urbanas, si bien, en mayor o menor medida, existe en todas partes.

En la India se casa casi todo el mundo, y los matrimonios los conciertan las familias del novio y la novia.[27] Esta práctica se ve reforzada por la religión (tanto el hinduismo como el islam) así como por los generalizados sistemas de castas y clanes. También tienen lugar «casamientos por amor», pero no son habituales. Si una mujer quiere fugarse para casarse con alguien no aprobado por su familia, acaso corra un gran peligro. Las mujeres que traen «vergüenza» a su familia al casarse sin permiso pueden y suelen ser víctimas de los denominados «crímenes de honor». En 2015, las autoridades indias clasificaron doscientos cincuenta y un asesinatos como «crímenes de honor».[28] Muchos otros quizá no son siquiera denunciados. También en este caso la práctica es más común en las áreas rurales que en las urbanas.

Aunque en la actualidad quedarse soltera es para la mujer una opción viable en muchas culturas, en la India supone una acción radical. Lo explican los demógrafos indios K. Srinivasan y K. S. James: «A pesar de diversos esfuerzos realizados por gobiernos, organizaciones no gubernamentales y algunos partidos políticos, en la India las igualdades de género alcanzadas en Occidente no se materializarán en un futuro inmediato. La sociedad suele valorar a las mujeres indias con respecto a su papel en la familia —como esposa, nuera y madre—. Las mujeres que son ajenas a estos roles, como las viudas o las solteras, sufren discriminación y, en muchos casos, pérdida de bienes. Como se considera que una mujer es incompleta sin el matrimonio, las mujeres adultas no casadas, las viudas y las divorciadas arrastran un fuerte estigma social.[29]

Una de nuestras colegas de la India, que tiene casi cuarenta años, nos habló del calvario que había pasado con su familia por haber decidido quedarse soltera.[30] Lo hizo, explica, porque no quería entregar el control de su vida a un hombre desconocido en virtud de un matrimonio arreglado, lo que ella denomina «deporte de aventura típico de la India». En lugar de ello, su sueño era estudiar, conseguir un buen trabajo y tener ingresos independientes. El precio que paga es el de vivir con su familia, donde el padre, en calidad de patriarca, aún controla de manera directa o mediante la presión social muchas decisiones que atañen a la vida de ella.[31]

Dada la presión familiar y social, no es de extrañar que las mujeres indias tiendan a casarse al final de la adolescencia o con veintipocos años. Por lo general, el novio es cinco años mayor que la novia.[32] Una explicación de esto es que, en la cultura india, la familia de la novia paga una dote a la del novio (al revés que en Kenia). Para asegurar una buena dote en el mercado nupcial indio, un futuro novio necesita acceder a un tipo de educación y un empleo que hagan de él una buena inversión para la familia de ella. Están especialmente buscados los hombres con estudios universitarios y empleos gubernamentales.

Como en la India los hombres y las mujeres se casan de forma generalizada y a una edad temprana, cabría pensar que las parejas indias tienen un montón de bebés. En 1950, cuando la tasa de fertilidad de la India era de 5,9, este era sin duda el caso. En la actualidad, sin embargo, la tasa de fertilidad de la India se ha reducido en un 60 por ciento, con lo que es solo de 2,4. Aunque la cifra sigue estando por encima del nivel de reemplazo, y muy por encima de la tasa actual de China, la norma de la familia pequeña también ha llegado a la India. La pregunta es por qué. Como en la India la edad mediana a la que la mujer tiene el primer hijo es todavía muy baja —apenas veinte años—, como las mujeres tienen poco poder dentro de la relación y como dos tercios de la población todavía viven una existencia rural, las mujeres indias deberían estar teniendo muchos más hijos de lo que es conveniente para el país o para ellas. Pero resulta que hay en juego otras fuerzas, entre las que se incluyen medidas políticas del gobierno y cambios en las prácticas culturales. Los gobiernos, sobre todo los estatales, llevan décadas haciendo propaganda a favor de las familias pequeñas —la gente las llama «familias completas»—. La familia completa tiene dos hijos, de los cuales al menos uno es un chico. El gobierno lo promociona así: «Nosotros Dos, Nuestros Dos.» En cuanto tienes tus dos, ya basta.[33]

«Nosotros Dos, Nuestros Dos» y sus numerosas variantes constituyen la versión india de la política china de un solo hijo, justificada por las mismas preocupaciones oficiales con respecto a la superpoblación endémica. En todo caso, la India ha adoptado su versión de la planificación familiar con un afán que habría causado ansiedad incluso a los planificadores estatales chinos. Aunque algunas de las medidas de control de la natalidad son voluntarias, como la distribución de condones gratuitos y la educación sobre anticoncepción, la India también tiene un inquietante historial de esterilizaciones quirúrgicas forzadas o semiforzadas —en ambos sexos, pero especialmente en las mujeres—. En la India actual todavía hay gobiernos estatales que tienen en funcionamiento campos de esterilización donde se soborna a montones de mujeres sobre todo rurales para que acepten ser esterilizadas.[34] En la India, la esterilización femenina sigue siendo, con diferencia, el método más extendido de control de la natalidad, pese a todos los esfuerzos que se hacen por promover métodos menos invasivos y más reversibles. Solo el cuatro por ciento de las mujeres indias toma la píldora anticonceptiva, mientras el seis por ciento se las arregla para convencer al hombre de que se ponga un condón. Como nos explica K. S. James, es normal que una mujer india sea esterilizada inmediatamente después de haber tenido el segundo hijo, cuando cuenta unos veinticinco años.[35]

Aunque ahora muchos gobiernos fomentan métodos de planificación familiar menos invasivos que la esterilización, numerosas mujeres aún prefieren la vía quirúrgica. Pese a que, de manera anecdótica, se oye decir que los burócratas procuran cubrir su cuota, o que los maridos hacen esterilizar a sus mujeres y luego se embolsan el dinero —1.400 rupias, unos 20 dólares, una suma nada despreciable teniendo en cuenta que la renta anual promedio es 616 dólares—, las mujeres indias con las que hablamos se habían operado por propia voluntad. Y sus explicaciones se parecían mucho a las de sus hermanas brasileñas.

Srinivaspuri es un gran barrio urbano de chabolas situado al sur de Nueva Delhi, cerca de bloques de oficinas y transitadas autopistas. Es difícil saber cuántas personas viven ahí, pues buena parte de la población de la capital está apiñada en asentamientos ilegales.[36] Los residentes, casi todos migrantes de estados rurales vecinos, van y vienen cada día. Digamos solo que, basándonos en lo que vimos, hay allí un montón de gente. Las comunidades como Srinivaspuri constituyen la vanguardia del cambio de fertilidad en la India. Estos emigrados rurales están descubriendo que los hijos, ahora que ya no contribuyen al contingente de mano de obra de la familia como pasaba en el campo, son caros. Muchas de las mujeres se ven expuestas por primera vez en su vida a la educación, el empleo o la tecnología moderna. Así pues, ¿qué impacto están teniendo en Srinivaspuri estas fuerzas, que han reducido las tasas de natalidad en todo el mundo?

El barrio es un revoltijo de edificios improvisados, construidos con ladrillo basto y material de construcción reciclado. Estos cuchitriles de una habitación están hábilmente embutidos dondequiera que sea posible levantar una pared. Los únicos elementos que definen su ubicación son los senderos de hormigón roto que serpentean por la comunidad. La mayoría de los edificios tienen en la entrada cortinas que están corridas del todo o en parte. Algunos tienen puertas. El interior es una estancia única con grandes alfombras que cubren el suelo de tierra u hormigón. Toda la vida transcurre en una habitación —cocinar, dormir y el resto de las cosas que hacemos los seres humanos. Ollas, sartenes y otros utensilios de cocina, aparte de diversos comestibles, están o bien amontonados en el suelo, o bien colgados de las paredes.

Los estrechos corredores están salpicados por escaleras de mano —unas caseras, otras prefabricadas— que desde la calle permiten subir a unidades adicionales construidas encima de los edificios. Por todas partes cuelga ropa de vistosos colores recién lavada. Casi todas las casuchas parecen tener alguna forma de electricidad, pero los cables aparentemente aleatorios que zigzaguean en todas direcciones no superarían ninguna prueba de seguridad. A ambos lados del pasaje hay zanjas uniformes, de poca profundidad y unos treinta centímetros de ancho. Se trata de alcantarillas a cielo abierto. En cuanto a aseos, no vimos nada. En todo caso, los olores del ambiente dan a entender que lo que estuviera usándose solo podría calificarse de «primitivo».

Son más o menos las diez de una mañana de marzo suave y agradable, y Srinivaspuri bulle de agitación. Los pasajes rebosan de gente, de viejos y jóvenes. Las mujeres visten saris de vivos colores, el largo y oscuro pelo cubierto con un pañuelo o bien recogido atrás. Los hombres lucen ropa occidental: camisetas con algún logotipo y pantalones cortos o largos. En cuanto al calzado, tanto ellos como ellas llevan sandalias. Todo el mundo ha de quitarse los zapatos antes de entrar en una casa. Teniendo en cuenta por dónde pisamos, parece muy buena idea.

Nuestro destino es una guardería situada a trece minutos de la entrada del barrio. Los colegas de la zona nos han organizado dos grupos de discusión con mujeres que viven aquí. Han accedido a participar un total de quince mujeres. Hay casadas y solteras; la más mayor tiene treinta y cinco años; la más joven, diecisiete. Cuatro son musulmanas; el resto, hinduistas. Hablamos con las casadas y las no casadas por separado. Las conversaciones son en hindi, y la colega moderadora traduce al inglés todo lo que se dice.

Como en los domicilios, una gran alfombra cubre el suelo de tierra de la diminuta escuela de una sola estancia. Las paredes están adornadas con deslucidos abecedarios, y también hojas de papel con formas, colores y animales. Uno de los abecedarios es del inglés. Nos descalzamos y entramos. Todo el mundo se sienta en la alfombra. No hay puerta ni cortina que cerrar, solo un peldaño de cemento. La estancia es visible desde la calle.

Una de las mujeres da el pecho a un bebé bajo el mantón. Todas llevan saris de colores brillantes, y lucen diversas joyas, entre ellas brazaletes, anillos en dedos de manos y pies o aros en la nariz. También llevan las uñas pintadas y tatuajes de henna. Estas mujeres dedican bastante tiempo a cuidar su aspecto.

Sin embargo, en la conversación son tímidas, y estamos hablando de un tema delicado en un foro público. Tras un poco de cháchara introductoria para «conocernos», la moderadora entra en materia. «¿Cuántos hijos pensáis tener?», pregunta. Para las que aún no han empezado a formar una familia, o las que tienen solo un hijo, la respuesta es en todos los casos la misma: «Dos.» La moderadora pregunta por qué, y el asunto empieza a ponerse interesante. Las más jóvenes dicen que quieren vivir una vida distinta de la de su madre, a la que consideran un cuento admonitorio, con moraleja. Quieren tener menos niños porque aspiran a la independencia derivada de una buena educación y los potenciales ingresos añadidos. Con ingresos propios tendrían cierta ventaja a la hora de negociar con los hombres, incluidos los maridos, acerca de las cuestiones importantes de su vida.

El otro motivo para tener dos hijos es el deseo de formar una «familia completa». Al parecer, la norma «Nosotros Dos, Nuestros Dos» está teniendo efecto. Varias mujeres dicen que no quieren tener solo un hijo. Como en las familias indias las responsabilidades familiares son considerables (sobre todo el cuidado de los padres ancianos), para un hijo único sería demasiada carga. Sin embargo, más de dos supondría un gasto inasumible (aunque una mujer dijo que tenía cinco y se las apañaba). Por citar a una participante, «teniendo en cuenta los gastos de criar y educar a los hijos, hacer lo necesario para criar a dos parece la única posibilidad».

Aunque las mujeres quieren familias completas, también se apresuran a recordarnos que no son ellas quienes toman la decisión. Como nos dice una participante, «es el marido quien decide sobre el número de críos, no la madre». «Todo tiene que ver con tener un chico —explica una madre—. Yo tuve tres niñas, pero tuve que continuar hasta que viniera un niño.» La mujer del grupo de casadas que tiene cinco hijos dice que esto fue por el hecho de haber tenido niñas al principio.

Un tema sobre el que las mujeres se muestran reacias a hablar es el control de natalidad. En todo caso, para ellas está claro que cuanto más segura sea la solución (es decir, la esterilización), sobre todo después de haber tenido dos, mejor, ya que los hombres no se plantean utilizar condones o esterilizarse. Las musulmanas descartaban la esterilización por motivos religiosos.

En la estancia se habla poco de idilios: las solteras no revelan deseo alguno de parejas ideales ni bodas de cuento de hadas —lo cual resulta un tanto pardójico dados los romances idealizados que aparecen en las populares películas de Bollywood. Estas mujeres no tienen a sus esposos en gran estima. Los hombres son proveedores poco fiables, y es difícil convivir con ellos. Casi todos son jornaleros que solo trabajan cuando tienen ganas y gastan una proporción demasiado elevada de sus ingresos en alcohol y en juegos de azar. La bebida aparece una y otra vez como un problema grave en su matrimonio.

Para todas, el matrimonio y los hijos son responsabilidades, no aspiraciones. Sin embargo, aunque quieren ser esposas y madres, también sueñan con hacer a su manera cuantas más cosas sea posible. Surge una idea: si estas mujeres jóvenes transmiten sus anhelos de independencia a las hijas, seguramente aumentará la demanda de una mayor autonomía —lenta e inexorablemente, de generación en generación. En los barrios de chabolas de Nueva Delhi, la planificación familiar tiene que ver con las necesidades económicas, las tradiciones en conflicto, el poder de la religión y el patriarcado, las aspiraciones de mujeres que controlan su vida. El control de la natalidad solo puede traducirse en más emancipación y menos hijos. La lucha por los derechos de las mujeres va en una sola dirección.

Una prueba subrepticia de cómo termina esta lucha se revela a sí misma mientras hablamos. De vez en cuando, las mujeres introducen la mano en su atuendo y echan un vistazo a una pantalla retroiluminada. Incluso en los suburbios de Nueva Delhi las mujeres tienen acceso a un *smartphone*, a un proveedor de servicios y a internet. Incluso entre las chabolas de Nueva Delhi, tienen en sus manos el conjunto del conocimiento humano.

La población de la India, ¿alcanzará su valor máximo de 1,7 mil millones de personas en 2060, tal como prevé la ONU? Al menos con respecto a esto, Wolfgang Lutz y sus colegas del Instituto Internacional para Análisis de Sistemas Aplicados están básicamente de acuerdo. Sin embargo, durante nuestra estancia en Nueva Delhi, una y otra vez los demógrafos y los funcionarios del gobierno que llevaban a cabo investigación local nos decían, *sotto voce*, que, a su entender, la tasa de fertilidad ya había descendido por debajo de 2,1. En tal caso, la India va una década por delante de la ONU y la escuela de Viena. Si la India ya tiene una tasa de 2,1 o inferior, es improbable que, según los modelos de variante baja, llegue a superar los 1,5 mil millones de habitantes, por lo que en torno a 2100 volverá a tener 1,2 mil millones.

Si los creadores de modelos de la ONU están en lo cierto, China y la India podrían contribuir a que el mundo alcanzara una cifra cercana a los once mil millones. Sin embargo, China y la India están mandando señales inequívocas de que estas predicciones son demasiado elevadas, de que ambos países llegarán a su población máxima antes de lo que muchos creen, y de que se sumarán al proceso de pérdida de población de casi todo el resto del planeta.

Podemos estar equivocados, desde luego, pero nos parece que no. Seguimos pensando en aquellas mujeres de la escuela del barrio de Nueva Delhi, que miraban el móvil debajo del sari.

10

EL SEGUNDO SIGLO NORTEAMERICANO

Al mediodía hacen una pausa para almorzar —media hora, con una parrilla portátil para asar la carne, que irá metida en crujientes envolturas de tortilla y acompañada de salsa—. Son aproximadamente una docena, todos inmigrantes mexicanos —el más joven de veintipocos años, el mayor de cincuenta y tantos— que trabajan en la renovación de este espléndido bungaló de mediados de siglo de Palm Springs, bromeando y tomándose el pelo como hacen los trabajadores que se conocen bien unos a otros. Casi todos son parientes o amigos. El empresario que los ha contratado come con ellos. Contrata solo trabajadores mexicanos, dice, porque trabajan duro y bien. Algunos son inmigrantes legales; otros están indocumentados, trabajan en secreto.

Todos proceden de la misma ciudad, San Miguel, de la que suelen salir migrantes. Hace años llegó uno, echó un vistazo al escenario laboral, encontró empleo y comenzó a enviar mensajes a la familia y los amigos. Algunos de estos tipos son recién llegados; la mayoría lleva aquí muchos años: se casó aquí; aquí nacieron sus hijos.

En muchos aspectos, su vida es muy norteamericana. Sus hijos asisten a escuelas de la zona. Trabajan y pagan impuestos. Sin embargo, siempre existe esa inquietud. Al cuñado de uno de ellos, que llevaba décadas viviendo en Estados Unidos y tenía hijos nacidos aquí, la policía lo hizo parar por una infracción de tráfico. Cuando los agentes descubrieron que estaba en el país de forma ilegal, lo deportaron. Tardó cinco años en reencontrarse con su familia.

Los trabajadores indocumentados echan mucho de menos México, pero no pueden regresar. Como decía uno de ellos, «no puedes ir a enterrar a tus padres, a menos que tengas quince mil dólares para el coyote».

«Estados Unidos ya no es una potencia mundial, sino una potencia en declive. Y no se hable más», dijo un diplomático paquistaní en 2016 en una conferencia, quizá sin ser consciente de que sus palabras estaban siendo grabadas.[1] No es ni mucho menos el único que piensa así. La crisis financiera de 2008, el creciente poder de China, el renacimiento de Rusia con Vladimir Putin, los atolladeros de Irak, Afganistán o Libia, todo apunta a un gigante en decadencia. En el ámbito interno, los conflictos raciales son endémicos en las principales ciudades, donde los afroamericanos y la policía parecen estar en guerra permanente; las infraestructuras se deterioran, y las puntuaciones globales en exámenes sacan los colores a los estudiantes. La impactante victoria presidencial de Donald Trump, y la negativa de muchos norteamericanos progresistas a aceptarla, dan a entender que la polarización política ha acabado siendo tan tóxica que está en peligro la propia estabilidad de la república. No es de extrañar que el Consejo Nacional de Inteligencia llegara recientemente a la conclusión de que el «momento unipolar ha terminado y la Pax Americana —la era de la ascendencia norteamericana en la política internacional que comenzó en 1945— está tocando a su fin a marchas forzadas».[2]

Tal vez. Sin embargo, hay muchos «por otro lado». Por importante que sea la economía china, el norteamericano medio gana ocho veces más que su homólogo chino; el dólar estadounidense sigue siendo la indiscutible moneda de reserva global;

pese a las nuevas y enormes inversiones militares de China, Estados Unidos gasta en defensa tres veces más, con ochocientas bases definitorias de este poder global repartidas por cincuenta países de todo el mundo; diez de las veinte universidades de más prestigio internacional están en Estados Unidos;[3] ocho de las nueve empresas de alta tecnología más grandes del planeta tienen su sede en Estados Unidos; internet, invento norteamericano, está dominado por gigantes estadounidenses como Google, Facebook o Amazon; Estados Unidos, antaño energéticamente dependiente, se ha convertido en un importante exportador de energía; y por último, si bien es lo más importante, Norteamérica es una democracia, y China y Rusia no, y el arco de la historia, parafraseando a Martin Luther King, se inclina hacia la libertad.[4]

La hegemonía cultural norteamericana es incontestable. Netflix está disponible en 190 países. Puedes comprar un Big Mac en 119 países, inscribirte en Apple Music en 113 y ver *Star Trek: Discovery* en 188. Las diez películas más taquilleras de 2017 salieron de Hollywood. Las películas más taquilleras *siempre* salen de Hollywood. El libro más vendido de todos los tiempos, de un autor vivo, es, por desgracia, *El código Da Vinci*, de Dan Brown.[5] ¿Y la música? Gospel, blues, jazz, Broadway, country, rock and roll, hip-hop, rap. Y podríamos seguir.

Como escribieron los analistas Ely Ratner y Thomas Wright, «Estados Unidos cuenta con una combinación excelente de fundamentos sólidos en demografía, geografía, educación superior e innovación. Esto garantiza la gente, las ideas y la seguridad para prosperar dentro del país y en el escenario mundial. Hay una explicación de por qué las élites de todo el mundo siguen teniendo ganas de enviar su fortuna, y a menudo a su familia, a Estados Unidos».[6]

La decadencia norteamericana es tan vieja como su excepcionalidad, y ambas son tan viejas como la república. Alexander Hamilton avisó de que, si los estados no se unían en torno a un gobierno central fuerte, Estados Unidos estaba condenado a «la pobreza y la desgracia». (La advertencia surtió efecto, razón por la cual Hamilton está en el billete de diez dólares y en Broadway). En el siglo XIX hubo muchas oportunidades para vaticinar la muerte de la república, especialmente durante la Guerra de 1812 (que perdieron los norteamericanos, aunque a día de hoy siguen sin admitirlo) y la Guerra Civil. Por lo visto, el aislacionismo de los años veinte y la Gran Depresión de los años treinta dejaron a Estados Unidos solos y a la deriva. En pleno apogeo del imperio, sus críticos pronosticaban el inminente deceso: después de que en 1957 la Unión Soviética lanzara el satélite Sputnik; después de los disturbios y asesinatos de 1968; después del Watergate, la derrota de Vietnam y la estanflación de la década de 1970; después del crecimiento del poder económico japonés en la década de 1980. Como le gusta decir al escritor Josef Joffe, «el declive es tan norteamericano como la tarta de manzana».[7] Y sin embargo, por algún motivo la república siempre se endereza, y a su vez endereza al resto del mundo.

La decadencia nunca ha encajado peor que hoy en la historia norteamericana. El siglo XX ha sido denominado «el siglo norteamericano». El XXI también lo será. La economía y la capacidad cultural de Estados Unidos, junto con su influencia geopolítica y militar, no se debilitarán sino que crecerán. Si los norteamericanos no se aíslan del mundo, influirán en este más que nunca. Los mexicanos que almorzaban en Palm Springs son parte de la explicación.

Pese al interminable y agrio debate sobre la política migratoria, los norteamericanos siguen dando la bienvenida a los recién llegados. Según una encuesta de 2016 del Centro de Investigaciones Pew, el 60 por ciento de los estadounidenses se mostraba de acuerdo con la afirmación de que los inmigrantes «fortalecen nuestro país gracias a su esfuerzo y su talento», mientras que solo el 35 por ciento los consideraba «una carga para nuestro país porque nos quitan el empleo, la vivienda y la asistencia médica». Hace veinte años, estas cifras estaban básicamente invertidas. La línea divisoria es política y generacional. Mientras ocho de cada diez personas que se identifican como demócratas reciben de buen grado a los inmigrantes, aproximadamente solo una tercera parte de los republicanos opina igual. Y mientras tres cuartas partes de los mileniales dan todo su apoyo a la inmigración, coinciden con ellos solo la mitad de los *baby boomers*.[8]

Aunque Australia y Canadá cuentan con más inmigrantes en términos relativos, Estados Unidos eclipsa a todos los demás en cuanto a volumen absoluto de inmigrantes legales —por lo general, alrededor de un millón de personas al año, más del doble que ningún otro país. La diferencia sería aún mayor si Europa no fuera anfitriona temporal de personas desplazadas a raíz de las guerras de Siria y Yemen, las campañas del Estado Islámico, el caos de Libia y demás.

No obstante, existe un segundo flujo: los mexicanos y otros latinoamericanos que cruzan ilegalmente la frontera sur de Estados Unidos. Según ciertas estimaciones, en Estados Unidos viven y trabajan once millones de inmigrantes indocumentados.[9] A pesar de la polémica en torno a su presencia, aportan muchísimo a la economía y la sociedad norteamericanas. Ayudan a reducir la brecha creada por una población autóctona que está reproduciéndose por debajo del nivel de reemplazo. Y la superior tasa de natalidad de los inmigrantes eleva la tasa de fertilidad global del país.

La disparidad entre las tasas de natalidad de los norteamericanos, los chinos y los rusos es otro activo de Estados Unidos. La tasa de Estados Unidos es de 1,9; la de Rusia, 1,5. Oficialmente, la tasa china es de 1,6, si bien, como hemos visto, en realidad es mucho menor. Estados Unidos está reproduciéndose con más vigor que sus principales rivales geopolíticos. Gracias a la inmigración y a una mayor tasa de fertilidad, Norteamérica está en mejores condiciones que la mayoría de los países desarrollados importantes para sostener su población a lo largo de este siglo.

Otra arma secreta es la actitud norteamericana. Estados Unidos acepta de buen grado a los recién llegados, y gente de todo el mundo quiere ir allá. China no permite la inmigración, y Rusia tiene dificultades para convencer a nadie de las bondades del país. La disposición de Norteamérica a reducir la distancia entre los bebés propios y los bebés necesarios para mantener el número de habitantes mediante la inmigración es la ventaja determinante que garantizará la hegemonía norteamericana.

La tasa de fertilidad estadounidense es superior a la de casi todos los demás países desarrollados porque las mujeres afroamericanas y latinas tienen más hijos que las mujeres blancas de Estados Unidos, Europa, China o cualquier otra sociedad industrializada importante. En realidad, sin embargo, todo conduce a que haya menos nacimientos en el conjunto de las mujeres norteamericanas, con independencia de la raza, razón por la cual, si queremos mantener vivo el sueño americano, la inmigración es más importante que nunca.

Entre los mileniales, en especial, la tasa de fertilidad es muy baja. Entre 2007 y 2012, la tasa de natalidad entre los norteamericanos que llegaron a la mayoría de edad después de 2000 descendió en un 15 por ciento, con lo que se llegó a la tasa más baja jamás registrada en Estados Unidos, 0,95, menos de un bebé por madre.[10] La Gran Recesión fue sin duda un factor importante en esos años: como ya hemos visto, en las sociedades avanzadas con tasas de fertilidad por debajo del nivel de reemplazo, las coyunturas económicas desfavorables reducen aún más el número de bebés. En cualquier caso, con independencia de la causa a corto plazo que haya convencido a las mujeres mileniales de aplazar lo de los hijos, el impacto a largo plazo es profundo. Las mileniales estadounidenses han optado, en su mayor parte, por no tener hijos entre los veinte y los treinta años. Esto significa que, cuando llegue el momento, tendrán menos de los que habrían tenido en otras circunstancias, lo cual viene a decirnos que la generación producida por los mileniales será de menores dimensiones que las de los mileniales propiamente dicha.

No obstante, he aquí lo realmente extraordinario de la reciente escasez de nacimientos en Estados Unidos. Entre las mujeres norteamericanas, la fertilidad disminuyó en un 11 por ciento durante la recesión; entre las afroamericanas, el descenso fue del 14 por ciento; entre las latinas, del 26 por ciento.[11] Esto trastoca por completo una vieja suposición acerca de la tasa de natalidad norteamericana: que la elevada fertilidad entre los negros y los latinos compensará la disminución de la fertilidad entre los blancos. Está pasando precisamente lo contrario. En Estados Unidos, las tasas de natalidad en los grupos étnicos minoritarios están desplomándose. Visto desde otra óptica, resulta que la tasa de fertilidad entre las mujeres blancas no latinas ha permanecido relativamente inalterada desde 1991, aproximadamente 1,8 hijos por mujer en edad reproductiva (aunque a la larga las cifras de los mileniales quizá acaben con esto). Durante el mismo período, la tasa de fertilidad de las latinoamericanas ha bajado de 3,0 a 2,1.

Por otra parte, no son solo las latinas de nacimiento y las inmigrantes las que están imitando a sus semejantes europeas a la hora de tener menos bebés. Entre 2009 y 2014, el número de niños nacidos anualmente de mujeres indocumentadas disminuyó de 330.000 a 275.000. Se trata de un descenso notable en ese período de cinco años, superior al que se podría justificar haciendo referencia a los inmigrantes indocumentados que regresaron a su país durante la recesión.[12] Por término medio, los latinoamericanos han perdido en la pasada generación un bebé entero por mujer. Entretanto, la tasa de fertilidad afroamericana ha pasado de 2,5 a 1,9.[13] Actualmente, en Estados Unidos, entre las tasas de fertilidad de los blancos, los negros y los latinos hay pocas diferencias, dato estadístico que no se menciona casi nunca pero tendrá un tremendo impacto en el futuro demográfico de Norteamérica.

«La verdad es que este cambio en las tasas de fertilidad no está suscitando suficiente atención», opina David Drozd, demógrafo del Centro para la Investigación de Asuntos Públicos de la Universidad de Nebraska, Omaha, y nosotros estamos totalmente de acuerdo.[14] La disminución y la convergencia de las tasas de fertilidad en Estados Unidos debería tener un efecto positivo en las relaciones raciales. La lucha de los afroamericanos y los latinos por la igualdad plena no ha terminado —aún queda un largo trecho—. Sin embargo, en estas comunidades las tasas de fertilidad están bajando, lo cual solo puede significar que las mujeres afroamericanas y latinas están cada vez más formadas y empoderadas.

El descenso de la fertilidad es especialmente acusado en las adolescentes afroamericanas. En 1991, había 118 nacimientos por cada mil afroamericanas de edades comprendidas entre quince y diecinueve años —en un año cualquiera, se quedaba embarazada más de una adolescente afroamericana de cada diez—. Sin embargo, en 2013 esta cifra se había reducido en dos terceras partes.[15] ¿Por qué ahora se quedan embarazadas menos afroamericanas jóvenes? Para empezar, como pasa con todos los adolescentes, empiezan a tener relaciones sexuales más tarde.[16] Además, se las arreglan mejor con los anticonceptivos.[17] Pero, ¿por qué se comportan de forma tan responsable? Seguramente tienen mucho que ver las mejoras en los programas de educación sexual, así como las campañas públicas de advertencia sobre la difusión del VIH/sida. Gracias a los gobiernos y los médicos, es más fácil conseguir anticonceptivos; por otro lado, en los últimos años ha aumentado de manera sustancial el consumo de pastillas del día después.[18]

Otra causa también podría ser el mayor nivel de vida de los afroamericanos. Según diversos estudios, los adolescentes retrasan las relaciones sexuales y las tienen con más precaución si se sienten unidos a sus padres. Esto significa que en casa hay una situación estable, lo cual da a entender seguridad económica. Pese a la controversia acerca de los disparos de la policía sobre afroamericanos y las protestas del movimiento Black Lives Matter [las vidas negras importan], los negros viven cada vez mejor.[19] No queremos exagerar. El valor neto de una familia negra corriente es el seis por ciento del de una familia blanca corriente, sobre todo porque la primera es más susceptible de alquilar que de comprar, y a partir de la propiedad de una casa es como los norteamericanos suelen reunir buena parte de su riqueza.[20] El índice de desempleo de los negros duplica el de los blancos. En Estados Unidos, el índice de pobreza es del 15 por ciento, pero en la comunidad negra es del 27 por ciento, casi el doble. Aun así, el nivel de pobreza es menos de la mitad del 60 por ciento que había entre los negros en 1960.[21] Además, según un estudio, la matriculación universitaria entre los afroamericanos es actualmente superior a la media nacional (71 por ciento frente al 68 por ciento).[22] En otro estudio se observó que, al cabo de dos años de haber ingresado en la universidad, ocho de cada diez estudiantes seguían matriculados; para los afroamericanos la proporción era de siete a diez. Así que hay una brecha, pero no es enorme.[23] El descenso de los embarazos adolescentes entre los afroamericanos estadounidenses corre parejo con un incremento general de la educación y los ingresos, algo que debería alegrarnos de veras.

Los trabajadores mexicanos que almorzaban en Palm Springs cuentan una historia que resulta familiar. En su país, los indígenas del estado de Chiapas están emigrando a las ciudades, lo que ejerce presión sobre los salarios en las fábricas y manda a muchos trabajadores al norte, a cruzar la frontera. Aunque la urbanización es universal, sus efectos son locales: en México, las migraciones del campo a la ciudad dan lugar a una segunda migración, desde la ciudad mexicana a la ciudad norteamericana.

Otro fenómeno universal con consecuencias locales: a medida que México se urbaniza, el control de la Iglesia Católica sobre la sociedad se debilita. Como explicaba uno de los trabajadores, su abuela parió veinticuatro hijos, de los que sobrevivieron doce, pues la Iglesia le había enseñado que la contracepción era pecado mortal, y el rol de la mujer era formar una familia con muchos niños y hacer del hogar un refugio para el hombre que vuelve del trabajo. En la actualidad, todo el mundo toma medidas anticonceptivas. Y, como decía otro de los trabajadores, «las mujeres van a la escuela, conducen coches, salen juntas por ahí...». «¡Y beben tequila como los hombres!», interviene un tercero. Todos estos trabajadores tienen, o esperan tener, dos o tres hijos, lo cual refleja precisamente dónde se sitúa hoy en día la tasa de fertilidad de los latinos. «Si tienes ocho hijos, esto son ocho pares de zapatos», señala uno. En Palm Springs, para los inmigrantes mexicanos, con documentos o no, la lógica establece menos hijos, y las mujeres establecen eso mismo.

Los latinoamericanos están logrando su propia cuota del sueño americano. Como hemos visto, las tasas de fertilidad latinas están acercándose a las de los norteamericanos blancos no latinos. Entre los latinos, los embarazos adolescentes están disminuyendo al mismo ritmo que los de sus semejantes afroamericanos. Tenemos aquí un dato estadístico simplemente asombroso: entre 1996 y 2016, el índice de abandono escolar de los latinos bajó del 34 al 10 por ciento; el de los negros, del 16 al siete por ciento. Entre los blancos, pasó del ocho por ciento al cinco.[24] Los índices de abandono escolar casi han convergido del todo. A los niños les va a ir todo bien.

Décadas de inmigración legal e ilegal desde Latinoamérica a Estados Unidos han dado lugar a profundos cambios en la composición étnica y psíquica del país. Actualmente, los latinos superan en número a los afroamericanos, lo cual difumina aún más las divisiones raciales. En 1995, un año después de que Canadá, México y Estados Unidos firmaran el Tratado de Libre Comercio de América del Norte, en Estados Unidos había tres millones de inmigrantes mexicanos no autorizados. En 2008, la cifra había alcanzado su valor máximo de siete millones —de una población total indocumentada que, según el Departamento de Seguridad Nacional, rondaba los doce millones—, antes de que la recesión convenciera a muchos de regresar a casa, con lo cual quedarán hoy en el país unos 5,5 millones de mexicanos sin documentos.[25]

Mientras muchas voces progresistas y numerosos políticos demócratas reclaman una amnistía y buscan una fórmula para que los inmigrantes no autorizados obtengan la nacionalidad —o al menos quienes entraron ilegalmente en el país de niños—, muchos políticos republicanos y otros conservadores se oponen a esa amnistía. El presidente Trump está intentando con afán deportar a todos los que pueda. Pero es una causa perdida. Hacia 2044, los caucasianos seguramente ya serán minoría en Estados Unidos. En 2016, los latinoamericanos eran unos cincuenta y siete millones, es decir, el 18 por ciento de la población total. Hacia 2065, constituirán una cuarta parte de la población norteamericana, y los blancos, con aproximadamente el 46 por ciento, habrán perdido su condición de grupo mayoritario. Los afroamericanos estarán más lejos, en el 13 por ciento, más o menos empatados con los asiáticos.[26] Norteamérica será más morena, más católica y menos protestante, y el español sustituirá al inglés como lengua común. En efecto, en Estados Unidos nacen cada año más bebés de minorías que blancos.[27] De todos modos, para ser sinceros, incluso decir que los blancos serán una minoría hacia 2044 suena desfasado. En la actualidad, el quince por ciento de los matrimonios norteamericanos son interraciales. Como las diferencias se desdibujan y empiezan a desaparecer, la Oficina del Censo tendrá la complicada tarea de intentar definir la etnia o la combinación étnica de una persona. Afortunadamente, pronto estaremos removiendo de nuevo el crisol de culturas.[28]

Una advertencia: «Estamos convirtiéndonos en una sociedad más diversa, pero no posracial», señalaba el sociólogo Richard Alba. La historia de la esclavitud, la segregación, la exclusión y otras formas de discriminación está aún demasiado viva para desecharla a la ligera. «Pero hemos de admitir que estas categorías son, en el mejor de los casos, aproximaciones cuando se trata de entender en qué nos estamos convirtiendo», añade. «Nuestra sociedad, transformada por la inmigración y nuevas modalidades de asimilación, todavía no ha creado el vocabulario adecuado para capturar las realidades matizadas de esta evolución.»[29]

Con independencia de las señales esperanzadoras que una

tasa de natalidad menguante esté enviando con vistas a la futura reconciliación racial, permanece el hecho de que las poblaciones envejecidas, de fertilidad baja, afrontarán serios problemas a medida que su fuerza laboral y el conjunto de su población empiecen a disminuir. La brusca reducción de las tasas de fertilidad entre los afroamericanos revela una mayor prosperidad y autonomía, sobre todo entre las mujeres; la menor fertilidad de los latinos refleja la tendencia universal de los inmigrantes a ajustar sus hábitos reproductores a los del país de adopción. En ambos casos, las repercusiones para la armonía racial son alentadoras, pero también indican que Estados Unidos será un país más viejo e incapaz de reproducirse mediante nacimientos nacionales. Si Norteamérica ha de seguir siendo grande, ha de seguir siendo un país que acepte inmigrantes. Y para que suceda esto, los norteamericanos deben volver a superar los peores ángeles que llevan dentro.*

Por la historia norteamericana discurre un hilo de intolerancia racista, nativista y populista. Los últimos inmigrantes no son como nosotros. No comparten nuestros valores británicos, nuestra religión protestante, que constituyen la religión y los valores auténticos, fundacionales, de Norteamérica. No se integrarán nunca. Hemos de impedir que vengan y vigilar de cerca a los que ya están entre nosotros. Son una amenaza.

Encontramos este discurso en las Leyes de Extranjería y Sedición de 1798, que (entre otras cosas) querían evitar que los inmigrantes franceses y su influencia corrompieran la nueva república. Lo encontramos en el movimiento Know-Nothing [Saber nada] de 1850, que luchaba por detener el flujo de católicos alemanes e irlandeses que suponían la última contribución al crisol cultural norteamericano. Tras la Guerra Civil, los protes-

---

* Referencia a «the best angels of our nature», frase de un discurso de Lincoln. En castellano, el libro de Steven Pinker con este título se tradujo como *Los ángeles que llevamos dentro*. (*N. de T.*)

tantes blancos dieron la voz de alerta sobre el «peligro amarillo», las decenas de miles de inmigrantes chinos que llevarían a cabo la dura, sucia, peligrosa y mal remunerada labor de construir el ferrocarril transcontinental. También trabajaron en los campos y las minas. La Ley de Exclusión de los Chinos de 1882 prohibió la inmigración china. Los migrantes chinos ya residentes en el país no podían casarse con mujeres blancas ni obtener la nacionalidad.

A finales del siglo XIX y principios del XX, los barcos de vapor posibilitaron la llegada de muchos más inmigrantes a las costas norteamericanas. Los excedentes de mano de obra empujaban a millones de hombres y mujeres a cruzar el Atlántico en busca de trabajo. Las persecuciones y los pogromos obligaban a los judíos a abandonar Europa en busca de seguridad y una vida mejor. Estas multitudes de recién llegados se instalaron en guetos urbanos —edificios de viviendas abarrotados, plagados de enfermedades, que seguramente llevó a estos nuevos norteamericanos a preguntarse dónde se habían metido.

La historia era siempre la misma: personas que huían de la guerra, la pobreza o la opresión iban a una tierra desconocida, y aún vacía en gran parte, a labrarse un futuro. Y allí aceptaban empleos peligrosos y mal pagados que los autóctonos rechazaban. Los patronos exhortaron al gobierno a mantener abiertas las compuertas, pues necesitaban a los recién llegados en sus granjas y fábricas. Sin embargo, a los más veteranos les fastidiaban aquellos desconocidos, convencidos como estaban de que los católicos obedecían sobre todo al Papa, de que los asiáticos y los caucasianos no podrían mezclarse nunca, y de que aquellos forasteros jamás podrían ser norteamericanos de verdad. Pero se vio que estaban equivocados, pues la última oleada de masas anhelantes se integró. Luego cambiaron los patrones de la inmigración, nuevas oleadas desembarcaron en las costas de Norteamérica, y la vieja guardia hizo sonar otra alarma.

Una de las voces más firmes fue la de Charles Edward Coughlin, sacerdote católico de Chicago que arremetía contra los judíos y los comunistas. En 1938 era un fascista categórico que predecía lo siguiente: «Cuando cojamos a estos judíos, pensarán que el trato que recibieron en Alemania no fue nada.»[30] Por desgracia, otras voces eran mucho más convencionales, y mucho más poderosas. En el peor acto de odio racial de la historia norteamericana auspiciado por el gobierno federal, este internó a cien mil estadounidenses de origen japonés y residentes japoneses en campos de reclusión durante la Segunda Guerra Mundial, temiendo que fueran a mostrarse desleales. Sin embargo, eran leales, desde luego. El gobierno norteamericano encerró a sus propios ciudadanos en campos de concentración (y el gobierno canadiense imitó vergonzosamente esa crueldad) movido por el puro miedo racista al Otro. Personajes progresistas como Franklin Roosevelt o Earl Warren, a la sazón gobernador de California, dejaron que la animadversión y los prejuicios los cegara. En la actualidad, el internamiento de japoneses permanece como un escandaloso legado de la inhumanidad norteamericana hacia su propia gente.

No obstante, la corriente racista, aislacionista y contraria a la inmigración que ensucia el relato norteamericano no triunfa jamás. Millones de personas escucharon las diatribas de Coughlin, pero muchos millones más no le hicieron caso. Los esfuerzos del sacerdote por derrotar a Franklin Roosevelt en las elecciones de 1936 quedaron en nada. Cuarenta años después del internamiento de los japoneses, una comisión federal calificó el encarcelamiento como «una grave injusticia» motivada por «los prejuicios raciales, la histeria bélica y la falta de liderazgo político».[31] El presidente Ronald Reagan pidió formalmente disculpas, y el gobierno federal entregó a cada superviviente veinte mil dólares como indemnización. En sus memorias, Warren —que llegó a ser uno de los más importantes presidentes del Tribunal Supremo de los Estados Unidos— dijo que «lamentaba profundamente» la orden de detención. «Cada vez que pensaba en los niños inocentes que fueron arrancados de su casa, de sus amigos de la escuela y de su entorno acogedor, tenía remordimientos de conciencia.»[32]

Por otro lado, después de que se desvanece cada reacción violenta, se reanuda el flujo. Tras la guerra, Estados Unidos aceptó a más de doscientas mil Personas Desplazadas (DP, por sus siglas en inglés) que escapaban del caos y el ejército soviético en Europa. A continuación, los patrones de migración cambiaron, y de horizontales pasaron a verticales. Desde la década de 1960, los migrantes mexicanos y de otros países de Latinoamérica empezaron a cruzar ilegalmente la frontera de Estados Unidos, de nuevo en busca de trabajos mal pagados que los autóctonos no querían. Una serie de amnistías que pretendían cerrar la frontera a nuevas llegadas al tiempo que se concedía la nacionalidad a quienes ya estaban establecidos no consiguieron contener el flujo. En 2007, cuando el Congreso volvió a discutir una ley de amnistía —que no fue aprobada—, se calculaba que unos doce millones de inmigrantes indocumentados sostenían los niveles más bajos de la economía estadounidense.

Uno de los trabajadores con los que hablamos en el almuerzo había llegado a Estados Unidos desde México por Canadá, tras cruzar una frontera sin vigilancia cerca de Bellingham, Washington. Un pariente fue a recogerle en coche desde California, se encontraron en un lugar previamente acordado, y pusieron rumbo al sur. Otros habían utilizado la ruta más convencional, que consistía en atravesar la frontera entre México y Estados Unidos con ayuda de un coyote, como se llama a la persona que introduce a otras a escondidas en Estados Unidos. Según nos dicen, la tarifa asciende a unos quince mil dólares, de la cual una parte se paga por adelantado y la otra a lo largo de varios años descontándola del salario del trabajador. Hay gente encargada de recaudar periódicamente los pagos.

En la actualidad, muchos norteamericanos blancos, sea de manera implícita —mediante publicaciones anónimas en internet, por ejemplo— o explícita —mediante el movimiento de la derecha alternativa—, se quejan de que Estados Unidos está perdiendo su identidad como nación esencialmente blanca y cristiana, razón por la cual dieron su apoyo a Donald Trump en las elecciones de 2016 y apoyan asimismo su plan de construir un «muro grande y hermoso» en la frontera con México para impedir la entrada de «ilegales». Otros temen que inmigrantes de toda clase quiten puestos de trabajo a los norteamericanos «de verdad» y hagan bajar los salarios. La idea de que los inmigrantes quitan empleos es una falacia; ocurre más bien lo contrario. En Estados Unidos, más de la mitad de las empresas de nueva creación, que actualmente valen más de mil millones de dólares, han sido creadas por inmigrantes.[33] En cuanto a si los trabajadores poco cualificados e indocumentados hacen bajar los salarios de los norteamericanos de pocos ingresos, los datos son de diversa índole, aunque al parecer lo más probable es que los perjudicados sean los salarios de otros inmigrantes.[34]

La situación es deplorable, en efecto. Al margen de la zona del país donde vivas, sabes que estás aprovechándote del trabajo de inmigrantes sin papeles. Te cortan el césped, te limpian la casa, te hacen la cama de tu habitación de hotel o vierten hormigón para un edificio nuevo. La dependencia que tenemos de los indocumentados ridiculiza el imperio de la ley y deja al descubierto una economía norteamericana que sigue dependiendo de mano de obra no regulada y de bajos ingresos. No obstante, el flujo quizá está empezando a aflojar, incluso a invertir la tendencia. La recesión de 2008 contribuyó a este cambio, al que también ayudaron ciertas mejoras en la economía mexicana, y hoy en día hay menos inmigrantes indocumentados que hace una década.[35] Aun así, todo el mundo se queja: la derecha, de que esos trabajadores incumplen la ley y de algún modo deberían ser deportados en masa (si bien esto es totalmente imposible); la izquierda, de que estos trabajadores merecen protección legal y una vía para obtener la nacionalidad. Entretanto, muchos trabajadores blancos desempleados o subempleados, que los gobiernos y los empresarios han dejado tirados en el vértigo de la globalización, culpan de su desgracia a los latinos. No es justo, pero en este lamentable asunto nada es justo nunca.

Estados Unidos es una nación de inmigrantes a pesar de sí misma. Durante casi doscientos cincuenta años de historia norteamericana, las actitudes contrarias a la inmigración han fastidiado el relato de Norteamérica. No obstante, la historia nos enseña que las fuerzas reaccionarias raramente se imponen durante mucho tiempo. Desde las Leyes de Extranjería y Sedición hasta Donald Trump, la oposición racista y nativista a la inmigración siempre, tarde o temprano, acaba pasando al baúl de los recuerdos; y luego amanece otro día. Lo cual es también algo bueno, pues estos inmigrantes constituyen el arma secreta de Norteamérica.

Por su propio bien, Estados Unidos podría, y debería, aceptar la entrada de un número de personas superior al millón que llega cada año. (Si siguieran el ejemplo de Canadá, acogerían a tres millones). Con un sistema simplificado y más abierto para atraer a inmigrantes con talento de todo el mundo, los yanquis podrían absorber a muchos de los mejores cerebros del planeta. Sin embargo, con las complejas, restrictivas y masoquistas regulaciones, un millón de personas al año sigue siendo un montón de gente. En Estados Unidos, los inmigrantes suponen más o menos el 15 por ciento de la población; en China, menos del uno por ciento.

Los inmigrantes, con documentos o sin ellos, por un lado mitigan los efectos de una población que envejece y, por otro, ayudan a aumentar el número de niños norteamericanos. Y la historia nos dice que da igual de dónde vengan, la educación o la competencia profesional que tengan o el idioma que hablen. Inevitablemente, también ellos acabarán siendo norteamericanos. En el *melting pot*, la sopa puede cambiar de color con el tiempo, pero el resultado siempre es el mismo.

De las tres superpotencias nucleares globales, en el presente siglo la población crecerá solo en Estados Unidos, siempre y cuando el país siga aceptando a recién llegados. Incluso con los niveles actuales, se espera que pase de los 345 millones de hoy a 389 hacia 2050 y 450 en 2100 —unos buenos 100 millones más que en la actualidad, pisando los talones a una muy menguada China. Con independencia de lo que se añada a las estimaciones geopolíticas, desde el punto de vista demográfico la ventaja norteamericana es decisiva.

Y por si alguien aún no está convencido, que tenga en cuenta lo siguiente: en 2016, ganaron un premio Nobel siete norteamericanos, de los cuales siete eran inmigrantes. (El séptimo, Robert Zimmerman, más conocido como Bob Dylan).

La inmigración puede ser la principal ventaja competitiva de Norteamérica en el siglo XXI. A la larga, a medida que los países progresen y las tasas de fertilidad sigan descendiendo, las migraciones de personas se ralentizarán. La gente reemigrará a sus países de origen, atraída por nuevos y buenos empleos y el reencuentro con la familia. Con poblaciones que envejecen y menguan casi en todas partes, quizá llegue el día en que los países compitan por inmigrantes. En una lucha así, siempre se impondrá Estados Unidos. Se trate de tejanos, camisetas o HBO, los valores culturales estadounidenses dominan el planeta. La economía de Estados Unidos sigue siendo un lugar dinámico, si bien caótico, en el que invertir. Los políticos norteamericanos no son menos dinámicos ni menos caóticos. En el ámbito de la iniciativa empresarial y la creatividad, Norteamérica sigue llevando la delantera. Las personas que buscan nuevas oportunidades y una vida mejor continúan acudiendo en masa a esta desenfrenada ciudad en la colina, reluciente, revuelta, mal planificada, magníficamente ejecutada pese a sí misma. Si no cierra sus puertas, la ciudad no dejará nunca de prosperar.

11

EXTINCIÓN CULTURAL
EN UNA ÉPOCA DE DECLIVE

Luciendo su característico sombrero negro, Mick Dodson se dispone a comerse una hamburguesa con camarones enchilados en el restaurante Hoi Polloi, de maravilloso nombre, situado en la Vieja Casa del Parlamento de Canberra, que en otro tiempo albergó el parlamento de Australia. Aunque acaso sea el aborigen australiano más distinguido —el primero en licenciarse en una facultad de derecho; consejero del Comité Real sobre las Muertes de Aborígenes Detenidos; coautor de *Bringing Them Home*, informe sobre el equivalente australiano del sistema de internados escolares de Canadá; y en 1009 Australiano del año, tal vez el máximo honor del país—, en persona es modesto, divertido, con unos ojos que a veces brillan con picardía tras las gafas para leer que lleva posadas en la nariz. Entre sus compañeros de mesa está otra aborigen australiana famosa, la antigua estrella del rugby Katrina Fanning. Sin embargo, hoy es Dodson quien más habla sobre el turbulento pasado y el incierto futuro de la comunidad aborigen de Australia.

Nació en 1950 en el Territorio del Norte, de una madre aborigen y un padre australiano no aborigen. Huérfano a los diez años, fue enviado a un internado de la ciudad de Hamilton, Victoria. Los internados, igual que pasaba con el ahora abandonado sistema de Canadá, podían ser fábricas de abuso e integración, parte de un esfuerzo sistémico del gobierno australiano por eliminar la cultura aborigen mediante la asimilación forzosa. Se considera que Dodson es la fuerza impulsora del histórico perdón que pidiera el primer ministro Kevin Rudd en 2008 por los males causados por gobiernos anteriores a numerosas generaciones de aborígenes.

Sin embargo, en la actualidad sigue siendo «muy difícil para un aborigen joven recibir una educación a menos que se vaya de casa», explica Dodson.[1] Hoy en día, una cuarta parte de los jóvenes de los internados son aborígenes. «La cuestión es internado o nada.» Los que dejan su casa y su familia para asistir a un internado seguramente no regresan, sino que se mudan a ciudades donde suelen perder la capacidad para hablar su lengua nativa o permanecer en contacto con su cultura. Como cada vez más jóvenes aborígenes migran a centros urbanos, «esto significa que los mejores y más brillantes ya no estarán ahí para levantar la comunidad», señala Dodson. Muchos aborígenes australianos vuelven a casa solo al final. «Mucha gente va a casa a morir.»

Como todas las poblaciones indígenas del mundo, los aborígenes australianos sufren tasas de pobreza, criminalidad, violencia y consumo de drogas por encima de la media. No obstante, al haber migrado en gran número a las ciudades, ha surgido una nueva y floreciente clase media, y con ella el deseo de preservar la cultura aborigen, sobre todo la lengua. «En Nueva Gales del Sur hay tantas lenguas como en Europa», precisa Dodson. En todo caso, pese a los esfuerzos del gobierno para que estos idiomas formen parte de los planes de estudio, su conservación en un entorno aborigen urbanizado es difícil.

«La nueva experiencia aborigen será urbana», predice Dodson. Lo cual significa una experiencia en la que el inglés es dominante, más alumnos aborígenes se gradúan en escuelas secundarias y llegan a la enseñanza superior, la clase media aborigen crece y las tasas de fertilidad bajan. «Dentro de veinticinco años, [la fertilidad] será la misma que la de la población general», cree.

A estas alturas, esperamos haber desmontado algunos mitos sobre el crecimiento demográfico. No, no vamos a seguir añadiendo cuerpos hasta que el mundo esté gimiendo bajo el peso de once mil millones de personas o más; probablemente sea más cierta la cifra de nueve mil millones, a partir de la cual la población empezará a menguar. No, las tasas de fertilidad no son exageradas en los países en vías de desarrollo; muchos de ellos están en el nivel de reemplazo o por debajo del mismo. No, África no es un continente con pobreza crónica condenado a que su población siga creciendo mientras carece de los recursos para su sustento; el continente es dinámico, sus economías evolucionan, y las tasas de fertilidad están bajando rápidamente. No, los afroamericanos y los latinoamericanos no están superando en número a los norteamericanos blancos gracias a sus superiores tasas de fertilidad. En esencia, las tasas de fertilidad de los tres grupos han confluido.

Es difícil acabar con estos mitos, pues incluso en un país donde la tasa de fertilidad haya alcanzado el nivel de reemplazo, todavía hay una última generación numerosa de jóvenes que dan la impresión de crecimiento demográfico. Pasea un rato por las bulliciosas calles de Bangkok y luego trata de convencerte a ti mismo de que Tailandia está en pleno descenso poblacional. ¡Imposible! Sin embargo, la tasa de fertilidad de Tailandia es 1,5. Aunque inexplicablemente las Naciones Unidas esperan que esa tasa aumente algo a lo largo del siglo, pronostica igualmente que la población tailandesa comenzará a disminuir a partir de 2030, llegando a un valor mínimo de cincuenta millones a finales de siglo tras un valor máximo de setenta. Lo más probable es que en Tailandia la tasa de fertilidad no aumente sino que más bien disminuya, lo que provocará un descenso demográfico incluso mayor.

He aquí otro mito: las tasas de fertilidad de los pueblos indígenas son muy altas, mucho más que las de la sociedad en general. Como son tan elevadas, las poblaciones nativas son jóvenes, y muchas mujeres jóvenes se quedan embarazadas cuando ellas y sus parejas carecen de los recursos para cuidar de sus hijos, lo cual contribuye y refuerza la pobreza indígena cíclica y tiene que ver también con la belicosidad, sobre todo entre los jóvenes. Dado que las tasas de fertilidad son tan altas, la población —como porcentaje de la población general— crece y seguirá creciendo. Una creciente y empobrecida clase marginal indígena padece una crisis moral y social que supone una seria amenaza para la estabilidad económica y social de la sociedad en su sentido más amplio.

No vamos a minimizar el problema de la pobreza autóctona en la sociedad occidental: es real; es apremiante. Diversos gobiernos, desde el de Canberra hasta el de Ottawa, no afrontan una prioridad social más importante que la de romper este ciclo. En cualquier caso, las tasas de fertilidad de estas poblaciones no son realmente tan altas. Se hallan en el nivel de reemplazo o cerca del mismo, y están bajando. Al menos en un caso, son incluso inferiores a la media nacional. La actual y numerosa cohorte de nativos jóvenes será la última. Las poblaciones autóctonas pronto empezarán a envejecer, al igual que el conjunto de la sociedad, y se enfrentarán a los mismos desafíos consiguientes. Y, como en relación con la totalidad de la población, serán tan pocos, les costará aún más preservar su lengua, su cultura y su autonomía dentro de la sociedad general. El gran problema de las poblaciones indígenas de Canadá, Australia, Estados Unidos y Nueva Zelanda no es que en ellas nazcan demasiados bebés, sino que nacen demasiado pocos.

El 11 de junio de 2008, el mismo año en que Kevin Rudd, en nombre de su país, pidió perdón a los aborígenes de Australia, el primer ministro Stephen Harper, en nombre de todos los canadienses, pidió disculpas a los pueblos indígenas por el trato que se les dispensó en las escuelas residenciales. «Ahora admitimos que muy a menudo estas instituciones cometieron abusos o negligencia o estuvieron insuficientemente controladas, y pedimos perdón por no haberos protegido»,[2] declaró Harper en una Cámara de los Comunes sumida en un silencio sepulcral. Desde poco después del nacimiento de la Confederación hasta la década de 1970, miles de niños de las Naciones Originarias (todavía llamados «indios» según la Ley de Asuntos Indios del gobierno canadiense) fueron arrancados de sus familias y reservas y educados en internados dirigidos por las Iglesias Católica y Protestante, donde los malos tratos físicos e incluso los abusos sexuales estaban a la orden del día; las cicatrices resultantes de los esfuerzos de Ottawa por «matar al indio en el niño»,[3] tal como lo expresó un funcionario gubernamental, han permanecido hasta el día de hoy en estos estudiantes y sus descendientes.

En la pasada década, la población de los «pueblos indígenas de Canadá» (el término preferido que incluye las Naciones Originarias, los métis y los inuit) ha aumentado desde el cuatro por ciento de los treinta y seis millones de habitantes del país al cinco por ciento, sobre todo debido a que la gente vive más años y a que más personas se identifican como indígenas.[4] Aunque algunas reservas de las Naciones Originarias están prosperando, muchas de las situadas en zonas remotas, como al norte de Ontario, al norte de Manitoba o el territorio de Nunavut, sufren problemas de pobreza, consumo de drogas y violencia. El 60 por ciento de los niños de las Naciones Originarias ubicados en reservas vive en la pobreza.[5] Una reserva de cada seis carece de agua potable.[6] Entre los indígenas canadienses de menos de cuarenta y cuatro años, la causa principal de muerte es el suicidio; entre los indígenas jóvenes, la probabilidad de quitarse la vida es entre cinco y seis veces superior a la de los jóvenes no indígenas.[7]

Las comunidades indígenas ya constituyen minorías importantes en ciudades de las praderas occidentales como Winnipeg y Saskatoon, y por lo general se cree que estas comunidades minoritarias seguirán creciendo en el futuro. Sin embargo, se trata de suposiciones erróneas. Esta numerosa generación de jóvenes indígenas será la última generación numerosa de jóvenes indígenas. La próxima será bastante menor; y la siguiente, menor todavía. Como proporción de la población canadiense, la población indígena se estabilizará y luego empezará a disminuir.

En la década de 1960, la tasa de fertilidad entre los indígenas era de 5,5, más del doble que la de la población en general. Pero en 2001 había bajado a 2,6 mientras la global del país era de 1,5. En 2011 era solo de 2,2 frente al 1,6 del conjunto de la población.[8] La tasa de fertilidad de los indígenas canadienses está por un lado desplomándose y por otro convergiendo con la de toda la población. A estas alturas, seguramente ya ha descendido por debajo del nivel de reemplazo.

Las tasas de fertilidad de los indígenas están bajando por la misma razón por la que bajan en todas partes y en todos los grupos: las mujeres de esta comunidad están cada vez más empoderadas debido a la urbanización y la educación. Aunque los líderes indígenas hacían hincapié en el sitio de honor de las mujeres en su cultura, hasta hace poco los derechos legales de la mujer eran limitados (y de algún modo lo siguen siendo). Según cierta estimación, hasta el 80 por ciento de las mujeres de las reservas sufre algún tipo de abuso sexual, el cuádruple de la media nacional. «Es pura y llanamente bochornoso», soltó el senador Roméo Dallaire hecho una furia.[9]

Los hombres y las mujeres indígenas (que son víctimas de homicidio según un índice que duplica el de las mujeres que viven fuera de la reserva) corren un elevado riesgo de padecer pobreza, violencia, lo que se te ocurra. Pero fijémonos en esto: en la reserva, la tasa de graduación en secundaria es del 40 por ciento; fuera de la reserva, el 70. Para el conjunto de Canadá, la cifra llega al 90.[10] Más de la mitad de la gente de las Naciones Originarias vive fuera de la reserva; el 70 por ciento en el caso de los métis.[11]

A medida que los indígenas se urbanizan y sus tasas de fertilidad disminuyen, están llamados a ser un componente menos abundante —no más— en el tejido social canadiense. Canadá incorpora trescientos mil inmigrantes al año, la mayoría de los cuales procede de las Filipinas, la India, China y otros países asiáticos y del Pacífico. De una población total de 1,7 millones de canadienses indígenas, solo 328.000 de las Naciones Originarias viven en reservas, una cifra solo algo superior a la de inmigrantes anuales.[12] Teniendo en cuenta que el 20 por ciento de los canadienses no ha nacido en el país, no hay duda de que la población indígena como proporción de la población total —y concretamente la de las Naciones Originarias que vive en reservas— va a reducirse con el tiempo, con lo que estará aún más marginada en una sociedad compleja desde el punto de vista racial y cada vez menos europea.

El descenso en las tasas de natalidad indígenas no es ni mucho menos algo exclusivo de Canadá. En Australia, donde el tres por ciento de la población se identifica como aborigen, en 2015 la tasa de natalidad entre los aborígenes era de 2,3, más o menos la misma que en Canadá, mientras que la del conjunto del país era de 1,8.[13] Comparemos esto con la tasa de natalidad aborigen en la década de 1960: 5,8.[14] Nueva Zelanda es un caso especial, pues los maoríes constituyen el 15 por ciento de la población, lo cual significa que sus datos estadísticos influyen mucho en los datos generales. Como ha pasado en otras partes entre los pueblos indígenas, la tasa de fertilidad maorí ha caído en picado, desde un valor máximo de 6,9 en 1961 a un nivel de reemplazo de 2,1 en 1986. En los últimos años se ha producido un ligero aumento, hasta 2,8, seguramente debido al eco del *baby boom*.[15]

Ninguna comunidad indígena ha sido descrita tan exhaustivamente como la norteamericana, pese a que buena parte de estas descripciones, realizadas por Hollywood, son del todo falsas. He aquí lo que podemos decir con seguridad. En la época de la colonización europea, la población nativa norteamericana oscilaba seguramente entre los cinco y los siete millones de personas. Las enfermedades, las guerras —en realidad, campañas de exterminio—, los reasentamientos forzosos, la pobreza y las hambrunas fueron la causa de que hacia 1890 esa población fuera solo de 250.000 personas. Para entonces, su situación había llegado a ser tan precaria que muchos observadores predijeron que a la larga los indígenas norteamericanos se extinguirían.[16]

En vez de ello, como las tasas de fertilidad crecían más que las de otros grupos étnicos, la población aumentó. Hacia 1980, con las tasas de fertilidad disminuyendo de forma generalizada, las de los blancos habían bajado a 1,7 hijos por mujer, al tiempo que los indígenas norteamericanos y los indígenas de Alaska (tal como los definen los estadísticos estadounidenses) estaban teniendo 2,2 hijos por mujer. Sin embargo, pasó algo de lo más extraño. La tasa de natalidad de los nativos norteamericanos se desmoronó, de modo que en 1999 había descendido por debajo de la tasa de fertilidad de los blancos, y luego siguió disminuyendo. En 2014, había llegado a 1,3, la más baja de cualquier grupo étnico de Estados Unidos, y una de las más bajas observadas en ningún lugar del mundo.[17] Las mujeres blancas estaban reproduciéndose conforme a la tasa 1,8; los norteamericanos indígenas habían quedado medio bebé por detrás. Con estos niveles de fertilidad, llegará el día en que el número de nativos será cada vez menor, siendo esta vez el malo de la historia la simple demografía. Sin embargo, como señalan los autores de un estudio de 2017, en Estados Unidos —país obsesionado por las investigaciones— prácticamente no ha habido investigaciones sobre por qué los indígenas de Norteamérica y Alaska están teniendo tan pocos hijos.[18]

Los australianos están aplicándose a fondo a fin de preservar la cultura autóctona —para la posteridad—. Unas ciento treinta personas están actualmente trabajando en la digitalización de lenguas y otros aspectos de la cultura aborigen. Aunque Mick Dodson aprueba el empeño, señala que «es difícil mantener así tu cultura como una idea viva». Los aborígenes australianos no están solos, como no lo está ninguna cultura indígena. El descenso global de la fertilidad está poniendo en peligro un sinfín de culturas, por lo que su futuro podría ser mucho más homogéneo y mucho menos interesante.

Las islas son especiales. Los isleños son personas especiales. Son diferentes de los continentales y además se ven a sí mismos diferentes. En las islas, las culturas evolucionan de manera distinta, y las raíces de estas culturas suelen ser más profundas que en los cosmopolitas continentes. Los isleños se muestran sistemáticamente orgullosos de su diferencia, y desconfían de los del otro lado del estrecho o del mar. El mar domina, los ritmos del mar parecen impregnar la tierra y el aire. La gente vive la vida conforme al Tiempo de la Isla, a un ritmo más lento y con menos respeto hacia la tiranía de los plazos de entrega.

El mar puede hacer que los isleños miren hacia fuera; es su autopista. Los británicos tienen carácter marinero, utilizaron el mar circundante para forjar un imperio que se extendió por todo el globo. Sin embargo, también son insulares, cerrados; el canal de la Mancha es un foso. «Los cafres empiezan en Calais», decían cuando se podían decir estas cosas y no pasaba nada. En 2016, causaron una gran conmoción en el mundo y en su propio país cuando el 52 por ciento de ellos votó a favor de abandonar la Unión Europea, en parte por su postura contraria a la inmigración.

Como pasa con los pueblos indígenas, los isleños procuran con afán proteger las especiales cualidades que hacen de sus islas algo excepcional. Y al igual que los indígenas, van perdiendo la partida. Los dispares beneficios de los satélites y los cables de fibra óptica permiten a los isleños conectarse con el mundo entero, pero también llevan el mundo a las islas, debido a lo cual los jóvenes se desplazan al continente en busca de trabajo y vida nocturna. Y como pasa con los indígenas, la menor fertilidad vuelve a los isleños más vulnerables a la extinción o la asimilación. Echemos un vistazo a dos islas atlánticas de lo más diferentes. Cada una es única. Una y otra están en peligro.

La isla de Santa Elena (no donde murió Napoleón) es una del centenar o así de Islas del Mar que se extienden a lo largo de las costas de Carolina del Sur, Georgia y Florida. Llana, de baja altitud, pantanosa, de solo ciento sesenta y cinco kilómetros cuadrados en total, está tan cerca del territorio continental de Carolina del Sur —formaría parte del mismo si no fuera por el río Beaufort— que puedes pasar al mismo por la autopista 21. Primero la colonizaron los españoles, luego los franceses y después los británicos. Durante dos siglos se trasladó a la isla a hombres y mujeres desde África Occidental en calidad de esclavos. Tras la Guerra Civil, la lejanía de la isla y su homogeneidad étnica —la mayoría de la población es negra— estimuló el desarrollo de una cultura singular y una lengua criolla, gullah, que ha sido descrita como «la cultura de África Occidental más intacta en Estados Unidos».[19] (El equivalente georgiano se conoce como «geechee», de modo que el corredor gullah-geechee se extiende desde el borde nordeste de Florida hasta la frontera meridional de Carolina del Norte). Unas 250.000 personas de la región hablan gullah.[20]

En la isla de Santa Elena hay unas 8.400 personas. Sus ingresos están por debajo del promedio de Carolina del Sur, y la edad mediana es de cuarenta y cuatro años frente a los treinta y ocho del resto del estado. Sin embargo, están orgullosísimas de su herencia gullah. Mientras algunas islas cercanas, como Hilton Head, han sido devoradas por el desarrollo, los políticos locales han luchado con éxito para proteger Santa Elena de la mercantilización. El Centro Penn local trabaja para preservar la lengua y la cultura.[21]

Por lo general, los residentes de Santa Elena tienen familias pequeñas. El promedio es de 3,1 personas (padres e hijos) por familia frente al promedio del estado de 3,2 y el de Estados Unidos, de 3,3. Las familias de Santa Elena son estables; los niños de la isla son más susceptibles de tener en casa al padre y a la madre que en otras partes del estado o del país, si bien este tamaño familiar relativamente reducido significa que la lengua y la cultura gullah de Santa Elena están amenazadas por algo más que el desarrollo: por la baja fertilidad.

Al otro lado del mar, una isla muy diferente afronta un problema muy parecido. Las personas que viven en la isla de Man descienden de vikingos, ingleses y escoceses —como cabría suponer de una isla del mar de Irlanda más o menos equidistante de Escocia, Inglaterra e Irlanda. Hace un milenio, se luchó mucho por ella, pero al final se impusieron los ingleses. En cualquier caso, los maneses siguen siendo ferozmente independientes. Por otro lado, esta Dependencia de la Corona dotada de autogobierno afirma que su Tynwald, tras funcionar sin interrupción durante más de mil años, es el órgano legislativo en funciones más antiguo del mundo. (Esto puede ser cierto o no; los islandeses reivindican lo mismo, aunque a veces su Althing ha sido suspendido). La isla de Man es autónoma, de modo que el Reino Unido es responsable solo de la política exterior y la defensa. Ni siquiera forma parte de la Unión Europea, lo cual significa que los británicos están en el proceso de imitar a los habitantes de Man. Los maneses son súbditos leales de Isabel II, Lord de Mann.

Antaño rural y pobre, dependiente de la agricultura y la pesca, en la actualidad la isla de Man es un centro bancario (o paraíso fiscal, si eres escéptico al respecto). La población llega a los 88.000 habitantes; la combinación de viejo aislamiento y nueva prosperidad había vuelto a la isla atractiva para inversores y forasteros. Sin embargo, últimamente el crecimiento de la población laboral se ha frenado, y el gobierno de la isla está esforzándose por atraer a nuevos trabajadores. El objetivo es haber incorporado a 15.000 en 2030, con lo que la población total será de 110.000 personas o así, en función de cuántas sean las dependientes. Si este objetivo no se cumple, avisa el gobierno de los maneses, la economía de la isla pronto deberá mantener a una población en la que la mitad de sus integrantes tendrá más de sesenta y cinco años.

En la isla, muchos se oponen a eso. Quince mil recién llegados, con parejas y familiares a su cargo, «tendrían un impacto desastroso en la cultura y la identidad de los maneses, en su misma existencia como pueblo», advertía uno de los críticos, que denominaba a esta medida política «genocidio cultural».[22] Pero, mientras los maneses discuten, la población de la isla ha empezado a disminuir —ha perdido casi 1.200 personas entre 2011 y 2016. «Estamos perdiendo personas jóvenes, sobre todo de veintitantos años», decía el autor de un informe sobre la demografía de la isla. «En relación con esto, la tasa de natalidad está desplomándose, lo cual tiene el peligro de volverse acumulativo, pues aquí crecen menos personas, y menos personas pasan a formar parte de la población activa.»[23] Ha nacido en Man menos de la mitad (49,8 por ciento) de la población de la isla.

Cada recién llegado erosiona los esfuerzos por resucitar la lengua manesa. Durante un siglo, este idioma había estado en declive, pues los padres animaban a los hijos a hablar inglés en vez de la forma exclusiva de gaélico de la isla. «*Cha jean oo cosney ping lesh y Ghailck*», rezaba el dicho («Nunca ganarás un penique con el manés»).[24] Hacia 1900, la población de hablantes nativos había descendido por debajo del 10 por ciento. Ned Maddrell, el último hablante nativo de la lengua manesa, murió en 1974. En 2009, la UNESCO declaró el idioma extinguido. No obstante, el certificado de defunción era prematuro. Algunos entusiastas locales, basándose en grabaciones, habían estado aprendiendo la lengua por su cuenta y enseñando a otros, y en la actualidad varias escuelas ofrecen clases de manés. Hoy en día, hasta 1.800 isleños hablan manés con diversos grados de competencia, y la UNESCO ha elevado el idioma al estatus de «en peligro crítico de extinción».

De todos modos, las perspectivas a largo plazo para la lengua manesa son desalentadoras. Es improbable que los inmigrantes muestren interés en aprender un idioma extraño que no habla nadie en ningún otro lugar del planeta, e incluso en la propia isla solo lo usan un porcentaje ínfimo de personas. Como es lógico, si los hijos de los más veteranos aprendieran la lengua en la escuela, podrían introducirla en sus respectivas casas, lo que a la larga desembocaría en los primeros hablantes nativos de manés desde que Ned Maddrell falleciera casi medio siglo atrás. Sin embargo, no parece que el esfuerzo merezca la pena. En la isla de Man, la tasa de fertilidad es de 1,7, aproximadamente la misma que en Gran Bretaña. Con menos de noventa mil habitantes, muchos de ellos recién llegados, y teniendo en cuenta todo el crecimiento demográfico que derivará de los inmigrantes, la isla de Man está destinada a homogeneizarse, a ser finalmente solo otro afloramiento de habla inglesa en los linderos de Europa. Pero los maneses no son los únicos en estar en una situación apurada. Habríamos podido hablar igualmente de las islas Shetland (escoceses de Shetland), de las islas Orcadas (escoceses de las Orcadas) o de las islas Feroe de Dinamarca (feroeses). Estos afloramientos rocosos tan remotos del norte del Atlántico tienen pocas esperanzas de preservar las viejas costumbres frente a la cultura actual y el descenso de la fertilidad.

Los ejemplos antes citados están en países avanzados, desarrollados. Sin embargo, en el seno de países en vías de desarrollo hay literalmente miles de culturas indígenas en peligro de desaparición.

En la actualidad, los boni de Kenia son unas cuatro mil personas; hace medio siglo eran veinticinco mil. La miel es un ingrediente básico de su dieta; los recolectores cantan a los pájaros que les conducen a las colmenas. Los boni también cazan, por lo que están a la greña con el Servicio de Pesca y Vida Silvestre de Kenia. (Lo que para una persona es cazar sin más, para otra es furtivismo). Los boni quieren acceso a una educación y una asistencia sanitaria decentes para sus hijos —¿por qué no van a tenerla?—. Sin embargo, esto les pone en contacto directo con la Kenia moderna, lo cual amenaza su lengua y su cultura singulares. «Nuestro estilo de vida es desaparecer», dijo a un periodista Omar Aloyoo, miembro de la tribu y consejero municipal. «Existe un peligro real de que el pueblo boni desaparezca.»[25] Debido a los enfrentamientos entre el grupo musulmán insurgente al-Shabaab y el ejército keniano en territorio boni, la situación es ahora tan difícil como peligrosa.

Algunos boni tienen teléfono móvil, que comparten con los demás. Para captar la señal, a veces hay que trepar a un árbol, una combinación peculiar de tecnologías viejas y nuevas, como indicó uno de ellos.[26] Pero cuando un joven se sube a un árbol con un *smartphone*, hace algo más que captar una señal; echa también una mirada a un futuro de mejores empleos, mejor comida, mejor nivel de vida y menos niños. Y si solo quedan cuatro mil boni, lo último que necesitan es una tasa de fertilidad menguante. En cualquier caso, no hay motivos para creer que los boni son únicos. El descenso de la fertilidad es una constante incluso en un remoto bosque tropical. A medida que los boni se vayan integrando en la sociedad keniana en general, habrá menos bebés, y luego menos boni, que ya son muy pocos.

«El derecho a la cultura es fundamental para el disfrute de todo un conjunto de otros derechos, a la educación y a la salud pasando por la lengua y la subsistencia»; esta era la conclusión de un informe de la oenegé Minority Rights Group International. «Sin él, es imposible alcanzar una vida justa y equitativa.»[27] No obstante, la globalización, el cambio climático —que puede hacer peligrar las comunidades isleñas y de baja altitud—, los desplazamientos debidos a guerras, la destrucción de monumentos por fuerzas de ocupación, la deforestación para uso agrícola de la tierra, la intolerancia religiosa o la pura necedad amenazan a miles de culturas minoritarias de todo el mundo. Sea cual sea la causa, o combinación de causas, «el resultado final es el silenciamiento de comunidades marginadas y la atrofia de sus tradiciones características».[28]

A esta amenazante mezcla hay que añadir el impacto de la fertilidad menguante, a medida que comunidades vulnerables y marginales se suman a la tenencia global de tener menos hijos. Para los finlandeses o los chilenos, la disminución de la fertilidad es un problema; para los boni, los gullah y miles de culturas de todo el mundo en vías de extinción, la amenaza es existencial.

Tenía entonces toda la tierra una sola lengua y unas mismas palabras... Y aconteció que cuando salieron de Oriente, hallaron una llanura en la tierra de Sinar, y se establecieron allí. Y se dijeron unos a otros: vamos, hagamos ladrillo y cozámoslo con fuego. Y les sirvió el ladrillo en lugar de piedra, y el asfalto en lugar de mezcla. Y dijeron: vamos, edifiquémonos una ciudad y una torre, cuya cúspide llegue al cielo; y hagámonos un nombre, por si fuéramos esparcidos sobe la faz de toda la tierra. Y descendió Jehová para ver la ciudad y la torre que edificaban los hijos de los hombres. Y dijo Jehová: aquí el pueblo es uno, y todos estos tienen un solo lenguaje; y han comenzado la obra, y nada les hará desistir ahora de lo que han pensado hacer. Ahora, pues, descendamos y confundamos allí su lengua, para que ninguno entienda el habla de su compañero. Así los esparció Jehová desde allí sobre la faz de toda la tierra. Y dejaron de edificar la ciudad. Por esto fue llamado el nombre de ella Babel, porque allí confundió Jehová el lenguaje de toda la tierra, y desde allí los esparció sobre la faz de toda la tierra.[29]

El Señor echó abajo la Torre de Babel y confundió la lengua común, o al menos esto dice el Libro del Génesis, pues comprendió que tener una sola lengua catapultaría el progreso humano, que «nada les hará desistir ahora de lo que han pensado hacer». Al diseminarlos desde Babel, hizo que nos resultara infinitamente más difícil entendernos unos a otros, desde el punto de vista tanto cultural como lingüístico. El Otro habla un balbuceo que no tiene sentido, otra razón para rechazarlo o temerlo.

Sin embargo, Babel está nuevamente en construcción.

El idioma inglés no tiene nada de especial, salvo el hecho de que, a diferencia de la mayoría de las lenguas europeas, sus sustantivos no tienen género gramatical y las conjugaciones verbales no son complicadas. (La tercera persona del singular se forma añadiendo una *s*; el pasado utiliza la terminación *ed*; el futuro incluye la partícula *will*. Esto es todo por hoy). El inglés ha llegado a ser el nuevo latín por el mismo motivo por el que el latín llegó a ser el viejo latín: la conquista. El latín, la lengua franca de los europeos cultos durante un milenio o más, fue un legado del Imperio Romano. Gran Bretaña conquistó y/o colonizó una cuarta parte de la superficie terrestre del mundo; su descendiente, Estados Unidos, lleva un siglo siendo la potencia económica y geopolítica dominante. A medida que ha ido evolucionando la comunicación de masas, la cultura norteamericana se ha ido difundiendo por el planeta, de modo que tanto el inglés como los Arcos Dorados de McDonald's han acabado siendo omnipresentes.

En la actualidad, las empresas globales utilizan como rutina el inglés internamente, aunque, como en el caso de la Siemens alemana, no estén ubicadas en un país angloparlante.[30] Casi todas las investigaciones científicas importantes se publican en revistas en lengua inglesa. El inglés es el idioma del control del tráfico aéreo global. El inglés es el idioma de la globalización, de las conferencias, de internet, de Hollywood. Aunque es solo la tercera lengua más hablada por lo que respecta a hablantes nativos (superada por el chino mandarín y el español), el inglés es la segunda lengua más común en cincuenta y cinco países, de modo que es, con diferencia, la segunda lengua más común en el plano global. Hay muchas más personas que hablan inglés como segunda lengua (1,2 mil millones) que como primera (360 millones).[31] Como temía Dios, tener una lengua común acelera la búsqueda de conocimiento, y a todos los desperdigados por la Tierra los vuelve a reunir, al menos de manera virtual.

Pero si el inglés ayuda a la gente a arreglárselas mejor cuando viaja por ahí, también contribuye a la vulnerabilidad cultural. Se estima que actualmente se hablan en el mundo unas siete mil lenguas, aunque la cantidad de gente que utiliza cada una difiere muchísimo.[32] Aproximadamente 1,2 mil millones de personas hablan chino mandarín o cantonés. Sin embargo, hay unos dos mil idiomas cuyos hablantes no llegan siquiera al millar.[33] Estas lenguas están amenazadas. De cuarenta y seis queda un solo hablante.[34] Cada año desaparecen veinticinco lenguas.[35] Este ritmo seguramente se incrementará debido a la urbanización y la globalización. Dentro de un siglo, en el mundo quedarán unos seiscientos idiomas básicos,[36] dominados por el chino mandarín, el español y el inglés, la nueva lengua global. Cuando se pierde una lengua, se pierde algo muy valioso, pues cada una es única, y su sintaxis y su gramática influyen en la cosmovisión del hablante. Si la diversidad es enriquecedora para la humanidad, la desaparición de lenguas y culturas empobrece el patrimonio humano.

El descenso de la fertilidad es simplemente otro desafío para las comunidades y las culturas ya amenazadas. Diferentes sociedades prueban estrategias diferentes —y a menudo contradictorias— para proteger y potenciar su cultura. ¿Aceptamos a más inmigrantes para fortalecer nuestras envejecidas y menguantes poblaciones? Pero entonces, ¿cómo preservaremos las viejas costumbres y la vieja lengua? ¿Podemos utilizar las redes sociales y las nuevas tecnologías de la comunicación para hacer la crónica de nuestro pasado y conservar lo que sigue caracterizándonos? Pero, ¿no supone esto un mayor peligro de homogeneización y asimilación? ¿Hemos de apartarnos sin más de la comunidad en su sentido más amplio: preservación mediante el aislamiento? Pero entonces, ¿qué será de nosotros?

A través de todo esto discurre un relato implacable: por numerosa que sea la población actual de jóvenes, en gran parte del mundo la siguiente generación tendrá menos miembros, hasta que al final iremos siendo menos cada año, y punto. Contra esta amenaza de extinción cultural todavía nadie ha encontrado ningún remedio.

12

LA SOLUCIÓN CANADIENSE

Lo primero que oyó el visitante al acercarse a la hilera de taxis en el exterior del aeropuerto fue una animada conversación en árabe, lo cual le hizo pararse de repente. Inuvik es una ciudad de unas 3.500 almas situada en el delta del río Mackenzie, a doscientos kilómetros al norte del Círculo Ártico, en los Territorios del Noroeste de Canadá. En junio, el sol no se pone nunca; por otro lado, cada año hay treinta días de oscuro invierno en que no sale. La composición demográfica es aproximadamente esta: 40 por ciento, inuit; 40 por ciento, Naciones Originarias; y 20 por ciento, los demás, entre los que se cuentan unos cuarenta árabes, algunos de los cuales son taxistas. En el centro de la ciudad hay incluso una mezquita —la más septentrional del mundo—, que en 2010 fue transportada desde el sur en barcaza.[1] Al visitante esto le pareció un momento de lo más multicultural.

También es típico del país más cosmopolita del mundo. A esta tierra del norte han venido personas de todos los rincones del globo. El 20 por ciento de la población canadiense no ha nacido en Canadá, porcentaje que aumenta cada año. La mitad de la población del Área Metropolitana de Toronto, actualmente la cuarta zona urbana más grande de Norteamérica, ha nacido en el extranjero.[2] Un país de 35,2 millones de almas —el cinco por ciento más que cinco años atrás, según el censo de 2016[3]— acepta a 300.000 personas al año, y hay una campaña para incrementar esta cifra hasta 450.000, con la finalidad de que, en 2100, Canadá tenga 100 millones de habitantes.[4] Esto equivaldría a reproducir cada año la décima ciudad más grande de país (en realidad, una conurbación formada por tres ciudades: Kitchener, Waterloo y Cambridge, en el sudoeste de Ontario). En todo caso, incluso con los niveles actuales, se espera que la población canadiense crezca hasta alcanzar los cincuenta millones de personas en 2060, según prevé la Dirección General de Estadística de Canadá.[5]

Se trata de algo extraordinario. En un siglo, cuando en la mayoría de los países desarrollados disminuye la población, Canadá seguirá creciendo, y de forma vigorosa. En un mundo en el que las poblaciones están envejeciendo, Canadá lo hace más despacio, pues la edad promedio de los inmigrantes es siete años menor que la de la población general.[6] Sí, a los canadienses les preocupa que los *boomers* se hagan mayores; sí, la asistencia sanitaria está continuamente bajo presión; sí, los políticos discuten acaloradamente sobre si hay que alargar la edad de jubilación, mejorar las pensiones públicas, o ambas cosas. No obstante, discuten con menos virulencia que en otros sitios. Además, los canadienses han aceptado niveles de inmigración, un año tras otro, una década tras otra, que desconcertarían a la gente de la mayoría de los países, incluido Estados Unidos. (Lo repetimos: para igualar las entradas per cápita de Canadá, Estados Unidos tendría que aceptar a tres millones de inmigrantes legales cada año, el triple de la cifra actual).[7]

Estos migrantes, ¿se hunden en la pobreza y viven en grises y deslucidos bloques de apartamentos ubicados en barrios con altos índices de criminalidad en los que la policía tiene miedo de entrar? Rotundamente no. Por término medio, los inmigrantes que llegan a Canadá tienen un nivel cultural superior al de los canadienses de nacimiento.[8] Contribuyen a una sociedad boyante y pacífica y prosperan en ella. Por regla general, en la ciudad de Toronto, con una población de 2,6 millones de habitantes (6,4 en el conjunto del Área Metropolitana), la mitad de los cuales ha nacido en el extranjero, se producen menos de sesenta asesinatos al año, por lo que es la octava ciudad más segura de la Tierra.[9] Como casi todas las ciudades canadienses importantes, Toronto es una dinámica aunque bien ordenada mezcla de personas de toda clase de colores, lenguas y orígenes, que viven y trabajan en las mismas oficinas y los mismos barrios, haciendo juntas el amor y la cocina de fusión, quejándose conjuntamente de que el metro va siempre abarrotado y disfrutando de la vida en la ciudad más diversa del mundo.[10]

El mensaje es muy claro. Cualquier país que quiera mantener a raya los efectos económicos negativos del descenso demográfico —el crecimiento lento o inexistente; la base imponible menguante y la deuda creciente; los resquemores intergeneracionales entre viejos y jóvenes, siendo los jóvenes cada vez menos que los viejos— debe adoptar la Solución Canadiense: un nivel de inmigración del uno por ciento anual de la población o algo cercano a eso. Cada país de Europa y Asia con una tasa de natalidad en el nivel de reemplazo o por debajo del mismo tiene esta sencilla opción: ser como Canadá o decrecer. Aunque quizá se trate de una opción imposible.

La entrevista no marchaba bien. Una reportera sueca que investigaba la política migratoria canadiense había llamado a un periodista canadiense para conseguir información sobre el asunto. No obstante, cada uno parecía estar hablando de cosas distintas; las respuestas procedentes de Ottawa no tenían sentido para la entrevistadora de Estocolmo. Al final, resolvieron el problema: cada uno tenía una idea totalmente distinta del significado de la palabra «inmigrante».

Suecia está muy orgullosa de su tradición como receptora de inmigrantes. Miles de judíos daneses que durante la Segunda guerra Mundial querían evitar los campos alemanes de exterminio huyeron a la neutral y hospitalaria Suecia, donde hallaron refugio. La desintegración de Yugoslavia mandó a un nuevo hogar, en el norte, a más de 100.000 personas, casi todas de Bosnia. Y cuando se desmoronó el orden público en Siria e Irak y mucha gente escapaba en busca de seguridad, Suecia se puso las pilas más que ningún otro país y en 2015 dejó entrar a 160.000 solicitantes de asilo, cuando la crisis migratoria estaba en su momento culminante. Para un país de 9,5 millones de habitantes, era algo insólito.

Sin embargo, no tardaron en aparecer las tensiones. Muchos, muy deprisa, de una parte del mundo tan desesperada. Muchos de ellos jóvenes. ¿Cuánto tardarían en aprender sueco? ¿Qué empleos había para ellos? Aumentó la mendicidad, y el desempleo, la criminalidad y la animadversión. El gobierno sueco estableció restricciones para los recién llegados, y a los que ya estaban dentro les ofreció dinero para que se marcharan. En los programas de los partidos conservadores (para Suecia) aparecieron medidas contra la inmigración.[11] Así pues, la reportera sueca quería saber cómo era capaz Canadá de aceptar tantos refugiados, centenares de miles, un año tras otro, e integrarlos de manera satisfactoria.

Pero en realidad no es esto lo que hace Canadá, explicó el canadiense. Por lo general, aproximadamente un 10 por ciento de las personas a quienes se concede cada año la residencia permanente (lo que las coloca en la vía hacia la nacionalidad) son refugiados; los demás son o bien inmigrantes aceptados porque contribuyen a la economía canadiense, o bien familiares de inmigrantes de clase económica. La periodista sueca estaba asombrada. «En Suecia, los inmigrantes han sido aceptados siempre por razones humanitarias», señalaba.[12] Esta es la diferencia fundamental entre Suecia y Canadá. Canadá deja entrar a los inmigrantes por motivos absolutamente egoístas, razón por la cual la inmigración funciona mejor que en Suecia.

Una buena política pública se basa siempre en la conveniencia colectiva. Cada uno contribuimos a ello por nosotros mismos. En la mayoría de los casos, «nosotros mismos» incluye la familia inmediata y, en menor grado, el barrio, el pueblo, la ciudad, la región, el país o el planeta. Tenemos empatía, desde luego; actuamos por altruismo, sin duda. Pero solo durante un tiempo harás algo simplemente por ser lo correcto; en algún momento comenzarás a preguntarte: «¿Por qué estoy haciendo este sacrificio? ¿Qué supone esto para mí o mi familia?» La conducta manifiestamente egoísta tiene sus límites: los códigos tradicionales del deber combinados con el poder de la autopreservación colectiva todavía establecen que, en una situación de emergencia, las mujeres y los niños van primero. Sin embargo, en general, la política pública efectiva refleja el interés propio colectivo: es buena para todos. Esto es especialmente cierto en el caso de los refugiados y los inmigrantes.

Durante la crisis de refugiados, Suecia acogió, en términos relativos, a 1.667 inmigrantes por cada 100.000 habitantes, lo que indica una generosidad impresionante. Alemania aceptó 587 por cada 100.000. «Podemos hacerlo», dijo la canciller Angela Merkel a los alemanes mientras un millón de solicitantes de asilo cruzaban sus fronteras en masa. En el conjunto de la Unión Europea, cada país dejó entrar un promedio de 260 inmigrantes por cada 100.000 ciudadanos.[13] No obstante, muy pocos países llegaron a ese valor medio. Al principio, Hungría acogió a más refugiados que nadie, casi 1.800 por 100.000, pero casi todos iban en tránsito a Alemania; por otra parte, el número disminuyó enseguida cuando cerró su frontera con Croacia. Otros países de Europa del este no fueron más generosos: Polonia aceptó 32 refugiados por cada 100.000 de sus habitantes; Rumanía, seis. Según explicaban los funcionarios, los servicios sociales eran insuficientes para los autóctonos, no digamos ya para los solicitantes de asilo. Y, hay que decirlo, muchos europeos orientales compartían las opiniones contrarias a la inmigración del primer ministro húngaro Viktor Orbán. En países de toda la región surgieron partidos nativistas, populistas y abiertamente racistas.

Ciertas zonas de Europa occidental no fueron mucho más benévolas. Gran Bretaña dejó entrar solo a 60 por cada 100.000 mientras los británicos decidían su marcha de la Unión Europea, en parte por el miedo a la inmigración descontrolada; Francia aceptó a 114, la mitad del promedio de la UE. Y, como hemos visto, la reacción de 2016 contra la afluencia de 2015 hizo que incluso los países más compasivos cerrasen sus puertas.

En Canadá, la crisis de los refugiados alcanzó su apogeo en medio de unas elecciones generales. El gobierno conservador de Stephen Harper, que había sido favorable a la inmigración, había incrementado las admisiones anuales por encima de los niveles de sus predecesores liberales. Sin embargo, los conservadores se mostraban ahora menos hospitalarios con los refugiados, de modo que, tras la llegada, en 2010, de un grupo de solicitantes de asilo tamiles a la costa de la Columbia Británica en un oxidado y viejo cascarón, endurecieron las condiciones de entrada. Harper había ocupado el poder durante una década, y seguramente iba a perder las elecciones con independencia de lo que pasara, pero cuando la gente se enteró de que a la familia de Alan Kurdi, el niño sirio de tres años ahogado en el Mediterráneo, le había sido denegada la petición de entrada en el país, ya no hubo más que hablar. La aparente inhumanidad del gobierno de Harper provocó un trasvase de votos hacia los liberales y su joven y carismático líder, Justin Trudeau, que prometió, si resultaba elegido, aceptar a veinticinco mil refugiados sirios antes de que acabara el año.

Una de las primeras acciones de Trudeau como primer ministro, en noviembre de 2015, fue cumplir esta promesa, o al menos intentarlo: los rigurosos controles de seguridad y los atascos burocráticos impidieron que la totalidad de los veinticinco mil pudiera entrar antes de febrero. Pero la gente lo perdonó; comprendía que el gobierno estaba trabajando a toda máquina. Los funcionarios se esforzaban hasta la extenuación; los servidores públicos cancelaron voluntariamente sus vacaciones de Navidad y echaron una mano. El primer ministro recibió en persona a los primeros recién llegados en el Aeropuerto Pearson de Toronto poco antes de Navidad. «Estáis en vuestra casa —les dijo Trudeau—. Bienvenidos a casa.»[14] En el país nadie podía contener las lágrimas. A finales de 2016 habían llegado a Canadá cincuenta mil refugiados de Oriente Medio, cifra inferior a la de Alemania o Suecia pero muy superior a la de otros países, y especialmente generosa toda vez que, en principio, esos refugiados iban a instalarse en Canadá de forma permanente. El vecino de al lado, Estados Unidos, con una población que decuplicaba la de Canadá, había admitido a menos de trece mil.[15]

¿Canadá acogió a más refugiados sirios que los Estados Unidos porque los canadienses son mejores personas? En absoluto. Los canadienses habían aprendido que, si la cuestión se manejaba de la manera correcta, el país estaba interesado en admitir refugiados. Habían aprendido esta lección hacía casi cuarenta años.

Históricamente, en lo referente a acoger personas en situación precaria, Canadá tenía un currículum vergonzoso. Cuando el barco de vapor *Komagata Maru* llegó en 1914 a Vancouver lleno de sijs en busca de un nuevo hogar, el gobierno canadiense los rechazó. Hubo otro caso aún peor. Cuando el *St. Louis*, buque de vapor con casi mil refugiados judíos llegó en 1939 al puerto de Halifax, recibió la orden de volver al mar. Cuando a un oficial canadiense de inmigración se le preguntó a cuántos judíos debería dejar entrar en Canadá, contestó: «Ninguno es demasiados.»[16] Al final, el *St. Louis* regresó a Europa, donde muchos de sus pasajeros acabaron encontrando la muerte a manos de los nazis.

La infamia del *St. Louis* estaba muy presente en la cabeza de Ron Atkey cuando en julio de 1979 el ministro de Inmigración se reunió con sus colegas del gabinete conservador progresista. Las Naciones Unidas habían hecho un llamamiento urgente: cientos de miles de vietnamitas habían huido de su país por mar después de que los comunistas de Vietnam del Norte tomaran el poder en Vietnam del Sur. Los que no se habían ahogado ni habían sido asesinados por ladrones habían acabado amontonados en campos de refugiados en condiciones deplorables. Según una encuesta, la mayoría de los canadienses no los quería. ¿Debía el gobierno hacer caso de la encuesta? A medida que llegaban, los ministros se encontraban en la mesa una copia de *None Is Too Many* [Ninguno es demasiados], memorable estudio de Irving Abella y Harold Troper sobre la tragedia del *St. Louis*. «¿Queremos pasar a la historia como el gobierno que dijo "no"? —preguntó Atkey a sus compañeros conservadores—, ¿o como el gobierno que evitó la catástrofe?»[17] El gobierno decidió evitar la catástrofe. Pero impuso una condición: Canadá aceptaba hasta cincuenta mil refugiados vietnamitas, pero pedía a los ciudadanos y las organizaciones comunitarias que los apadrinara a nivel particular. El país respondió de maravilla, pues congregaciones religiosas, clubes de servicio, familias o agrupaciones familiares se unieron para acoger a los recién llegados. Al final fueron a Canadá sesenta mil vietnamitas de la Boat People, lo que le valió al país el Premio Nansen para los Refugiados de unas agradecidas Naciones Unidas.

Los canadienses aprendieron de la experiencia varias lecciones valiosas. Primero, los refugiados acaban siendo unos inmigrantes magníficos. Los vietnamitas se integraron enseguida en la sociedad; se bromeaba diciendo que cada tienda del barrio parecía pertenecer a un matrimonio vietnamita; dos décadas después, era como si cada estudiante primero de la clase fuera hijo de aquellos tenderos. Segundo, el patrocinio privado fue un excelente sistema para integrar refugiados, que fueron diseminados por todo el país y recibieron mucho apoyo de las comunidades locales, lo que evitó la formación de guetos. El patrocinio privado llegó a ser un aspecto permanente del programa de refugiados en Canadá, sobre todo en épocas de crisis. Aproximadamente la mitad de los cincuenta mil refugiados sirios que llegaron a Canadá en 2015 y 2016 recibieron ayuda privada. Había muchos más voluntarios preparados y dispuestos a ayudar a refugiados que candidatos debidamente examinados.

Los canadienses acogen a los refugiados y los inmigrantes no porque sean especialmente amables, sino porque han aprendido que aceptarlos favorece los intereses del país. Este descubrimiento forma parte del ADN histórico de Canadá —y la consecuencia no deseada de una verdad incómoda: que, como suele pasar con las naciones, Canadá es más bien un fracaso. Este fracaso a la hora de constituir una nación fue el ingrediente secreto del éxito posnacional, multicultural, de Canadá.[18]

En 1896, Clifford Sifton afrontó el problema más serio que puede planteársele a un político. El nuevo Dominio de Canadá, con apenas un cuarto de siglo de existencia, estaba en peligro de fracasar. La gente no quería vivir allí. Muchos de los que ya estaban querían irse. Al sur, al gigante norteamericano, recuperado tras su guerra civil, progresando a medida que millones de personas llegaban en tropel desde Europa a sus costas, y luego a la frontera occidental. Sin embargo, la frontera canadiense estaba vacía. Demasiado frío, demasiado lejos. En la parte habitada del nuevo dominio, que se extendía a lo largo de la orilla norte de los lagos Erie y Ontario, y luego junto al río San Lorenzo y en las provincias Marítimas, muchos se preguntaban si para los canadienses no sería más fácil y más provechoso unir su destino al de Estados Unidos. La unión era tan inevitable como deseable; «la nacionalidad canadiense era una causa perdida», sostenía el escritor y comentarista Godwyn Smith, según el cual «en cuanto a sangre, lengua, religión, instituciones, leyes e intereses, las dos porciones de la raza anglosajona de este continente son un solo pueblo».[19] Canadá era frío, débil y pobre —durante las décadas de 1870 y 1880, la economía petardeó—, y Estados Unidos, al sur, no. El nuevo gobierno ya había sofocado, no sin dificultades, una rebelión de los métis en las praderas, que, al estar habitadas por tan pocas personas, se arriesgaban a verse absorbidas sin más por los colonos. Para Canadá, las perspectivas de futuro no eran buenas.

Sin embargo, Clifford Sifton no estaba dispuesto a abandonar. La solución era simplemente esforzarse más. Este había sido el secreto de su propio éxito. Nacido en Canadá, de linaje anglo-irlandés, en la década de 1870 Sifton, siendo adolescente, se trasladó con sus padres desde la sureña Ontario a Manitoba, lo cual le dio un acusado sentido tanto de la zona central inglesa como de la frontera occidental. Había quedado parcialmente sordo debido a la escarlatina, que superó gracias a una disciplina férrea. Alumno brillante en la facultad de derecho; enérgico, meticuloso, concienzudo, inevitablemente exitoso en todo lo que emprendía y con ambiciones políticas, Sifton llegó a ser ministro del Interior en el gobierno de Wilfrid Laurier, primer y mayor primer ministro quebequés, cuando solo contaba treinta y cinco años.[20] Fue tarea suya encontrar la manera de aumentar la inmigración y llenar las praderas antes de que llegaran los norteamericanos. Su solución fue, teniendo en cuenta la época, de lo más radical: buscar con afán inmigrantes en el este de Europa.

Para muchos canadienses, la idea era inaceptable. El país ya estaba dividido entre el Quebec francés y el resto de Canadá, división que amenazó la unidad y la misma existencia del dominio desde el momento de su nacimiento, en 1867. Los críticos avisaban de que diluir la cultura protestante, anglosajona, del Canadá inglés debilitaría aún más los vínculos nacionales. Los recién llegados serían católicos u ortodoxos, no hablarían ni una palabra de inglés. No se integrarían nunca. Pero a Sifton le daba igual; necesitaba cuerpos y los necesitaba ya. A los agentes de inmigración se les quitó el salario fijo y se empezó a pagarles a comisión; el gobierno canadiense inundó Escandinavia, Alemania, los Balcanes, Ucrania y todo lo que había en medio con folletos en todas las lenguas, promocionando Canadá como «el último, y mejor, oeste», «el nuevo Eldorado», con «abundantes tierras vírgenes» que estaban «protegidas por el gobierno» y donde «no tenían nada que temer» —es decir, de la población indígena.[21]

Sifton estaba convencido de que los granjeros pobres procedentes de regiones económica y políticamente oprimidas tendrían la fuerza de voluntad —en realidad, la desesperación— necesaria para arar la pradera y soportar el frío. «Un campesino incondicional con su zamarra de piel de oveja, nacido en la tierra, cuyos antepasados fueron agricultores durante diez generaciones, con una esposa fornida y media docena de hijos, es de buena calidad», sostenía.[22] A finales del siglo XIX, Escandinavia y la Europa del este estaban firmemente instaladas en la Fase 2 del crecimiento demográfico: una tasa de mortalidad menguante con una tasa de natalidad elevada. No había tierra nueva para cultivar, y en el viejo país las perspectivas para los hombres y las mujeres jóvenes eran escasas. Hicieron caso a Sifton. A partir de la década de 1890, millones de inmigrantes cruzaron en tropel el Atlántico hasta el Muelle 21 de Halifax —la isla Ellis de la inmigración canadiense—, y luego se dirigieron al oeste mediante el nuevo ferrocarril transcontinental que llevaba a Manitoba, Sasketchewan y Alberta, donde se mezclaron con recién llegados de Estados Unidos, muchos de ellos inmigrantes oriundos de las mismas zonas europeas. La apuesta de Sifton valió la pena, dio buenos frutos. Los procedentes del este de Europa no solo abastecieron la pradera sino que llegaron a ser esenciales en el mosaico canadiense. Como observó un bromista, sin Clifford Sifton, no habríamos tenido nunca a Wayne Gretzky.[23]

Aprendida la lección. Los inmigrantes estimularon la economía canadiense llenando la vacía inmensidad de la tierra. Sí, eran extranjeros; no, nunca se incorporarían a la Iglesia Anglicana. Estando los franceses y los ingleses ya distanciados, para los recién llegados no había crisol donde mezclarse, por lo que conservaron muchas de sus costumbres tradicionales mientras se adaptaban a la vida en un país nuevo que cada vez era más independiente de Gran Bretaña. Después de la Primera Guerra Mundial llegaron más millones, y aún más millones tras la segunda, muchos de ellos desplazados por los traumas de la destrucción y la invasión. En la década de 1950, Italia sustituyó a Gran Bretaña como principal fuente de inmigrantes. Pero mientras la gente afluía en masa, muchos editorialistas lamentaban la falta de una identidad nacional sólida. Antes el país era francés y británico. Ahora era francés, británico y... un montón de cosas más. Pero, ¿gracias a qué simple cosa era uno canadiense? «Bueno, al menos no somos estadounidenses», acababa diciendo la gente. Una base algo endeble para construir algún tipo de nacionalismo.

Aún había muchos prejuicios. Diversas medidas políticas, incluso leyes, impedían la llegada a Canadá de inmigrantes chinos y de otros países asiáticos. Esto comenzó a cambiar en la década de 1960, cuando un nuevo sistema de puntos basado en la educación, cualificaciones profesionales, dominio del inglés y el francés y lazos con Canadá, admitía a potenciales inmigrantes. El sistema de puntos garantizaba que pudiera entrar cualquiera de cualquier sitio. A diferencia de Estados Unidos, que absorbía a millones de inmigrantes latinos, muchos de ellos ilegales, o de Europa, que se abastecía de inmigrantes procedentes del norte de África y Oriente Medio, Canadá acogía de buen grado al mundo entero, pero con el requisito de tener las destrezas y la educación necesarias para encontrar trabajo enseguida. Ante todo, la inmigración estuvo siempre ligada a la política económica, concebida para compensar la escasez de mano de obra y reforzar la demografía. En la década de 1990, cuando empezaron a hacerse notar las consecuencias de una tasa de natalidad crónicamente baja, Ottawa abrió las compuertas invitando a venir a Canadá a 250.000 inmigrantes al año. Entre entonces y ahora, Canadá ha aceptado el equivalente de tres nuevos Torontos, su ciudad más grande, con personas procedentes de China, la India, las Filipinas y otros países de todo el mundo, que reemplazarían a los británicos y los europeos continentales que habían llegado antes. Algunos avisaban de que estos nuevos inmigrantes asiáticos eran demasiado diferentes, de que jamás encajarían. No obstante, encajaron la mar de bien en un país que era más una mezcolanza multicultural que un crisol de culturas. (En todo esto hubo algo de suerte: estar rodeado por tres océanos y compartir con Estados Unidos la única frontera terrestre constituye una forma muy efectiva de control perimetral).

A estas alturas, el fracaso de Canadá como nación era absoluto. Ser canadiense era algo más impreciso y poco definido que ser noruego o polaco, incluso estadounidense o australiano —dos culturas colonizadoras que lograron crear una única identidad nacional. Canadá se había convertido en una mezcla multicultural: franceses, ingleses, escoceses, irlandeses, alemanes, polacos, ucranianos, islandeses, húngaros, italianos, griegos, portugueses... y luego chinos, indios, filipinos, paquistaníes, haitianos, hondureños, esrilanqueses, argelinos, jamaicanos, marroquíes, guyaneses, etcétera, de modo que cada comunidad conservaba sus vínculos culturales característicos y formaba parte de un municipio, una provincia, un país. Es una manera un tanto informal de llevar las cosas, que casi se va al garete cuando en 1995 los quebequeses votaron en referéndum permanecer en Canadá por un margen muy estrecho de votos.

En todo caso, si el nacionalismo ayuda a mantener unido un país, también, por definición, es excluyente. Al definir lo que, en tu país, te une a otros —la lengua, la religión, los genes, los supuestos culturales compartidos (un beso en la mejilla; no un beso en cada mejilla; no, tres besos, empezando por la mejilla izquierda; no...)—, estás diferenciando tu grupo de los demás grupos. Por esta razón, te resulta más difícil entender a los otros, menos aún juntarte con ellos, y les resulta más difícil a los otros entenderte a ti y juntarse contigo. Los daneses son daneses, los japoneses son japoneses, y no hay más que hablar. Otros países basados en la colonización, como Estados Unidos o Nueva Zelanda, tienen unos valores nacionales tan sólidos que los recién llegados saben que deben aceptarlos; de lo contrario, mejor ir a otra parte.

Canadá, no tanto. Los canadienses intentan adaptarse unos a otros. Para los críticos, esta «cultura de la adaptación»[24] hace que el lugar carezca de forma, de propósito, y en última instancia de significado —«el mayor hotel del mundo», lo llamaba el escritor canadiense Yann Martel—.[25] Lo decía como elogio; otros usan la expresión para menospreciar un país con toallas limpias pero sin identidad.

Sin embargo, precisamente la incapacidad de Canadá para cuajar como nación es el secreto de su éxito como estado posnacional. Por lo general, las personas de todas partes del mundo y todos los estratos sociales que van al país se instalan en una de sus ciudades grandes, y después empiezan a trabajar para iniciar una nueva vida en una tierra nueva y hospitalaria. Esto ha hecho de Canadá el país más diverso, pero también más pacífico y armonioso, de la Tierra. Últimamente, en Estados Unidos, Gran Bretaña y la Europa continental ha brotado una indignación nativista y populista, por lo que Canadá ha llegado a ser una avanzadilla de apertura de miras. «Con fama de irremediablemente soso, menos belicoso e impetuoso que Estados Unidos, hace tiempo que Canadá parece a los forasteros un baluarte de decencia, tolerancia y sentido común», señalaba *The Economist*. Pero con los antiguos aliados construyendo muros entre sí, «hoy en día, en su solitaria defensa de los valores liberales, Canadá parece total y absolutamente heroico».[26] Cuando en julio de 2017 *Rolling Stone* sacó al primer ministro de Canadá en portada implorando, en el titular, «¿Por qué no puede ser Justin Trudeau nuestro presidente?», en realidad estaba preguntando por qué Estados Unidos no puede parecerse más a Canadá. Al menos para los norteamericanos de izquierda, parece que esta es actualmente la sensación predominante.

Sin embargo, antes de ponernos a cantar, reconozcamos algunas verdades incómodas: en Canadá, no todas las actitudes hacia los inmigrantes son tan benévolas como parece.

La toma de posesión de Donald Trump como presidente en enero de 2017 provocó temores de deportación entre los extranjeros que vivían en Estados Unidos. Centenares de ellos, sobre todo somalíes, hicieron una dura caminata a través del hielo y la nieve, desde Mineápolis hasta la frontera de Manitoba, en busca de asilo en Canadá. Cuando llegó el verano, muchos miles más, principalmente haitianos, pasaron a Quebec —casi seis mil solo en agosto—.[27] Según las encuestas, a los canadienses no les hacían demasiada gracia estos solicitantes de asilo provenientes de un país que normalmente no manda refugiados a Canadá. Un sondeo revelaba que dos terceras partes de los canadienses no consideraban verdaderos refugiados a los demandantes de asilo.[28] El caos en la frontera —en un momento dado, hubo que llamar al ejército para procurar acomodo provisional— debilitó la confianza en el sistema canadiense de inmigración.

Keith Banting investiga sobre políticas públicas en la Universidad de Queen en Kingston, Ontario. Él y sus alumnos de posgrado llevan años analizando la evolución de las actitudes canadienses hacia la inmigración y el multiculturalismo. Los canadienses, señala, no son tan tolerantes como se creen. «La población podría dividirse más o menos en tres partes», sostiene. «Un tercio de los canadienses no respalda realmente el multiculturalismo. A otro tercio el multiculturalismo le entusiasma. Y el último tercio lo forman lo que podríamos llamar «multiculturalistas blandos»; apoyan las medidas políticas actuales, pero con reservas. Y este apoyo puede cambiar.[29]

De hecho, los canadienses que viven fuera de Quebec no difieren mucho de los estadounidenses en cuanto a su actitud hacia la inmigración y la integración. Aproximadamente seis de cada diez estadounidenses y canadienses se oponen a permitir que los agentes de policía y los miembros del ejército lleven tocado religioso. Más o menos cuatro de cada diez se oponen a que se obligue a los empresarios a hacer un esfuerzo especial por contratar a inmigrantes y miembros de grupos minoritarios; en torno a dos de cada diez están en contra de permitir a las mujeres llevar el hiyab, el pañuelo musulmán para la cabeza, en público.[30]

¿Y dentro de Quebec? La fastidiosa verdad es que los quebequeses toleran mucho menos la adaptación multicultural que sus semejantes del resto de Canadá. Esto tiene que ver en parte con la política de *laïcité*, la devoción francesa por el laicismo, que en sí misma fue una reacción contra la autoridad de la Iglesia Católica. No obstante, muchos defensores de la *laïcité* defienden también los lazos históricos con el catolicismo. Así pues, el hiyab en la calle es un escándalo, pero el crucifijo en la Asamblea Nacional es perfectamente lógico. Este razonamiento llevó al gobierno soberanista, en 2013, a promulgar leyes que prohibían a los trabajadores de los servicios públicos llevar símbolos religiosos «ostensibles», como el nicab o la kipá.[31] El gobierno perdió unas elecciones antes de que se pudiera aprobar la ley. No obstante, en 2017, los liberales aprobaron una versión rebajada de la misma. Muchos intelectuales y políticos —incluido Justin Trudeau— hacen referencia al «interculturalismo» de Quebec: el esfuerzo por integrar otras culturas en la cultura francófona mayoritaria mientras se siguen respetando las diferencias.

El multiculturalismo «no tiene la menor posibilidad en Quebec porque todo el mundo sabe que hay una cultura mayoritaria —dijo Gérard Bouchard, sociólogo que copresidió un comité gubernamental sobre la adaptación de las minorías—. Se trata de la cultura francófona. Cualquier intento de gestionar la diversidad en Quebec ha de tener en cuenta este importante hecho».[32] Aunque Canadá nunca ha formado una unidad como nación, los quebequeses son orgullosamente nacionalistas. El parlamento canadiense así lo reconoció cuando en 2006 aprobó una moción según la cual «los quebequeses constituyen una nación dentro de un Canadá unido».

Los quebequeses se esfuerzan por preservar su identidad nacional, mediante leyes que limitan el uso del inglés y la exigencia de que los niños inmigrantes asistan a escuelas de francés. Como hablar francés supone una ventaja para los inmigrantes que van a Quebec, la provincia tiene una mezcla de recién llegados diferente de la del resto del país. Mientras para Canadá los tres principales países de procedencia son actualmente las Filipinas, la India y China, para Quebec son Francia, Argelia y China.[33] Otros importantes países de origen son —para Quebec, pero no para el resto de Canadá— Haití y Marruecos. Los patrones del colonialismo establecen que muchos inmigrantes de Quebec proceden del África occidental francófona; muchos de los cuales son musulmanes. También suelen tener menos formación que los que van al resto del país. Por tanto, se producen tensiones, de carácter tanto económico como social. Y seguramente no es casualidad que Quebec absorba una cuota de inmigrantes inferior a la justificada por su población. En 2015, Quebec daba cuenta del 18 por ciento de los inmigrantes pese a albergar el 23 por ciento de la población de Canadá.[34]

En otras palabras, Quebec forcejea con las dificultades para preservar su identidad nacional al tiempo que acepta inmigrantes en número suficiente para compensar su baja tasa de fertilidad, mientras que el resto de Canadá absorbe una oleada tras otra de recién llegados con relativamente pocos trastornos. Sin embargo, incluso en el resto de Canadá, una significativa minoría de la población no se siente cómoda con estos recién llegados y los esfuerzos por adaptarlos a un contexto multicultural. Los políticos canadienses de todos los colores deben proteger y preservar la tolerancia y la diversidad dentro del mosaico canadiense. Este mosaico es una estructura mucho más satisfactoria y resiliente que el nacionalismo, de la variedad que sea. Pues cuando se trata de proteger y renovar una sociedad, el nacionalismo puede ser una lacra.

El xenófobo primer ministro húngaro, Viktor Orbán, llama «veneno» a los refugiados. «Cada migrante individual supone un riesgo terrorista y para la seguridad pública», afirma.[35] En realidad, no quiere inmigrantes de ninguna clase. «Hungría no necesita ni un solo migrante para que la economía funcione, para que la población se sustente a sí misma, o para que el país tenga futuro», declaró en 2016.[36] ¿En serio? Hungría, un país de apenas diez millones de habitantes, está perdiendo más de treinta mil personas al año y envejeciendo con rapidez.[37]

Sin embargo, Hungría es húngara igual que Japón es japonés. El 90 por ciento de la población es étnicamente húngara, o magiar. Por cierto, el idioma húngaro es uno de los más difíciles de aprender del mundo. Como sus orígenes no son indoeuropeos sino urálicos, no tiene nada en común con otras lenguas europeas. Existen treinta y cinco casos distintos, catorce vocales, formas verbales definidas e indefinidas, y un sinfín de expresiones que tienen sentido solo para los húngaros. La palabra para ordenador es *számítógép*.[38] De modo que si los húngaros aceptaran inmigrantes, estos quizá se lo pensarían mejor, aunque solo fuera por razones lingüísticas.

Si un país con una historia y una cultura características, una lengua propia, incluso rasgos físicos particulares (pensemos en los rubios escandinavos), un conjunto concreto de normas sociales, una cierta forma de gobierno y una religión común deja entrar a muchas personas que hablan otra lengua, otra historia, otra cultura y otra serie de normas sociales y adoran a un dios diferente, puede que la integración sea difícil. Los miembros de la cultura mayoritaria esperan que los recién llegados, con un aspecto físico acaso distinto, acaben pareciéndoseles lo más posible. Pero esto no puede ser. Por tanto, los recién llegados se agrupan en guetos y *banlieus*, con la sensación de que en realidad no pertenecen al nuevo país ni se les permite pertenecer al mismo. Es más, a medida que aumenta el número de recién llegados, los autóctonos quizá muestren una reacción nacionalista agresiva. Esto puede suceder incluso en una cultura colonizadora como Estados Unidos. La verdad es que los latinos están integrándose bastante bien en la cultura norteamericana en su sentido más amplio, pero no lo bastante bien para evitar que los nativistas enojados hayan elegido a Donald Trump. Por otro lado, tal como hemos visto, los esfuerzos del gobierno de Quebec por preservar la lengua y la cultura quebequesas, mientras llegan en gran número inmigrantes musulmanes desde el África francoparlante y el Caribe, han dado lugar a tensiones y malentendidos.

Con todo, estas tensiones son manejables, dentro y fuera de Quebec. Cuando en 2016 se creó el puente aéreo sirio, el *New York Times* se maravillaba de «los canadienses corrientes que intentan intervenir en uno de los problemas más graves de la tierra... miembros de clubes de lectura, mamás entregadas, compañeros de póker, abuelas», muchos sin demasiada conexión con Oriente Medio, mientras «gran parte del resto del mundo trata a los refugiados con suspicacia u hostilidad».[39]

Cuanto menos nacionalista es el estado, más fácil resulta la tarea de absorber inmigrantes. Cuanto más débil la cultura, más sencilla la labor de fomentar el multiculturalismo. Cuanto menor es el sentido del yo, menor es el sentido de que otro es el

Otro. Esto no significa que todo vale: la Carta Canadiense de los Derechos y las Libertades es tan sólida que los países en busca de precedentes utilizan ahora más el modelo de Canadá que el de Estados Unidos.[40] Canadá sigue siendo un país imbuido de las tradiciones democráticas y parlamentarias de Gran Bretaña; de las aspiraciones francesas de libertad, igualdad y fraternidad; del principio europeo —que tanto esfuerzo ha costado— de la tolerancia religiosa y social. Todo canadiense que sea de veras canadiense tiene estas cosas en gran estima.

Sin embargo, es por eso por lo que muchos van a Canadá y encuentran ahí a tantos de los suyos, y viven bien y felices, aunque suspiran con pesar cuando queda perfectamente claro que sus hijos no tienen interés en aprender la vieja lengua. Como país cohesionado y claramente definido, en Canadá quizá no haya mucho que ver. Como posnación tolerante, pacífica, multicultural y *en crecimiento*, parece funcionar bastante bien.

13

LO QUE NOS ESPERA

Hemos analizado un pasado en el que había muchos nacimientos y muchas muertes prematuras y un presente en el que los que nacen son menos pero viven más. Nuestro futuro incluirá algo que no hemos experimentado jamás: un mundo que, por voluntad propia, es cada vez más pequeño en cuanto al número de personas. Si hoy en día la despoblación es solo un destello —un dato estadístico preocupante en cierto informe gubernamental cuya importancia solo entiende del todo la *nomenklatura*—, ¿qué pasará dentro de medio siglo, cuando este destello haya llegado a ser cegador? Para una niña nacida ahora, ¿cómo será el mundo cuando llegue a la edad madura en una época de disminución de la población? ¿Cómo será ese mundo para su hijo? Creemos que este mundo tendrá muchas cosas admirables. Será más limpio, más seguro, más tranquilo. Los mares empezarán a curarse y la atmósfera a enfriarse —o al menos dejará de calentarse—. Quizá las personas no sean cada vez más ricas, pero esto a lo mejor no será tan importante. Los centros de poder serán otros —y también los centros de innovación y creatividad—. Vivimos en un mundo de ciudades, con cada vez menos cosas entre ellas. En muchas partes del mundo quizá vivamos en una ciudad que perciba por sí misma que envejece.

No estamos diciendo que la fertilidad menguante sea una

predestinación omnipotente, imparable, que vaya a moldear el futuro de la humanidad. Siempre estarán en funcionamiento los viejos imperativos: la voluntad de poder; el afán de riqueza; la preocupación —o su ausencia— por la salud del planeta; las ganas de crear lo nuevo, de innovar, de explorar; el deseo de preservar el pasado, de ralentizar las cosas, de aferrarnos a lo que tenemos. Y siempre habrá momentos en que la decisión de un líder determine el destino de muchos millones, para bien o para mal. Nuestro objetivo ha sido señalar que hay que añadir algo nuevo a la mezcla: el descenso de las poblaciones nacionales ya en marcha en algunas zonas de lo que solíamos llamar el Norte; esa misma disminución que llegará pronto a algunas partes del Sur; el final del crecimiento exponencial en los últimos lugares donde todavía se crece exponencialmente. El descenso demográfico no determinará nuestro futuro en exclusiva, pero contribuirá a moldearlo. Llevamos demasiado tiempo ignorando esta realidad inminente; ya no hemos de ignorarla más.

Responde a esta breve pregunta: ¿Qué estado de Estados Unidos crees que tiene el índice más bajo de emisiones de dióxido de carbono?

Quizá hayas dicho California, por su agresivo sistema de límites máximos e intercambio de derechos para luchar contra el calentamiento global. Hawái sería una buena conjetura, pues su clima templado reduce los costes tanto de calefacción como de aire acondicionado. También habrías podido pensar en Wyoming o Montana, pues de entre los estados continentales son los que tienen menor densidad de población. Pero todas estas suposiciones son erróneas. El ganador es Nueva York. Y la explicación es la propia ciudad de Nueva York.[1] Sabemos que es algo contraintuitivo, pero cuanto más densamente poblada esté la ciudad, mejor van las cosas para el medio ambiente, especialmente en la lucha contra el calentamiento global. Un individuo solo al volante de un coche emite seis veces más gases de efecto invernadero que alguien que viaje en metro.[2] El metro de Nueva

York es especialmente bueno para el entorno porque va muy abarrotado, lo que reduce aún más las emisiones per cápita. Casi todas las ciudades importantes del mundo desarrollado apuestan claramente por el transporte público. El londinense medio pasa 11,5 días al año en el metro.[3]

Como hemos visto, la urbanización es un fenómeno global. Los países desarrollados ya son muy urbanos —dos terceras partes de los islandeses viven en Reikiavik— y los países en vías de desarrollo están urbanizándose con rapidez —una cuarta parte de los egipcios vive en El Cairo—. Las Naciones Unidas prevén que, hacia 2060, dos tercios de los habitantes del planeta estarán viviendo en ciudades o pueblos grandes.[4] En un país en fase de desarrollo, la urbanización rápida puede traer consigo diversos problemas: infraestructuras insuficientes, mala asistencia sanitaria, escuelas abarrotadas, aumento de la pobreza, criminalidad disparada.[5] Incluso en los países avanzados, satisfacer en todo momento las necesidades infraestructurales y combatir la contaminación atmosférica es una batalla que no acaba nunca. De todos modos, en general, si se acumula gente en las ciudades nos resulta más fácil prestar más servicios —transporte público, alcantarillado y suministro de agua, electricidad— a un coste menor, al tiempo que protegemos el medio ambiente.

Desde el punto de vista medioambiental, animar a la gente a abandonar el campo también es sensato. Parece de nuevo algo contraintuitivo. Todos hemos soñado alguna vez con marcharnos de la ciudad, construir una cabaña de troncos en el bosque, tal vez junto a un lago, calentarla con paneles solares y vivir cerca de la naturaleza y en armonía con ella. Muchos ya han adoptado este estilo de vida. Y no están ayudando al medio ambiente en lo más mínimo.

Para comprar provisiones, todavía has de conducir hasta el pueblo más cercano. Como la carretera es bastante irregular, necesitas un vehículo con tracción en las cuatro ruedas. Estos bichos chupan un montón de gasolina. Si diferentes personas tienen distintos horarios, quizá haga falta un segundo coche. Si en invierno nieva, precisarás un soplador de nieve, y aunque tengas la disciplina de utilizar la pala, igualmente tendrá que venir una quitanieves municipal para despejar la carretera. Si tienes niños, un autobús los recogerá y los llevará a la escuela. Mucho despilfarro. Además, solo la gran ciudad, que ahora queda lejos, cuenta con los especialistas que necesitas cuando la rodilla te empieza a dar guerra. De acá para allá, de acá para allá. Esa cabaña está en un claro —seguramente de medio acre, por lo menos— en el que en otro tiempo hubo vegetación, que siempre quiere volver. Si quieres contribuir a la lucha contra el calentamiento global, vive en una ciudad, en un apartamento alto —donde el calor irradiado penetre en las viviendas, lo que reduce los costes de calefacción—, y viaja en metro. En las próximas décadas, cuando a los gobiernos les cueste billones mitigar el calentamiento global —que sacará de los impuestos dedicados a reparar daños causados por tormentas—, las multas a los habitantes rurales por su descarado derroche de energía y recursos serán tan abultadas que solo los muy ricos podrán permitirse alejarse del mundanal ruido.

Gracias a la urbanización, el combate contra el calentamiento global y otras batallas medioambientales contarán con un nuevo aliado: los árboles, a medida que las tierras de labor poco rentables vuelvan a ser monte. Este proceso también está ya en marcha. En los países colonizadores todavía hay personas lo bastante mayores para acordarse de dónde estaba la granja familiar, antes de que se fueran todos a la ciudad. Esas granjas, por lo general, fueron creadas a mediados del siglo XIX por inmigrantes europeos. Como el suelo no solía ser sobresaliente, y el clima distaba de ser ideal, la vida era dura. Si cultivabas maíz, alimentabas a un rebaño de vacas lecheras. Había un gran huerto familiar, cuya producción se encurtía en gran parte para ser consumida en invierno, mientras el resto se guardaba en el frío sótano. Quizá la Depresión obligó a las familias a abandonar la tierra; tal vez los buenos tiempos de después de la guerra las alentaron a ir a la ciudad, donde había electricidad y un supermercado. Si hoy en día te acercas a la vieja granja, quizá veas lo que queda de la cerca, quizá no. Todo ha vuelto a ser monte.

En la próxima década, la cantidad de tierras de labranza del mundo empezará a disminuir.[6] Ya se ha observado que, gracias a diversas mejoras en la tecnología agrícola y a la mayor eficiencia de las empresas con respecto a las granjas familiares, en muchos sitios la extensión de tierra dedicada al cultivo ha empezado a disminuir. Entre 2007 y 2012, desaparecieron siete millones de acres de tierra agrícola,[7] en parte al ser devorados por barrios residenciales, aunque una buena proporción de los mismos ya no era rentable. Cuando dentro de unas décadas llegue el descenso demográfico, desaparecerán aún más tierras de labor. La reforestación de tierras poco rentables, sea de forma natural o mediante empresas que crean zonas de explotación forestal, es algo inequívocamente bueno para el medio ambiente. Las granjas contaminan. Está el metano de los animales, los fertilizantes que se filtran en el riachuelo más cercano. La vegetación que sustituye al campo abierto atrapa el dióxido de carbono y aporta oxígeno. Las especies en peligro de extinción cuentan con un hábitat más amplio, lo que mejora sus perspectivas de futuro. En este mismo siglo, más adelante, gracias a nuevos avances en los cultivos genéticamente modificados, hará falta solo una fracción de la tierra hoy dedicada a la agricultura. El resto regresará a la naturaleza, lo que contribuirá al enfriamiento del planeta.

Los mares del mundo también sufren una tensión tremenda. La sobrepesca, la contaminación de las aguas costeras debido a la escorrentía agrícola y urbana y un sinfín de abusos humanos están trastocando la cadena alimentaria. El daño se extiende desde la decoloración del coral hasta las ballenas en peligro de extinción. Cuanto antes actuemos para limitar el calentamiento del aire, mejor para nuestros mares. No obstante, la mejor receta para protegerlos es, en última instancia, reducir el tamaño de la población humana. Menos bocas para comer peces.

El 12 de diciembre de 2015, en París, todos los países acordaron limitar el impacto del cambio climático debido a la actividad humana, haciendo que las temperaturas aumenten menos de dos grados centígrados con respecto a los niveles preindustriales. Sin embargo, si nos remontamos a Kioto, en 1997, los dirigentes mundiales han hecho ya antes promesas similares, y el planeta sigue calentándose. Las decisiones clave las están tomando un puñado de (sobre todo) hombres en las capitales de China, Estados Unidos y la India, los principales emisores. Como China y la India están modernizándose, dependen muchísimo de generadores de carbón para ampliar su red eléctrica. Construir una central térmica de carbón es precisamente lo peor que se le puede hacer al aire. Lo bueno es que el coste cada vez menor de la energía solar —y la indignación de los contribuyentes de clase media en las ciudades asfixiadas por el esmog— está ayudando a ambos países a dejar de depender del carbón. China anunció la cancelación en 2017 de los proyectos de 103 plantas,[8] y la India ha reducido su consumo anual de carbón a 600 millones de toneladas. (Existía el temor de que alcanzara los 1,5 mil millones en 2020.)[9]

En cuanto a Estados Unidos, el segundo emisor más importante, aquí tenemos un dato estadístico alentador: el consumo de electricidad en el país no ha variado desde 2007 pese a que la economía ha crecido de manera considerable. Por desgracia, una explicación podría ser el cierre de fábricas debido al traslado de los empleos al extranjero. Pero otra, más reconfortante, podría ser la generación de electricidad fuera de la red —gente que calienta su casa con paneles solares, por ejemplo— y la conservación de la energía.[10] Tanto para estos tres países con los máximos niveles de emisión como para el resto del mundo, importantes progresos en la capacidad de almacenamiento de las baterías para conservar la energía generada por el sol y el viento podrían reducir la necesidad global de combustibles fósiles.

En todo caso, debido a la creciente demanda del mundo en vías de desarrollo, no cabe esperar que el mundo alcance su valor máximo de consumo de combustibles fósiles hasta aproximadamente 2040.[11] La capacidad eléctrica china generada por carbón aún triplica la de Estados Unidos, la India todavía tiene planeado construir 370 nuevas centrales térmicas de carbón,[12] y en 2017 Donald Trump sacó a Estados Unidos del acuerdo de

París (aunque muchos gobiernos tienen igualmente previsto cumplir sus compromisos). La lucha por frenar el calentamiento global sigue siendo muy difícil. La buena noticia es que el descenso demográfico podría desempeñar un papel importante en la limitación de las emisiones de dióxido de carbono. Según un reciente estudio, si se hace realidad el modelo de variante baja de la ONU, las emisiones relativas se habrán reducido en un 10 por ciento hacia 2055 y en un 35 por ciento hacia 2100.[13] Para producir menos dióxido de carbono, a la larga la solución quizá será producir menos seres humanos.

También podríamos predecir un futuro en el que buena parte de una humanidad menguante viva en altos edificios de apartamentos situados en ciudades grandes, de modo que gran parte de la tierra entre las ciudades vuelva a ser monte. Los bosques tropicales y los bosques boreales septentrionales se expandirán, lo que se traducirá en captación de dióxido de carbono y aporte de oxígeno. Las diversas formas de energía renovable reducirán, y en última instancia eliminarán, la necesidad de combustibles fósiles. La urbanización, la innovación y la despoblación podrían ser la mejor salida para detener la marcha del cambio climático. Con suerte, un bebé que nazca hoy —o, como mucho, uno que nazca dentro de una o dos décadas— alcanzará la edad madura en un mundo más limpio y más sano.

Pero, ¿será un mundo en paz? Esto es un misterio. Gran parte de ello depende de China. En el Congreso del Partido Comunista de octubre de 2017 —los congresos se celebran cada cinco años—, el presidente Xi Jinping emergió como el líder chino más poderosos desde Mao. En un discurso memorable, Xi expuso un programa en virtud del cual hacia 2050 China contará con una economía plenamente modernizada, «capacidad de combate global» y un capitalismo dirigido por un estado autoritario que «ofrece una opción nueva a otros países y naciones que quieran acelerar su desarrollo al tiempo que preservan su independencia».[14] En otras palabras, China pretende sustituir a Estados Unidos como potencia económica, militar e ideológica dominante.

Y sin embargo...

Están todos estos hombres jóvenes, solteros e insatisfechos. Los viejos, cada año más pobres y numerosos. El crecimiento, ralentizándose tras décadas de expansión en el Salvaje Este. Minorías inquietas en el interior. Ciudadanos urbanos descontentos que exigen menos censura en internet.

Hacia 2050, China, en vez de extenderse por todo el globo, quizá esté maniatada por la agitación interna alimentada por el rápido descenso demográfico. Según nos cuenta la historia, pocas cosas hay más peligrosas que un imperio sumido en el caos. En 1914, el gobierno alemán se enfrentaba a manifestaciones callejeras, un Reichstag agitado y una clase media cada vez más numerosa que exigía libertades políticas. «A medida que los malabarismos políticos internos eran más y más difíciles, entre los gobernantes alemanes aumentó la tentación de unificar su país mediante iniciativas políticas en el extranjero.»[15] Como una guerra breve y rápida tras la cual los chicos volverían a casa por Navidad. Junto a su inestable aliado austrohúngaro, Alemania arrastró al mundo a la primera de dos guerras catastróficas, la peor locura y la peor tragedia de la época moderna.

¿Tendrán los chinos tentaciones similares? Esto podría ser algo que pusiera a Taiwán de una vez en su sitio, o que hiciera saber a todo el mundo que el mar del Sur de China es *mare nostrum*. Una guerra breve y rápida. Los chicos estarían de nuevo en casa para celebrar el Año Nuevo chino.

Esto no tiene por qué pasar. China podría transformarse pacíficamente en una potencia global madura, gestionando sus problemas demográficos con mesura. Y si los otros lugares conflictivos —Corea del Norte, Irán y a saber cuáles más en el futuro— se las arreglan para no provocar ninguna guerra, el mundo podría entrar en una nueva era de paz: una «paz geriátrica», término acuñado por el científico político Mark Haas. «El mundo está ingresando en una era demográfica sin precedentes», escribió allá por 2007. «Nunca antes el envejecimiento social ha sido un problema tan amplio y generalizado como será en las próximas décadas.»[16] Según Haas, el serio y rápido envejecimiento de las poblaciones de China y Rusia impedirá a estos países reemplazar a Estados Unidos como principal potencia económica y militar, pues se verán superados por el problema de satisfacer las demandas de sus sociedades cada vez más avejentadas. Gracias a una inmigración vigorosa, Estados Unidos envejecerá con menos rapidez que otras grandes potencias, lo cual consolidará aún más su liderazgo. Aunque la predicción de Haas tuvo poca aceptación, nosotros creemos que iba por el buen camino; y queremos añadir el factor más intangible de un mundo con menos jóvenes —menos individuos exaltados en busca de líos— y más viejos. A medida que en África y Oriente Medio se vayan desplomando las tasas de fertilidad, los señores de la guerra y las ideologías contarán con menos sitios adonde ir a reclutar gente. Menos crecimiento significa menos competencia por recursos escasos. Quizá se afloje la presión de África contra una Europa cada vez más vacía.

Una variable importante en esta búsqueda de la paz será, como de costumbre, Oriente Medio, el sitio con más conflictos del planeta. También aquí nos sentimos esperanzados ante el descenso de la fertilidad. Los países más desdichados también exhiben las tasas más elevadas: Afganistán (5,2), Irak (4,0), Yemen (3,8). Estas culturas basadas en clanes son muy religiosas, en gran medida rurales y profundamente inestables. Son también algunos de los peores lugares del mundo para las mujeres. Sin embargo, la tasa de fertilidad de Irán es solo de 1,8 gracias a décadas de esfuerzos de los gobiernos iraníes por limitar el crecimiento demográfico. Alarmado por el éxito de su política, ahora el poder en Teherán quiere animar a los padres a tener más hijos. Pero ya sabemos lo bien que funciona esto. Además, los mulás han gestionado tan mal la economía que los padres no pueden permitirse tener más hijos.[17]

Túnez, el único país que emergió de la Primavera Árabe con un gobierno más democrático, tiene una tasa de fertilidad de 2,0. Incluso Arabia Saudí, donde bajo la *sharía* los derechos de las mujeres están tan restringidos que solo en 2017 la familia Saúd transigió y les permitió conducir vehículos, la tasa de fertilidad es de solo 2,1, el nivel de reemplazo. La explicación es sencilla: en 1970, el índice de alfabetización entre las mujeres saudíes era el dos por ciento. Sin embargo, en un gesto de (relativo) progresismo, el gobierno saudí permitió a las mujeres asistir a la escuela. En la actualidad, dan cuenta del 52 por ciento de los licenciados universitarios. Los clérigos pueden emitir fatuas contra las mujeres que ven partidos de fútbol (no sea que se entusiasmen demasiado al ver muslos masculinos), pero, tras haber observado al resto del mundo, sabemos cómo acaba esta historia... a la larga.[18]

Según la sabiduría popular, la superior tasa de fertilidad palestina amenaza con convertir a los israelíes en una minoría en su propio país, con independencia de por dónde discurran finalmente las fronteras. No obstante, dentro de Israel, las tasas de fertilidad de las mujeres palestinas y de las mujeres israelíes son idénticas: 3,1.[19] Se trata de la mayor fertilidad del mundo desarrollado, el doble que la de la mayoría de los demás países. La población judía, una isla en un mar árabe hostil, siente la necesidad de mantener sus cifras elevadas. En cambio, entre los árabes de Israel está disminuyendo la tasa de fertilidad a medida que las mujeres adquieren una mejor educación y más derechos. La venganza de la cuna palestina no arrollará a los judíos, si bien estas tasas de fertilidad, combinadas con una inmigración firme, amenaza con dejar a los israelíes sin sitio para todos, toda vez que la población será de unos dieciséis millones a mediados de siglo, el doble de la actual. Sin victoria demográfica a la vista para ningún bando, sería sensato que ambos buscaran una paz justa y duradera.

La experta canadiense Bessma Momani ha identificado una nueva generación de hombres y mujeres árabes jóvenes: cultos, cada vez más laicos, sintonizados a los acontecimientos globales mediante sus móviles, emprendedores e impacientes con los viejos que dirigen y arruinan sus países. Llegará el momento de esta generación nueva, cree Momani. «Ya se está produciendo una revolución cultural y social precisamente en la manera de pensar de la juventud. En esencia, hay un cambio en los valores.»[20] He aquí un dato estadístico romántico: el 64 por ciento de los jóvenes saudíes quiere casarse por amor, un incremento del 10 por ciento con respecto a una década atrás. «Debemos dejar de pensar que el futuro será peor que el presente —insiste—. Yo no lo creo.» La campaña anticorrupción organizada por el príncipe saudí Mohammed bin Salman en noviembre de 2017, ¿era un intento de acercamiento a esa revolución o solo otra primavera árabe falsa? El mundo observa.

Queda pendiente una gran pregunta: ¿Estados Unidos tiene todavía el empeño de ser el líder durante este siglo? Todo sigue a su favor. La inmigración, sea legal o ilegal, apuntalará la población. Científicos, ingenieros y programadores afluirán al todavía abierto mercado norteamericano, lo que estimulará la innovación. Trabajadores sin documentos serán la mano de obra necesaria para empleos demasiado insignificantes o difíciles para los robots, esperando —como esperan todos los inmigrantes que comienzan desde abajo— una vida mejor para sus hijos.[21] No hay ningún motivo en absoluto para creer que el siglo XXI no pertenecerá a Estados Unidos. A menos que...

El gran peligro es que Estados Unidos desperdicie precisamente el instrumento que ha supuesto el secreto de su grandeza. Hoy en día, las actitudes nativistas y contrarias a la inmigración están corroyendo la república como ha sucedido tantas veces en el pasado. ¿Hasta qué punto arraigará el movimiento América Primero de Donald Trump? ¿Estados Unidos cerrará la frontera a los inmigrantes ilegales, tan necesarios en el sector de la construcción y los servicios? ¿Renunciará al ingeniero de software de Shanghái que tiene en su cabeza la Siguiente Gran Novedad y está dispuesto a compartirla con un inversionista de capital de riesgo de California? Un Estados Unidos aislado del mundo tendrá un destino desdichado, que se habrá merecido. Sin embargo, la historia sugiere que el pueblo norteamericano tiene más y mejor sentido común. Como jamás dijo Churchill (aunque todo el mundo le atribuye la frase): «Hay que contar con que los norteamericanos siempre harán lo correcto... después de haber agotado todas las demás posibilidades.»[22]

Si Norteamérica flaquea, otra gran potencia puede alcanzar una posición dominante: la India. Pese a sus numerosas contradicciones internas, el país está creciendo y modernizándose. La India, cuya tasa de fertilidad actual está en el nivel de reemplazo, disfrutó de una etapa Ricitos de Oro que duró décadas, con muchísimos jóvenes que generaban y consumían riqueza. Con el tiempo, la población india también empezará a disminuir, pero entretanto el mundo contempla fascinado a esta sociedad dinámica y rebosante avanzar hacia el centro del escenario.

Con un ingreso de inmigrantes que triplica, per cápita, el de Estados Unidos, Canadá tendrá seguramente, hacia 2060, unos cincuenta millones de habitantes. Cualquier aumento en las entradas anuales, algo recomendado por muchas empresas y líderes de opinión, elevaría esta cifra hasta los sesenta millones.[23] Para entonces, si todos los demás factores permanecen invariables, la población de Alemania habrá bajado desde los actuales ochenta millones hasta sesenta y ocho.[24] Aunque cuesta imaginarlo, la posición global de Canadá podría mejorar simplemente gracias al tamaño de su población. Sin embargo, los números nunca serán el secreto del éxito de este país. Quizá algunos países lleguen a aceptar la inmigración como una solución para sus sociedades envejecidas. Pero sin una escala de valores multiculturales arraigados, la inmigración es una receta desastrosa. Teniendo en cuenta la receptividad de Canadá ante los recién llegados y su cultura favorable a la adaptación, el siglo XXI empieza a emitir señales de que va a ser la edad de oro del país.

Cabe esperar que alguien nacido hacia mediados de este siglo viva hasta los cien años.[25] En opinión de ciertos biólogos, a finales de siglo la esperanza de vida será de 150 años.[26] Esto es fabuloso, pero una población muy vieja también es muy cara. Habrá que alargar la edad de jubilación como medida de apoyo a la fuerza laboral, los planes de pensiones y la recaudación fiscal. Vivirás más, pero trabajarás más también. Del cierre de escuelas vacías se puede sacar algo de dinero. La automatización, la inteligencia artificial y diversos estímulos a la productividad podrían resolver el problema de la escasez de mano de obra, si bien hasta ahora los robots han demostrado ser bastante inútiles a la hora de comprar neveras y otros ingredientes básicos de la economía de consumo. Por otra parte, la brecha de prosperidad entre ejecutivos empresariales y buscados trabajadores del conocimiento, por un lado, y la gente corriente, por otro, debe reducirse. Esto no es ser de izquierdas. Es solo una válvula de seguridad.

A juicio de algunos analistas, las familias más pequeñas harán que la sociedad sea más rica porque los padres trabajarán más horas, lo cual incrementará sus destrezas laborales y les permitirá dedicar más tiempo y dinero a su único hijo cuando por fin lleguen a casa.[27] No está tan claro. Pero no queremos ser maltusianos al revés ni pronosticar un mundo de pobreza y tensión social creciente debido al descenso demográfico. Los problemas encierran su propia solución.

Lo que sí nos preocupa es la pérdida de innovación y creatividad. La canción no está escrita, el remedio no está descubierto, la tecnología no está perfeccionada porque este año hay menos personas vivas que el año pasado. ¿Cómo se cuantifica esto? ¿Cómo se calcula la pérdida de energía creativa ligada a la presencia de menos jóvenes? Sin embargo, el incesante trasvase del campo a la ciudad potenciará la creatividad. ¿Qué tienen en común el jazz, el posestructuralismo y la interfaz gráfica de usuario? Nada de esto se creó en una granja. Además, la creatividad y la innovación no dependen tanto de las cifras como de la actitud. La ciudad-estado de Atenas tenía solo 250.000 habitantes cuando Platón escribió *La República*; en Inglaterra había solo cuatro millones de almas cuando Shakespeare escribió *El rey Lear*. No obstante, lo que la Grecia clásica y la Europa renacentista compartían era una sensación de optimismo. El mundo era un lugar apasionante; daba la impresión de que cada día había un descubrimiento nuevo, y la gente encaraba el futuro con confianza. Las sociedades decadentes también producen arte e ideas, pero sus obras maestras suelen incluir un deje de ironía y pérdida. La escasez de optimismo joven podría ser el máximo precio a pagar por dejar que disminuya la población.

En cualquier caso, no todo el mundo envejecerá de la misma manera. África seguirá siendo joven, incluso a finales de siglo. El continente estará dominado por megaciudades —caóticas, sin duda, y apestosas y mal planificadas, pero también vitales, efervescentes y rebosantes de ideas nuevas. Tenemos la corazonada de que la música y el teatro realmente interesantes, las innovaciones auténticamente rompedoras, las ideas nuevas y revolucionarias de las últimas décadas de este siglo seguramente vendrán antes de Lagos o Bombay que de París o Tokio.

Si quisieran, incluso los países menos fértiles de Europa y Asia podrían estabilizar su población aceptando inmigrantes. Sin embargo, esta postura quizá sea ingenua. Como hemos dicho, la inmigración sin multiculturalismo es garantía de exclusión, formación de guetos, marginación, violencia y, en última instancia, la peor de las suertes: el desmoronamiento de la plaza pública, la incapacidad de los distintos grupos de la sociedad para compartir espacio, supuestos y valores. Está muy bien decir a los recién llegados que son bienvenidos siempre y cuando se adapten a nuestro estilo de vida. Pero para que la inmigración funcione, cada bando debe adaptarse; cada bando ha de dar algo. La carencia nacionalista de flexibilidad social es lo que impide a muchas sociedades integrar como es debido a los recién llegados.

Las sociedades colonizadoras, como las de Estados Unidos, Canadá, Australia y Nueva Zelanda, que representan el legado más duradero del Imperio Británico, son más abiertas a la gente nueva. No obstante, aunque su población se compone casi exclusivamente de inmigrantes o descendientes de inmigrantes, no son inmunes a la cerrazón social. En Estados Unidos, la herencia de la esclavitud sigue separando a los blancos y los negros; la herencia de la colonización sigue distanciando a los indígenas y los no indígenas en Canadá y otros sitios. De todos modos, por regla general, cuanto mayor es el sentido de coherencia nacional o étnica, menores son las posibilidades de integrar a los recién llegados en un todo armónico. Nos gustaría saber si los húngaros algún día dejarán de sentirse húngaros; o los japoneses, japoneses. Nos gustaría saber si algún día aceptarán en su seno a los extranjeros en calidad de iguales. En cualquier caso, para las sociedades que quieren estabilizar su población, quizá incluso volver a crecer, no hay otra vía.

Algún día quizá incluso desaparecerá la inmigración como alternativa. En otro tiempo, China exportó muchos migrantes. Ahora exporta menos, y algunos que se fueron están volviendo a casa. A la larga, si continúan su marcha hacia la urbanización, la modernización y la inevitable tasa de 2,1 o inferior a la misma, las Filipinas y otros países ya no tendrán exceso de población. Por otro lado, su economía nacional también tiene muchas posibilidades de mejora. Una cosa que nos ha sorprendido mientras trabajábamos en este libro es el hecho de que la urbanización da lugar no solo a mujeres más cultas y tasas de fertilidad menores sino también a una gobernanza mejor y a una sociedad económicamente más próspera. Queda demasiado poco margen para especular sobre posibles correlaciones entre urbanización, empoderamiento de las mujeres y desarrollo económico y político. Aun así, hay motivos para la esperanza.

Podría llegar un momento en que la gente, por las razones que sean, empezara a tener más hijos, desde luego. La verdad es que, dadas las perspectivas actuales, esto parece improbable. Pero las perspectivas pueden cambiar. Los gobiernos podrían echar una mano con subsidios a la fertilización in vitro, cheques bebé, ayudas a la manutención de los hijos, programas de permisos parentales que animen al padre a hacer su parte o un aumento del gasto estatal en guarderías. Sin embargo, estos programas son caros; y los resultados, inciertos. El muy subvencionado programa de guarderías de Quebec está presionando las finanzas del gobierno, y eso que la tasa de fertilidad de la provincia es de 1,7, solo ligeramente superior a la media nacional de 1,6.[28] (El hecho de que Quebec dé prioridad a los inmigrantes procedentes de países francoparlantes con tasas de fertilidad elevadas, como Haití o Argelia, podría explicar al menos en parte la diferencia). Y, más allá del coste para los contribuyentes, la idea de que los gobiernos digan a las mujeres que han de tener más hijos por el bien del país nos parece repugnante.

No obstante, quizá la gente cambie por su cuenta. Los índices de divorcio son bajos porque los hijos percibieron el dolor del divorcio en su familia, o en las familias de sus amigos, y han decidido evitar la situación. Tal vez una generación de personas que crecieron con un hermano o ninguno querrá que sus hijos experimenten la alborotada alegría de un hogar con montones de críos. Las familias numerosas son fantásticas: existe la dura disciplina impuesta por el hermano mayor (a quien, sin embargo, adoras), el vínculo de complicidad entre las hermanas, el último en llegar al que se mima demasiado. Está el ruido, el jaleo y la diversión de niños que corren en todas direcciones. ¿Y la mañana de Navidad? Se inventó para casas llenas de niños. ¿Has conocido a alguien que, tras haber crecido con un montón de hermanos y hermanas, lamente no haber sido hijo único? Nosotros no.

Y quizá las mujeres logren por fin la plena igualdad que merecen. Tal vez un tercer hijo no suponga un obstáculo para su carrera —al menos, no más que para la carrera del padre, pues este se dedica a la labor parental tanto como ella—. Todavía falta mucho para esto. Pero cada año se reduce un poco la brecha.

Si cada generación tiene solo uno o dos hijos por familia —o, como suele pasar, ninguno—, dentro de dos o tres generaciones las personas seguramente estarán muy solas. Las reuniones familiares no llenarán el salón. Los columpios estarán vacíos, oxidándose. No habrá niños gritando por la calle. En el futuro, algún día las parejas acaso digan: tengamos otro. Y otro. ¿Qué más da que los dos hayamos cumplido cincuenta años? En la actualidad, hay mucha gente que tiene hijos a los cincuenta y tantos años, algo que no comporta absolutamente ningún riesgo para la madre ni para el crío. Hagámonos viejos rodeados de niños.

Hemos descrito un futuro de descenso demográfico, con el horizonte en el final de este siglo. Sin embargo, este descenso no es inevitable para todas las generaciones venideras, para todos los siglos venideros, un mundo sin fin, amén. Hay muchas posibilidades. ¿Mirará Europa a África con admiración y envidia? ¿Empezarán los científicos a estudiar el impacto del enfriamiento global? ¿Viviremos una época de guerras terribles o la *Pax Indica*, un tiempo de merma incesante o de renovación?

Ya basta. El futuro seguirá su propio camino; nosotros hemos de seguir el nuestro. Hemos de cuidar a los viejos y estimular a los jóvenes y fomentar la igualdad para todos. Hemos de acoger a recién llegados y compartir con ellos nuestro espacio mientras preservamos la libertad y la tolerancia, gracias a las cuales vale la pena vivir en una sociedad. El descenso demográfico no tiene por qué ser una época de declive social. No obstante, sí hemos de entender lo que nos está pasando y lo que está a punto de pasarnos. En todos los años que llevamos juntos en este planeta, jamás nos habíamos enfrentado a nada igual.

Seremos cada vez menos. Imagínate.

NOTAS

Prefacio

1. Jasmine Coleman, «World's 'Seventh Billion Baby' Is Born, *Guardian*, 31 octubre 2011. *http://www.theguardian.com/world/2011oct/31/seven-billionth-baby-born-philippines*. Y «Indian Baby Picked as the World's 'Seven Billionth Person'», *BBC News*, 31 octubre 2011. *http://www.bbc.com/news/world-south-asia-15517259*. Y «World's ¡seven Billionth' Baby Born in Russia, *Forbes*, 31 octubre 2011. *http://www.forbes.com/sites/kenrapoza/2011/10/31/worlds-seven-billionth-baby-born-in-russia/*.

2. «World Welcomes 7 Billionth Baby», *Herald*, 31 octubre 2011. *http://www.herald.co.zw/World-welcomes-7-billionth-baby*.

3. Joel K. Bourne, Jr., *The End of Plenty: The Race to feed a Crowded World* (Nueva York, Norton, 2015), introducción. *https://books.google.ca/ Books?id=XAmdBAAAQBAJ&printsec=frontcover&dq=the+end+of+planty+the+race+to+feed+a+crowded+world&hl=en&sa=X&ved=oahUKEwjIpr6ysIXYAhUi8IMKHbPoCJ4Q6AEIJzAA#v=onepage&q=the%20end%20of%20plenty%20the%race%20to%20%feed&20a%20crowded%20world&f=false*.

4. «Italy Is a 'Dying Country' Says Minister as Birth Rate Plummets», *Guardian*, 13 febrero 2015. *http://www.the guardian.com/world/2015/feb/13/Italy-is-a-dying-country-says-minister-as-birth-rate-plummets*.

Capítulo 1

1. Robert Krulwich, «How Human Beings Almost Vanished from Earth in 70.000 B.C.» *NPR*, 22 octubre 2012. *http://www.npr.org/sections/krulwich/2012/10/12/163397584/how-human-beings-almost-vanished-from-earth-in-70-000-b-c.*

2. «The Toba Supervolcanic Eruption of 74.000 Years Ago», *access Cambridge Archeology* (Cambridge University, 2014). *https://www.access.arch.cam.ac.uk/calendar/the-toba-supervolcanic-eruption-of-74-000-years-ago.*

3. Véase, por ejemplo, Nicole Boivin *et al.*, «Human Dispersal Across Diverse Environments of Asia During the Upper Pleistocene», *Quaternary International*, 25 junio 2013, 32. *http://www.sciencedirect.com/science/article/pii/S1040618213000245.*

4. Sarah Gibbens, «Human Arrival in Australia Pushed Back 18.000 Years», *National Geographic*, 20 julio 2017. *https://news.nationalgeographic.com/2017/07/Australia-aboriginal-early-human-evolution-spd.*

5. Jared Diamond, *Guns, Germs, and Steel: The Fates of Human Societies* (Nueva York, Norton, 1997) [hay trad. cast., *Armas, gérmenes y acero: breve historia de la humanidad en los últimos trece mil años*, Madrid, Ed. Debate, 2004], 41.

6. Ian Sample, «Could History of Humans in North America Be rewritten by Broken Bones?», *Guardian*, 26 abril 2017. *https://www.theguardian.com/science/2017/apr/26/could-history-of-humans-in-north-america-be-rewritten-by-broken-mastodon-bones.*

7. Ian Morris, *Why the West Rules-For Now: The Patterns of History and What They Reveal About the Future* (Nueva York, Farrar, Straus and Giroux, 2010) [hay trad. cast., *¿Por qué manda Occidente... por ahora?*, Barcelona, Ático de los libros, 2018], 296.

8. «Historial Estimates of World Population», base de datos de Programas Internacionales, tabla (Washington, D.C., Oficina del Censo de los Estados Unidos, 25 julio 2017). *https;//www.census.gov/population/international/data/worldpop/table_history.php.*

9. Ole J. Benedictow, «The Black Death: The Greatest Catastrophe Ever», *History Today*, 3 marzo 2005. *http://www.historytoday.com/ole-j-benedictow/black-death-greatest-catastrophe-ever.*

10. Samuel K. Cohn Jr., «Epidemiology of the Black Death and Successive Waves of Plague», *Medical History*, suplemento 27, 2008. *http://www.ncbi.nlm.nih.gov./pmc/articles/PMC2630035/.*

11. «Plague» (Atlanta, Centro de Control de Enfermedades, 14 septiembre 2014). *https://www.cdc.gov/plague/transmission.*

12. *Ibid.*

13. Mark Wheelis, «Biological Warfare at the 1346 Siege of Caffa», *Emerging Infectious Diseases Journal*, vol. 8, n.º 9 (septiembre 2002).

14. Katherine Shulz Richard, «The Global Impact of the Black Death», *ThoughtCo*, 3 marzo 2017. *https://www.thoughtco.com/global.impacts-of-the-black-death-1434480.*

15. G. D. Sussman, «Was the Black Death in India and China?», *Bulletin of the History of Medicine*, vol. 85, n.º 3 (otoño 2011). *http://www.ncbi.nlm.nih.gov./pubmed/22080795.*

16. Benedictow, «The Black Death».

17. *Ibid.*

18. David Routt, «The Economic Impact of the Black Death», *EH.net Encyclopedia*, 20 julio 2008. *https://eh.net/encyclopedia/the-economic-impact-of-the-black-death.*

19. C. W., «Plagued by Dear Labour», *Economist*, 21 octubre 2013. *http://www.economist.com/blogs/freeexchange/2013/10/economic-history-1.*

20. Ker Than, «Massive Population Drop Among Native Americans, DNA Shows», *National Geographic News*, 5 diciembre 2011. *http://news.nationalgeographic.com/news/2011/12/111205-native-americans-europeans-dna-genetics-science.*

21. William M. Donovan, *The Native Population of the Americas in 1492* (Madison, University of Wisconsin Press, 1992), 7.

22. Nathan Nunn y Nancy Quinn, «The Columbian Exchange: A History of Disease, Food and Ideas», *Journal of Economic Perspectives*, vol. 24, n.º 2 (primavera 2010), 165. *https://web.viu.ca/davies/H131/ColumbianExchange.pdf.*

23. *World Population to 2300* (Nueva York, Departamento de las Naciones Unidas de Asuntos Económicos y Sociales/División de Población, 2004), tabla 2. Todas las cifras históricas globales sobre población se han sacado de esta tabla. *http://www.un.org/esa/population/publications/longrange2/WorldPop2300final.pdf.*

24. Steven Pinker, *The Better Angels of Our Nature: Why Vio-*

lence Has Declined (Nueva York, Penguin, 2011) [hay trad. cast., *Los ángeles que llevamos dentro*, Barcelona, Ed. Paidós, 2012].

25. Alfred Crosby, *Germs, Seeds and Animals: Studies in Ecological History* (Nueva York, Routledge, 1994).

26. Pamela K. Gilbert, «On Cholera in Nineteenth Century England», *BRANCH: Britain, Representation and Nineteenth-Century History* (2013). *http://www.branchcollective.org/?ps_articles=pamela-k-gilbert-on-cholera-in-nineteenth-century-england*.

27. Sharon Gouynup, «Cholera: Tracking the First Truly Global Disease», *National Geographic News*, 14 junio 2004. *http://news.nationalgeographic.com/news/2004/06/0614_040614_tvcholera.html*.

28. Judith summers, *Soho: A History of London's Most Colourful Neighborhood* (Londres, Bloomsbury, 1989), 113-117. *http://www.ph.ucla.edu/epi/snow/broadstreetpump.html*.

29. David Vachon, «Doctor John Snow Blames Water Pollution for Cholera Epidemic», *Father of Modern Epidemiology* (Los Ángeles, UCLA, Departamento de Epidemiología, 2005). *http://www.ph.ucla.edu./epi/snow/fatherofepidemiology.html*.

30. «Population of the British Isles», *Tacitus.NU*. *http://www.tacitus.nu/historical-atlas/population/british.htm*.

31. Max Roser y Esteban Ortiz-Ospina, «World Population Growth», *Our World in Data*, 2013/2017. *http://ourworldindata.org/data/population-growth-vital-statistics/world-population-growth*.

32. Michael J. White *et al.*, «Urbanization and Fertility: An Event-History Analysis of Coastal Ghana», *Demography*, vol. 45, n.º 4 (noviembre 2008). *http://www.ncbi.nlm.nih.gov/pmc/articles/PMC2834382*.

33. Elina Pradhan, «Female Education and Childbearing: A Closer Look at the Data», *Investing in Health* (Washington, D.C., Banco Mundial), 24 noviembre 2015. *http://blogs.worldbank.org/health/female-education-and-chilbearing-closer-look-data*.

34. Micahel Haines, «Fertility and Mortality in the United States», *EH.net Encyclopedia*, 19 marzo 2008. *https://eh.net/encyclopedia/fertility-and-mortality-in-the-united-states*.

35. Michael J. McGuire, «John L. Leal: Hero of Public Health», *Safedrinkingwater.com*, 25 septiembre 2012. *https://safedrinkingwaterdotcom.wordpress.com/2012/09/25/john-l-leal-hero-of-public-health*.

36. *Ibid.*

37. «Life Expectancy» (Canberra, Instituto Australiano de Salud y Bienestar, Gobierno de Australia, 7 febrero 2017). *https://www.aihw.gov.au/reports/life-expectancy-death/deaths/contents/life-expectancy.*

38. «Fertility Rates» (Oficina Australiana de Estadística, Gobierno de Australia, 25 octubre 2012). *http://www.abs.gov.au/ausstats/abs@nsf/Products/3301.0-2011-Main+Features-Fertility+rates.*

39. «Harry W. Colmery Memorial Park» (Topeka, Legión Americana, Departamento de Kansas). *http://www.ksamlegion.org/page/content/programs/harry-w-colmery-memorial-park.*

40. «Harry W. Colmery» (Indianápolis, Legión Americana, 2017). *http://www.legion.org/distinguishedservicemedal/1975/harry-w-colmery.*

41. «Servicemen's Readjustment Act (1944)», *Ourdocuments.gov, http://www.ourdocuments.gov/doc.php?flash=true&doc=76.*

42. Organización Mundial de la Salud; Programa Mundial de Alimentos (PMA); Organización de las Naciones Unidas para la Educación, la ciencia y la Cultura (UNESCO); Fondo de las Naciones Unidas para la Infancia (UNICEF).

43. Max Roser, «Life Expectancy», *Our World in Data*, 2017. *http://ourworldindata.org/data/population-growth-vital-statistics/life-expectancy.*

44. Max Roser y Esteban Ortiz-Ospina. «World Population Growth», *Our World in Data*, abril 2017. *https://ourworldindata.org/world-population-growth/.*

45. Mike Hanlon, «World Becomes More Urban Than Rural», *Gizmag*, 29 mayo 2007. *http://www.gizmag.com/go/7334.*

Capítulo 2

1. *Cuando el destino nos alcance [Soylent Green]*, DVD, dirigida por Richard Fleischer (Los Ángeles, MGM, 1973). *http://www.imdb.com/title/tt0070723/.*

2. *Inferno*, DVD, dirigida por Ron Howard (Los Ángeles, Sony, 2016).

3. Donna Gunn MacRae, «Thomas Robert Malthus», *Encyclope-*

dia Britannica. *http://www.britannica.com/biography/Thomas-Ro-bert-Malthus*.

4. Thomas Malthus, *An essay on the Principle of Population as It Affects the Future Improvement of Society, with Remarks on the Spe-culations of Mr. Godwin, M. Condorcet, and Other Writers* (Lon-dres, J. Johnson, 1798) [hay trad. cast., *Primer ensayo sobre la pobla-ción*, Madrid, Ed. Akal, 1984]. *http://www.econlib.org/library/Malthus/malPop1.html#Chapter%2oI*.

5. *Ibid.*

6. *Ibid.*

7. *Ibid.*

8. *Ibid.*

9. Ron Broglio, «The Best Machine for Converting Herbage into Money», en Tamar Wagner y Narin Hassan, eds., *Consuming Culture in the Long Nineteenth Century: Narratives of Consumption 1700-1900* (Lanham, Lexington, 2007), 35. *https: //books.google.ca/books?i-d=NAEZBjQwXBYC&pg=PA35&dq=weight+of+cow+1710+an-d+1795&hl=en&sa=X&ved=oahUKEwiwib_70InKAhUFG-B4KHRmZCqUQ6AEIHDAA#v=onepage&q=weight%200f%20cow%201710%20and%201795&f=false*.

10. Elizabeth Hoyt, «'Turnip' Townsend and the Agriculture Revolution», *Elizabeth Hoyt*. *http://www.elizabethhoyt.com/extras/research/revolution.php*.

11. Tim Lambert, «A History of English Population», *Localhis-tories.org*, 2017. *http://www.localhistories.org/population.html*.

12. Paul Ehrlich, *The Population Bomb* (Rivercity Press, 1968) [hay trad. cast., *La explosión demográfica*, Barcelona, Salvat Edito-res, 1994], xi.

13. *Ibid.*, 17.

14. *Ibid.*, xii.

15. *Ibid.*, 25.

16. Tom Murphy, «UN says MDGs Helped Lift 1 Billion People Out of Poverty», *Humanosphere*, 8 julio 2015. *http: //www.huma-nosphere.org/world-politics/2015/07/u-n-says-mdgs-helped-lift-1-billion-people.out-of-poverty*.

17. «National Air Quality: Status and Trends of Key Air Pollu-tants» (Washington, DC, Agencia de Protección Medioambiental, 2017). *https://www.epa.gov/air-trends*.

18. Dan Egan, «Great Lakes Water Quality Improved, but There Are Still Issues, Report Says», *Milwaukee Journal-Sentinel*, 14 mayo 2013. *http://www.jsonline.com/news/wisconsin/great-lakes-water-quality-improved-but-there-are-still-issues-report-says-149uq79-207463461.html*.

19. Prabhu Pingali, «Green Revolution: Impacts, Limits and the Path Ahead», *Proceedings of the National Academy of Sciences of the United States of America*, 31 julio 2012. *http://www.ncbi.nlm.nih.gov/pmc/articles/PMC3411969*.

20. Tania Branagan, «China's Great Famine: The True Story», *Guardian*, 1 enero 2013. *http://www.theguardian.com/world/2013/jan/01/china-great-famine-book-tombstone*.

21. PIB anual per cápita en dólares constantes según la paridad de poder adquisitivo. Ami Sedghi, «China GDP: How it has changed since 1980», *Guardian*, 23 marzo 2012 (después actualizado). *http://www.the guardian.com/news/datablog/2012/mar/23/china-gdp-since-1980*.

22. «GDP Per Capita of India», *Statistics Times* (Nueva Delhi, Ministerio de Estadística y Ejecución de Programas [IMF], 19 junio 2015). *http://statisticstimes.com/economy/dgp-capita-of-india.php*.

23. Como Max Roser y Esteban Ortiz-Ospina. «Global Extreme Poverty», *Our World in Data*, 2013/2017. *http://ourworldindata.org/data/growth-and-distribution-of-prosperity/world-poverty*.

24. Clyde Haberman, «Retro Report: The Population Bomb?», *New York Times*, 31 mayo 2015. *http://www.nytimes.com/2015/06/01/us/the-unrealized-horrors-of-population-explosion.html?_r=0*.

25. Donella H. Meadows *et al.*, *The Limits to Growth: a Report on the Club of Rome's Project on the Predicament of Mankind* (Nueva York, Universe Books, 1972),23.

26. *Ibid.*, 183.

27. Graham Turner y Cathy Alexander, «*The Limits to Growth* Was Right: New Research Shows We're Nearing Collapse», *Guardian*, 2 septiembre 2014. *http://www.theguardian.com/commentisfree/2014/sep/02/limits-to-growth-was-right-new-research-shows-were-nearing-collapse*.

28. Joel H. Bourne, Jr., *The End of Plenty: The Race to Feed a Crowded World* (Nueva York, Norton, 2015), cap. 14.

29. John Bongaarts y Rodolfo A. Bulatao, eds. *Beyond Six Billion:*

Forecasting the World's Population (Washington, D.C., National Academy Press, 2000), cap. 2. *http://www.nap.edu/read/9828/chapter/4*.

30. *World Population Prospects 2017* (Nueva York, Departamento de las Naciones Unidas de Asuntos Económicos y Sociales /División de Población, 2017). *https://esa.un.org/unpd/wpp*. Todos los datos de fertilidad actuales y previstos de este libro se han sacado de esta fuente si no se dice lo contrario.

31. Entrevista de Darrell Bricker a Wolfgang Lutz, 15 abril 2016.

32. Charlas Tedx, «We Won't Be Nine Billion: Jørgen Randers at TEDX Maastrich», *YouTube*, 11 mayo 2014. *https://www.youtube.com/watch?v=73X8R9NrX3w*.

33. «Don's Panic», *Economist*, 24 septiembre 2014.

34. Fundación Gapminder, «Don't Panic: Hans Rosling Showing the Facts About Population», *YouTube*, 15 diciembre 2014. *https://www.yputube.com/watch?v=FACK2knC08E*.

35. «World Population to Peak by 2055: Report», *CNBC*, 9 septiembre 2013. *http://www.cnbc.com/id/101018722*.

36. «The Astounding Drop in Global Fertility Rates Between 1970 and 2014», *Brilliant Maps*, 23 junio 2015. *http://brilliantmaps.com/fertility-rates*.

37. «Margaret Sanger's the Woman Rebel-One Hundred Years Old», *Margaret Sanger Papers Project* (Nueva York, Universidad de Nueva York, 2014), *https://sangerpapers.wordpress.com/2014/03/20/margaret-sangers-the-woman-rebel-100-years-old*.

38. *OECD Health Statistics 2014: How Does Spain Compare?* (París, OCDE, 2014). *http://www.oecd.org/els/health-systems/Briefing-Note-SPAIN-2014.pdf*.

39. Ashifa Kassam *et al.*, «Europe Need Many More Babies to Avert a Population Disaster», *Guardian*, 23 agosto 2015. *https://www.theguardian.com/world/2015/aug/23/baby-crisis-europe-brink-depopulation-disaster*.

40. «Population Projection for Spain, 2014-2064» (Madrid, Instituto Nacional de Est*adística, 28 octubre 2014), *http://www.ine.es/en/prensa/np870_en.pdf*.

41. Rebecca Flood, «Spain Appoints 'Sex Tsar' in Bid to Boost Declining Population», *Independent*, 25 febrero 2012. *http://www.independent.co.uk/news/world/europe/spain-sex-tsar-population-crisis-baby-parents-demographic-government-a7599091.html*.

42. Ilan Shrira, «History's Mysteries: Why Do Birth Rates Decrease When Societies Modernize?», *Psychology Today*, 14 marzo 2008. *https://www.psychologytoday.com/blog/the-narcissus-in-all-us/200903/history-s-mysteries-why-do-birth-rates-decrease-when-societies.*

43. David Gushee, «Why Is Christianity Declining?», *Religion News Service*, 6 septiembre 2016, *http://religionnews.com/2016/09/06/why-is-christianity-declining.*

44. Patricia Miller, «Women Are Leaving the Church, and the Reason Seems Clear», *Religions Dispatches*, 25 mayo 2016. *http://religiondispatches.org/women-are-leaving-church-and-the-reason-semms-clear.*

45. Oliver smith, «Mapped: The World's Most (and Least) Religion Countries», *Telegraph*, 16 abril 2017. *http://www.telegraph.co.uk/travel/maps-and-graphics/most-religious-countries-in-the-world/.*

46. Linda L. Malenab-Hornilla, «Overview of Urbanization in the Philippines», *Overview of the Philippines Action Plan*, 14 diciembre 2015. *http://www.urbangateway.org/icnup/sites/default/files/ICNUP%20Philippines.pdf.*

47. «Rankings», *2016 Gender Gap Report* (Davos, World Economic Forum, 2016). *http://reports.weforum.org/global-gender-gap-report-2016/rankings/.*

48. Joes Torrres, «Church Attendance in Philippines Declines», *UCA News*, 25 abril 2017. *http://www.ucanews.com/news/church-attendance-in-philippines-declines/78988.*

49. Danielle Erika Hill y Scott Douglas Jacobsen, «Women's Rights in the Philippines: an Overview», *Humanist Voices*, 11 mayo 2017. *https://medoum.com/humanist-voices/womens-rights-in-the-philippines-an-overview-55ab86df42a.*

50. «Highlights of the 2010 Census-Based Population Projections» (Ciudad Quezón, Autoridad Estadística de Filipinas, 9 agosto 2016). *https://www.psa.gov.ph/statistics/census/projected-population.*

Capítulo 3

1. «Total Fertility Rate, 1960-2014», *Statistics Explained* (Luxemburgo, Eurostat, 14 marzo 2016). *http://ec.europa.eu/eurostat/*

*statistics-explained/index-php/File:Total_fertility_rate-1960-2014_*
(live_births_per-woman)_YB16.png.

2. Nikos Konstandaras, «Greece's Dismal Demographics», *New York Times*, 9 diciembre 2013. *http://www.nytimes.com/2013/12/10/ opinion/greeces-dismal-demographics.html.*

3. «Italy Is a 'Dying Country' Says Minister as Birth Rate Plummets», *Guardian*, 13 febrero 2015. *http://www.theguardian.com/ world/2015/feb/13/italy-is-a-dying-country-says-minister-as-birth-rat-plummets.*

4. Zosia Wasik, «Poland's Shrinking Population Heralds Labour Shortage», *Financial Times*, 4 septiembre 2015. *https://www.ft.com/ content/3001e356-2fba-11e5-91ac-a5e17d9bacff.*

5. *Ibid.*

6. Valentina Romei, «Eastern Europe Has the Largest Population Loss in Modern History», *Financial Times*, 27 mayo 2016. *http://blogs.ft.com/ftdata/2016/05/27/eastern-europe-has-the-largest-population-loss-in-modern-history.*

7. Evan Hadingham, «Ancient Chinese Explorers», *Nova*, 16 enero 2001. *http://www.pbs.org/wgbh/nova/ancient/ancient-chinese-explorers.html.*

8. Neil Cummins, «Marital Fertility and Wealth During the Fertility Transition: Rural France 1750-1850», *Economic History Review*, vol. 66, n° 2 (2013), pp. 449-476. *http://onlinelibrary.wiley.com/ doi/10.1111/j.1468-0289.2012.00666.x/epdf?r3_referer=vol&-tracking_action=preview_click&show_checkout=1&purchase_refe-rer=www-overcomingbias.com&purchase_site_license=LICENSE_ DENIED_NO_CUSTOMER.*

9. Jan van Baval y David S. Reher, «What We Know and What We Need to Know About the Baby Boom», informe elaborado para la Reunión Anual de la Asociación Demográfica Estadounidense, San Francisco, mayo 2012. *http://paa2012.princeton.edu/papers/120715.*

10. *Ibid.*, p. 23.

11. Jonathan Luxmore, «With Decline in Participation, Brussels Archdiocese to Close Churches», *National Catholic Reporter*, 8 febrero 2013. *https://www.ncronline.org/news/world/decline-partici-pation-brussels-archdiocese-close-churches.*

12. Jon Anderson, «Belgium's Crisis of Faith», *Catholic Herald*, 15 octubre 2015.

13. «Marriage and Divorce Statistics», *Statistics Explained* (Luxemburgo, Eurostat, 2 junio 2017). *http://ec.europa.eu/eurostat/statistics-explained/index.php/Marriage:and_divorse_statistics#Main_statistical_findings.*

14. «Population Forecast for Belgium» (Denver, Centro Pardee de Futuros Internacionales, Universidad de Denver, 2017). *http://www.ifs.du.edu/ifs/frm_CountryProfile.aspx?Country=BE.*

15. Doug Saunders, «Integration: A New Strategy», *Globe and Mail*, 14 enero 2016. *http://www.theglobeandmail.com/news/world/saunders-avert-extremism-before-it-start-by-building-better-neighbourhoods/article27403775.*

16. Rick Lyman, «Bulgarian Border Police Accused of Abusing Refugees», *New York Times*, 23 diciembre 2015. *http://www.nytimes.com/2015/12/24/world/europe/bulgarian-border-police-accused-of-abusing-refugees-html.*

17. Ruth Alexander, «Why Is Bulgaria's Population Falling Off a Cliff?», *BBC News*, 7 septiembre 2017. *http://www.bbc.com/news/world-europe-41109572.*

18. Alan Yuhas, «Muslim Population to Reach 10% by 2050, New Forecast Shows», *Guardian*, 2 abril 2015. *https://www.theguardian.com/world/2015/apr/02/muslim-population-growth-christian-religion-pew.*

19. Patrick Worrall, «Fact Check: Will Britain Have a Muslim Majority by 2015?», *Channel 4*, 14 junio 2013. *http://blogs.channel4.com/factcheck/factcheck-will-britain-have-a-muslim-majority-by-2050.*

20. «Gunnar Myrdal, Analyst of Race Crisis, Dies», *New York Times*, 18 mayo 1987. *http://www.nytimes.com/1987/05/18/obituaries/gunnar-myrdal-analyst-of-race-crisis-dies.html?page-wanted=all.*

21. Mary Johnson. «Alva and Gunnar Myrdal: The Great Happiness of 'Living to Be Very Old and Together'», *People*, 11 agosto 1980. *http://www.people.com/people/archive/article/0,,20077164,00.html.*

22. *Ibid.*

23. Stephen Philip Kramer, «Sweden Pushed Gender Equality to Boost Birth Rates», *We News*, 26 abril 2014. *http://womensnews.org/2014/04/sweden-pushed-gender-equality-boost-birth-rates.*

24. Kajsa Sundström, «Can Governments Influence Population

Growth?», *OECD Observer*, noviembre 2001. *http://www.oecdob-server.org/news/archivestory.php/aid/563/Can_governments_influence_population_growth_html.*

Capítulo 4

1. Entrevista de John Ibbitson a Youngtae Cho, octubre 2016.

2. El comentario fue expuesto en el Foro Canadá-Corea de 2016, que organiza anualmente el Centro de Innovación para la Gobernanza Internacional, Waterloo, Canadá (27 octubre 2016).

3. «World's Largest Cities», *worldatlas.com. http://www.worldatlas.com/city-pops.htm*. No obstante, definir la población de las ciudades no es tarea fácil. Estas pueden ser definidas por sus límites administrativos (los límites del gobierno municipal), su «aglomeración urbana» (el área urbana contigua), o su «área metropolitana» (la región conectada económicamente con la ciudad y dependiente de ella). La *World Urbanization Prospects* de las Naciones Unidas evalúa las principales ciudades del mundo basándose en la medición de la aglomeración urbana, que utilizamos a lo largo de todo el libro por razones de coherencia. De acuerdo con esto, Seúl tiene 9,8 millones de habitantes. *The World's Cities in 2016* (Nueva York, Departamento de las Naciones Unidas de Asuntos Económicos y Sociales/División de Población, 2016). *http://www.un.org/en/development/desa/population/puboications/pdf/urbanization/the_worlds cities_in_2016_data_booklet.pdf.*

4. David Pilling, «The End of Asia's Demographic Dividend», *Financial Times*, 14 marzo 2012. *https://www.ft.com/content/bd93506-6d00-11e1-a7c7-00144feab49a.*

5. Meagan Hare, «A Brief History of the Walkman», *Time*, 1 julio 2009. *http://content.time.com/time/nation/article/0,8599,1907884,00.html.*

6. Olga Garnova, «Japan's Birthrate: Beginning of the End or Just a New Beginning?», *Japan Times*, 10 febrero 2016. *http://www.japantimes.co.jp/community/2016/02/10/voices/japan-birth-rate-beginning-end-just-new-beginning/#V6Y0WWUz5Ec.*

7. «Inspector Knock», *Economist*, 20 agosto 2016. *https://www.economist.com/news/asia/217005375-getting-passport-not-easy-inspectors-knock.*

8. «Japanese Citizenship: How to Become Japanese», *Just Landed*. *https://www.justland.com/english/Japan/Japan-Guide/Visas-Permits/Japanese-citizenship*.

9. John Creighton Campbell, «Japan's Aging Population: Perspectives of 'Catastrophic Demography'», *Journal of Asian Studies*, vol. 67, n° 4 (noviembre 2008). *http://www.jstor.org/stable/20203491?seq=1#page_scan_tab_contents*.

10. Sarah Harper, *How Population Change Will Transform Our World* (Oxford, Oxford University Press, 2016), 50.

11. Adam Taylor, «It's Official: Japan's Population Is Dramatically Shrinking», *Washington Post*, 26 febrero 2016. *https://www.washingtonpost.com/news/worldviews/wp/2016/02/26/its-official-japans-population-is-drastically-shrinking*.

12. «Japanese Voters Want to Plan to Handle Declining Population», *Economist*, 5 octubre 2017. *https://www.economist.com/news/asia/21730003-election-campaign-disppointing-them-japanese-voters-want-plan-handle-declining?fsrc=scn/tw/te/bl/ed/japanesevoterswantaplantohandledecliningpopulation*.

13. «Age Dependency Ratio», *Data* (Washington, D.C., Banco Mundial, 2016). *http://data.worldbank.org/indicator/SP.POP.DPND*.

14. Naoyuki Yoshino y Farhad Taghizadeh-Hesary, *Causes and Remedies for Japan's Long-Lasting Recession: Lessons for the People's Republic of China* (Tokio, Instituto del Banco Asiático de Desarrollo, 2015). *http://www.adb.org/publications/causes-and-remedies-japan-long-lasting-recession-lessons-china*.

15. Paul Yip *et al.*, *An Analysis of the Lowest Total Fertility Rate in Hong Kong SAR* (Tokio, Universidad de Hitosubashi). *http://www.ier.hit-u.ac.jp/pie/stage1/Japanese/seminar/workshop0612/yip.pdf*. Las Naciones Unidas estiman que es de 1,2.

16. Kelsey Chong, «South Korea's Troubled Millenial Generation», *BerkeleyHaas*, 27 abril 2016. *http://cmr.berkeley.edu/blog/2016/4/south-korea/#fn4*.

17. *Ibid.*

18. *Ibid.*

19. Garnova, «Japan's Birthrate».

20. Takao Komine, «Effective Measures to Halt Birthrate Decline», *Discuss Japan (Japan Foreign Policy Forum*, vol. 22, sin fecha).

http://www.japanpolicyforum.jp/pdf/2014/n022/DJweb_22_eco_01. pdf.

21. «Labor Force Participation Rate: Female», *Data* (Washington, D.C., Banco Mundial, 2016). *http://data.worldbank.org/indicator/SL.TLF.CACT.FE.ZS.*

22. «Mother's Mean Age at First Birth», *World Factbook* (Washington, D.C., Agencia Central de Inteligencia, 2017). *https://www.gov/library/publications/the-world-factbook/fields/2256.html.*

23. «S. Korea's Marriage Rate Hits Record Low Level Amid Economic Slowdown», *Pulse by Maeil Business News Korea,* 7 abril 2016. *http://pulsenews.co.kr/view.php?n0=256641&year=2016.*

24. List of Countries by Refugee Population», *Wikipedia,* a partir de datos del ACNUR. *https://en.wikipedia.org/wiki/List_of_countries_by_refugee_population.*

25. Chris Burgess, «Japan's 'No Immigration Principle' Looking as Solid as Ever», *Japan Times,* 28 junio 2014. *http://www.japantimes.co.jp/community/2014/06/18/voices/japans-immigration-principle-looking-solid-ever/#.WC8q33cZPBI.*

26. «The Upper Han», *Economist,* 19 noviembre 2017. *http://www.economist.com/news/briefing/21710264-worlds-rising-superpower-has-particular-vision-ethnicity-and-nationhood-has.*

27. «New Pledge of Allegiance to Reflect Growing Multiculturalism», *Chosunilbo,* 18 abril 2011. *http://english-chosun.com/site/data/html_dir/2011/04/18/2011041801112.html.*

28. «How Large Is the Job Market for English Teachers Abroad?», *International TEFL Academy. https://www.internationalteflacademy.com/faq/bid/102201/how-large-is-the-job-market-for-english-teachers-abroad.*

29. Entrevista extraoficial de John Ibbitson.

30. Rajeshni Naidu-Ghelani, «Governments Organize Matchmaking as Asia's Birthrates Fall», *CNBC,* 24 octubre 2012. *http://www.cnbc.com/id/49471704.*

31. MentosSingapore, «Mentos National Night», *YouTube,* 1 agosto 2012. *https://www.youtube.com/watch?v=ojxU89x78ac.*

32. «South Korea's New Drive to Boost Flagging Birthrate», *BBC News,* 26 agosto 2016. *http://www.bbc.com/news/blogs-news-from-elsewhere-37196870.*

Capítulo 5

1. «Mother's Mean Age at First Birth.»

2. Sara Jane Glynn, «Families Need More Help to Take Care of Their Children», *Fact Sheet: Child Care* (Washington, D.C., Centro para el Progreso Americano, 16 agosto 2012). *https://www.americanprogress.org/issues/economy/news/2012/08/16/11978/fact-sheet-child-care*.

3. Camilla Cornell, «The Real Cost of Raising Kids», *Moneysense*, 10 agosto 2011. *http://www.moneysense.ca/magazine-archive/the-real-cost-of-raising-kids*.

4. «Over a Third of Single-Parent Families Depend on Welfare», *The Local*, 6 julio 2016. *https://www.thelocal.de/20160706/study-more-children-facing-poverty*.

5. «Adolescent Fertility Rate» (Nueva York, Departamento de las Naciones Unidas de Asuntos Económicos y Sociales/División de población, 2017). *http://data.worldbank.org/indicator/SP.ADO.TFRT*.

6. «The Wage Gap Over Time» (Washington, D.C., Comité Nacional sobre la Igualdad Salarial, septiembre 2016). *https://www.payequity.org/info-time.html*.

7. Mark Hugo López y Ana González-Barrera, «Women's College Enrollment Gains Leave Men Behind» (Washington, D.C., Centro de Investigaciones Pew, 8 marzo 2014). *http://www.pewresearch.org/fact-tank/2014/03/06/womens-college-enrollment-gains-leave-men-behind*.

8. «Growth in the Proportion of Female Medical Students Begins to Slow» (Londres, Consejo General Médico, 2013). *http://www.gmc-uk.org/information_for_you/23490.asp*.

9. «Women Still Underrepresented in STEM Fields», *USA Today*, 21 octubre 2015. *http://www.usnews.com/news/articles/2015/10/21/women-still-underrepresented-in-stem-fields*.

10. Claire Cain Miller, «The Gender Pay Gap Is Largely Because of Motherhood», *New York Times*, 13 mayo 2017. *https://www.nytimes.com/2017/05/13/upshot/the-gender-pay-is-largely-because-of-motherhood.html*.

11. «Project On Student Debt: State by State Data 2015» (Washington, D.C., Instituto para el Acceso y el Éxito Universitarios, 2015). *http://ticas.org/posd/map-state-data-2015*.

12. «Social Indicators of Marital Health and Well-Being», *State of Our Unions*, 2011. *http://www.stateofourunions.org/2011/social_indicators.php*.

13. Joyce A. Martin *et al.*, «Births: Final Data for 2015», *National Vital Statistics Reports*, vol. 66, n.º 1 (5 enero 2017). *https://www.cdc.gov/nchs/data/nvsr/nvsr66/nvsr66_01.pdf*.

14. Kathryn Blaze Carleson, «Curtain Lifts on Decades of Forced Adoptions for Unwed Mothers in Canada», *National Post*, 9 marzo 2012. *http://nationalpost.com/news/canada/curtain-lifts-on-decades-of-forced-adoptions-for-unwed-mothers-in-canada*.

15. «Intercountry Adoption: Statistics» (Washington, D.C., Oficina de Asuntos Consulares, Departamento de Estado, 2017). *https://travel.state.gov/content/adoptionsabroad/en/about-us/statistics.html*.

16. Emma Graney, «Looking to Adopt in Alberta? Statistics Show There are Fewer Children Waiting for a Home», *Edmonton Journal*, 7 julio 2016. *http://edmontonjournal.com/news/insight/alberta-adoption-numbers-plunge*.

17. Ryan Middleton, «2015 Highest Grossing Music Festivals», *Music Times*, 19 enero 2016. *http://www.musictimes.com/articles/62358/20160119/2015-highest-grossing-music-festivals-coachella-edc-outside-lands-top-list.htm*.

18. James Beal, «Welcome to Oldchella: The Rolling Stones, Paul McCartney, Bob Dylan and Other Legendary Rockers Take to the Stage for Mega Show», *The Sun* (edición RU), 10 octubre 2016. *https://www.thesun.co.uk/tvandshowbiz/1943185/coachella-the-rolling-stones-paul-mccartney-bob-dylan-and-other-legendary-rockers-took-to-the-stage-for-mega-show*.

19. «Welcome to the Boomaissance; Mindshare North American Releases New Culture Vulture Trends Report», *PR Newswire*, 26 junio 2017. *http://www.prnewswire.com/news-releases/welcome-to-the-boomaissance-mindshare-nort-america-releases-new-culture-vulture-trends-reposrt-300397650.html*.

20. «Baby Boomers Will Control 70% of Disposable Income» (Londres, Impact Business Partners, 22 febrero 2016). *https://impact-bp.com/baby-boomers*.

21. Feng Wang, «China's Population Destiny: The Looming Crisis», Washington, D.C., Brookings Institution, 30 septiembre 2010.

https://www.brookings.edu/articles/chinas-population-destiny-the-looming-crisis.

22. *Ibid.*

Capítulo 6

1. *World Economic Outlook, April 2017: Gaining Momentum?* (Washington, D.C., Fondo Monetario Internacional, 2016). *http://www.imf.org/en/Publications/WEO/Issues/2017/04/04/world-economic-outlook-april-2017.*

2. «2017 World Population Data Sheet» (Washington, D.C., Oficina de Referencia de Población, 2017). *http://www.prb.org/pdf17/2017_World_Population.pdf.*

3. «Median Age by Continent», *MapPorn* (Reddit, 2017). *https://www.reddit.com/r/MapPorn/comments/6lgvdm/median_age_by_continent_6460x3455/.*

4. «Kenia», *World Factbook* [Libro Mundial de Hechos] (Washington, D.C., Agencia Central de Inteligencia, 14 noviembre 2017). *https://www.gov/library/publications/the-world-factbook/geos/ke.html.*

5. «Kenya SPEC Barometer Survey» (París, Ipsos Public Affairs, 16 julio 2016), datos confidenciales.

6. «Kenya», *World Factbook.*

7. «Kenya SPEC Barometer Survey.»

8. *Ibid.*

9. «Kenya», *World Factbook.*

10. *Ibid.*

11. *Ibid.*

12. «Kenya Demographic and Health Survey, 2014» (Nairobi, Oficina Nacional de Estadística de Kenia, 2015). *https://dhsprogram.com/pubs/pdf/FR308/FR308.pdf.*

13. «Kibera Facts and Information», *Kibera-UK. http://www.kibera.org.uk/facts-info.*

14. Entrevista de Darrell Bricker. Todas las entrevistas de este capítulo se llevaron a cabo de forma confidencial.

15. «Corruption by Country: Kenya» (Berlín, Transparencia Internacional, 2016). *https://www.transparency.org/country/KEN.*

16. «2017 Index of Economic Freedom» (Washington, D.C., Fundación Heritage, 2017). *http://www.heritage.org/index/ranking.*

17. «Table of Country Scores», *Freedom in the World 2016* (Washington, D.C., Freedom House, 2017). *https: //freedomhouse. org/report/freedom-world-2016/table-scores.*

18. Entrevista de Darrell Bricker.

19. *Ibid.*

20. «Kenya», *World Population Prospects 2017* (Nueva York, Departamento de las Naciones Unidas de Asuntos Económicos y Sociales/División de Población, 2017). *https://esa.un.org/unpd/wpp/Graphs/Probabilistic/FERT/TOT.*

21. Chris Wamalwa, «Education in Kenya Needs Faster Reform», *World Policy Blog*, 17 mayo 2017. *http://www.worldpolicy. org/2017/05/23/education-kenya-needs-faster-reform.*

22. «Education in Kenya», *World Education News and Review*, 2 junio 2015. *http://wenr.org/2015/06/education-kenya.*

23. «Kenya Fact Sheet», *UNESCO Global Partnership for Girl's and Women's Education, One Year On* (Nueva York, UNESCO, 2012). *http://www.unesco.org/eri/cp/factsheets_ed/KE_EDFactSheet.pdf.*

24. Mokua Ombati, «Education Gender Parity: Challenges of the Kenyan Girl», *Journal of Women's Entrepreneurship and Education*, nos 3-4 (2013). *https://www.academia.edu/6037067/Educational_Gender_Parity_Challenges:of_the_Kenyan_Girl.*

25. Wolfgang Lutz, William P. Butz, Samir K. C., eds. *World Population and Human Capital in the Twenty-First Century* (Viena, Centro Wittgenstein para la Demografía y el Capital Humano Global, 2014), documento de síntesis.

26. «Kenya Demographic and Health Survey, 2014.»

27. Nana Naitashvili, «Infant Mortality and Fertility», *Population Horizons*, verano 2014. *https://www.ageing.ox.ac.uk/download/143.*

28. Elizabeth Mareb, «Kenyan Population Expected to Hit 81 Million as Fertility Rates Soar», *Daily Nation*, 6 septiembre 2015. *http://www.nation.co.ke/news/Kenya-population-to-hit-81-million-as-fertility-rates-soar/-/1056/2860682/-/ybvkdx/-index.html.*

29. Entrevista de Darrell Bricker.

30. *Ibid.*

31. *Ibid.*

32. «Bride Price App-The Easy Way to Calculate Dowry», *Up Nairobi*, 24 julio 2014. *http://www.upnairobi.com/oldsite/dt_portfolio/bride-price-app.*

33. Entrevista de Darrell Bricker.

34. *Ibid.*

35. Geoffrey York, «Trump's Aid Cuts Risk Pushing Women 'into the Dark Ages', Spelling Trouble for Rising World Population», *Globe and Mail*, 6 abril 2017. *http://www.theglobeandmail.com/news/world/africa-contraception-and-population-growth/article34599155.*

36. *Women's Rights in Africa* (Addis Abeba, Comisión de la Unión Africana, 2017). *http://www.ohchr.org/Documents/Issues/Women/WRGS/WomensRightsinAfrica_singlepages.pdf.*

37. *Ibid.*

38. Valerie Amos y Toyin Saraki, «Female Empowerment in Africa: The Critical Role of Education», *Times Higher Education*, 29 abril 2017. *https://www.timeshighereducation.com/blog/female-empowerment-africa-critical-role-education.*

39. *Strategies for Girls' Education* (Nueva York, UNICEF, 2004). *https://www.unicef.org/sowc06/pdfs/sge_English_Version_B.pdf.*

40. «Overview of Gender Parity in Education», *UNESCO e-Atlas of Gender Inequality in Education* (París, Unesco, 2017). *http://www.tellmaps.com/uis/gender/?lang=en#!/tellmap/-1195952519.*

41. *The World Bank in Kenya* (Washington, D.C., Banco Mundial). *http://www.worldbank.org/en/country/Kenya/overview.*

42. «Kenya», *World Factbook*.

Capítulo 7

1. Alex Cuadros, «The Most Important Criminal Conviction in Brazil's History», *New Yorker*, 13 julio 2017. *http://www.newyorker.com/news/news-desk/the-most-important-criminal-in-brazils-history.*

2. «Brazil: Economic Forecast summary (junio 2017)» (París, OCDE). *http://www.oecd.org/eco/outlook/brazil-economic-forecast-summary.htm.*

3. George Martine y Gordon McGranahan, «Brazil's Early Urban Transition: What Can It Teach Urbanizing Countries?» (Londres, Instituto Internacional para el Medio Ambiente y el Desarrollo, Agosto 2010). *https://www.citiesalliance.org/sitesalliance.org/files/ IIED_Brazil%27sEarlyUrbanTransition.pdf.*

4. «The Future of World Religions: Population Growth Projections 2010-2050» (Washington, D.C., Centro de Investigaciones Pew, 2 abril 2015). *http://www.pewforum.org/2015/04/02/religious-projections-2010-2050.*

5. Sarah R. Hayward y S. Philip Morgan, «Religiosity and Fertility in the United States: The role of Fertility Intentions», *Social Forces*, vol. 86, n.° 3 (2008). *https://www.ncbinlm,nih.gov/pmc/articles/ PMC2723861.*

6. *Ibid.*

7. «Religion in Latin America» (Washington, D.C., Centro de Investigaciones Pew. 13 noviembre 2014). *http://www.pesforum. org/2014/11/13/religion-in-latin-america.*

8. P. J. Henry y Geoffrey Wetheerell, «Countries with Greater Gender Equality Have More Positive Attitudes and Laws Concerning Lesbians and Gay Men», *Sex Roles,* octubre 2017. *https://link. springer.com/article/10.1007/s11199-017-0744-0.*

9. «Brazil Poverty and Wealth», *Encyclopedia of the Nations. http://www.nationsencyclopedia.com/economies/Americas/Brazil-POVERTY-AND-WEALTH.html.*

10. Sarah de Ste. Croix, «Brazil Strives for Economic Equality», *Rio Times,* 7 febrero 2012. *http://riotimesonline.com/brazil-news/ rio-business/brazil-strives-for-economic-equality.*

11. Bill Worley, «Brazil Saw More Violent Deaths Than in Civil-War-Torn Syria, Report Says», *Independent,* 29 octubre 2016. *http:// www.independent.co.uk/news/world/americas/brazil-deaths-violent-crime-syria-police-brutality-report-brazilian-forum-for-public-security-a7386296.html.*

12. Entrevista de Darrell Bricker a Eduardo Marques.

13. Teresa Caldeira, *City of Walls: Crime, Segregation, and Citizenship in São Paulo* (Berkeley, University of California Press, 2001).

14. «Brazil Slum Dwellers Shun Home Ownership, Fearing Gentrification», *Reuters,* 2 febrero 2017. *http://www.voanews.com/a/ rio-slum-favela-home-ownership-gentrification/3705588.html.*

15. Entrevista de Darrell Bricker, realizada de manera extraoficial. Véase también: Dom Phillips, «How Directions on the Waze App Led to Death in Brazil's Favelas», *Washington Post*, 5 octubre 2015.

16. Ipsos es uno de los patrocinadores privados del centro de acogida.

17. Leticia J. Marteleto y Molly Dondero, «Maternal Age at First Birth and Adolescent Education in Brazil», *Demographic Research*. Vol. 28 (10 abril 2013). *http://www.demographic-research.org/volumes/vol28/28/28-28.pdf.*

18. George Martine, «Brazil's Fertility Decline, 1965-95: A Fresh Look at Key Factors», *Population and Development Review*, vol. 22, n.º 1 (marzo 1996).

19. Eliana La Ferrara, Alberto Chong y Suzanne Duryea, «Soap Operas and Fertility: Evidence from Brazil», *American Economic Journal: Applied Economics*, vol. 4, n.º 4 (octubre 2012).

20. Martine, «Brazil's Fertility Decline».

21. Cynthia Gorney, «Brazil's Girl Power», *National Geographic*, septiembre 2011. *http://ngm.nationalgeographic.com/2011/09/girl-power/gorney-text.*

22. Martine, «Brazil's Fertility Decline».

23. Caldeira, *City of Walls*, 41.

Capítulo 8

1. Eric Wyman, «Becoming Human: The Evolution of Walking Upright», *Smithsonian.com*, 6 agosto 2012. *http://www.smithsonianmag.com/science-nature/becoming-human-the-evolution-of-walking-upright-13837658.*

2. «What Does It Mean to Be Human?», *Smithsonian Institution's Human Resources Program*. *http://humanorigins.si.edu/human-characteristics/humans-characteristics/humans-change-world.*

3. «The Genographic Project: Map of Human Migration», *National Geographic*. *https://genographic.nationalgeographic.com/human-journey.*

4. Margot Pepper, «More Than Half of Americans Have Never Travelled Outside the Country—and a Third Do Not Even Have

Passports», *Daily Mail*, 23 mayo 2013. *http://www.dailymail.co.uk./femail/article-2329298/More-half-Americans-NEVER-traveled-outside-country-passport.html.*

5. Gut Abel y Nikola Sander, «Quantifying Global International Migration Flows», *Science*, 28 marzo 2014. *http://science.science.org/content/343/6178/1520-figures-only.*

6. «Irish Potato Famine: Introduction», *The History Place*, 2000. *http://www.historyplace.com/worldhistory/famine/introduction.htm.*

7. Jim Shaughnessy, «The Great Famine Coffin Ships' Journey Across the Atlantic», *IrishCentral*, 18 junio 2015. *http://irishcentral.com/roots/genealogy/the-great-famine-coffin-ships-journey-across-the-atlantic.* Y «Irish Potato Famine: Coffin Ships», *The History Place, 2000. http://www.historyplace.com/worldhistory/famine/coffin.htm.*

8. «John F. Kennedy and Ireland», *John F. Kennedy Presidential Library and Museum. https://www.jflibrary.org/JFK/JFK-in-History/John-F-Kennedy-and-Ireland.aspx.*

9. Alexandra Molnar, *History of Italian Immigration* (South Hadley, Mount Holyoke College, 9 diciembre 2010). *https://www.mtholyoke.edu/.molna22a/classweb/politics/Italianhistory.html.*

10. Max Roser y Esteban Ortiz-Ospina, «Global Extreme Poverty», *Our World in Data*, 2013/2017. *http://ourworldindata.org/data/growth-and-distribution-of-prosperity/world-poverty.*

11. «Global Figures at a Glance», *Global Trends 2015* (Ginebra, ACNUR, 2016). *http://www.unhcr.org/figures-at-a-glance.html.*

12. Bernard Wasserstein, «European refugee Movements After World War Two», *BBC History*, 17 febrero 2017. *http://www.bbc.co.uk/history/worldwars/wwtwo/refugees_01.shtml.*

13. «Flight and Expulsion of Germans (1944-50)», *Wikipedia. https://es.wikipedia.org/wiki/Flight_and_expulsion_of_Germans_(1944-50).*

14. «World War II China: Refugees», *Children in History. http://histclo.com/essay/war/ww2/cou/china/home/w2ch-ref.html.*

15. Rana Mitter, «Forgotten Ally? China's Unsung Role in WWII», *CNN*, 31 agosto 2015. *http://histclo.com/essay/war/ww2/cou/china/home/w2ch-ref.html.*

16. *International Migration Report 2015* (Nueva York, Departa-

mento de las Naciones Unidas de Asuntos Económicos y Sociales/ División de Población, septiembre de 2016). *http://www.org/en/development/desa/population/migration/publications/migrationreport/docs/MigrationReport2015.pdf.*

17. «Country Comparison: Population», *World Factbook* (Washington, D.C., Agencia Central de Inteligencia) [Libro Mundial de Hechos]. *https://www.cia.gov/library/publications/the-world-factbook/rankorder/211rank.html.*

18. *Ibid.*

19. *Global Trends: Forced Displacement in 2015* (Ginebra, ACNUR, 20 junio 2016). *http://www.unhcr.org/576408cd7.pdf.*

20. «Nearly Half a Million Displaced Syrians Return Home», *Al Jazeera*, 1 julio 2017. *http://www.aljazeera.com/news/2017/07/million-displaced-syrians-return-home-170701040728296.html.*

21. *International Migration Report 2015.*

22. *Ibid.*

23. *Ibid.*

24. *Ibid.*

25. *Ibid.*

26. *Ibid.*

27. Anna Gonzalez-Barrera, «More Mexicans Leaving Than Coming to the U.S.» (Washington, D.C., Centro de Investigaciones Pew, 19 noviembre 2015). *http://www.pewhispanic.org/2015/11/19/more-mexicans-leaving-than-coming-ti-the-u-s.*

28. Congresista Keith Ellison, «Keith on ABC's 'This Week' 7/26/15», *YouTube*, 24 mayo 2016. *https://www.youtube.com/watch?v=FHkPadFK340.*

29. «Full Text: Donald Trump Announces a President Bid», *Washington Post*, 16 junio 2015. *https://www.washingtonpost.com/news/post-politics/wp/2015/06/16/full-text-donald-trump-announces-a-president-bid/?utm_term=.ea78b474e6a9.*

30. Yankee Patriot News, «Trump: 'Complete Shutdown' on Muslims Entering the United States-Speech», *YouTube*, 8 diciembre 2015. *https://www.youtube.com/watch?v=YWlQ3buH9FI.*

31. Jeffrey Sparshott, «Immigration Does More Good Than Harm to Economy, Study Finds», *Wall Street Journal*, 22 septiembre 2016. *http://www.wsj.com/articles/immigration-does-more-good-than-harm-to-economy-studt-finds-1474568991.*

32. *Ibid.*

33. *International Migration Report 2015.*

34. «Worldwide Displacement Hits All-time High as War and Persecution Increase» (Ginebra, ACNUR, 18 junio 2015). *http:// www.unhcr.org/news/latest/2015/6/558193896/worldwide-displacement-hits-all-time-high-war-persecution-increase.html.*

35. «Fecund Foreigners?», *Economist*, 20 abril 2016. *http://www. economist.com/news/international/21697819-immigrants-do-less-raise-birth-rates-generally-believed-fecund-foreigners?frsc=dg%7Ca.*

36. *World Urbanization Prospects: The 2014 Revision, Highlights* (Nueva York, Naciones Unidas, Departamento de Asuntos Económicos y Sociales, División de Población, 2014). *https://esa.un.org/ unpd/wup/Publications/Files/WUP2014-Highlights.pdf.*

37. *Ibid.*

38. *Ibid.*

39. Howard French, «How Africa's New Urban Centers Are Shifting Its Old Colonial Boundaries», *Atlantic*, 1 julio 2013. *http://www. theatlantic.com/international/archive/2013/07/how-africas-new-urban-centers-are-shifting-its-old-colonial-boundaries/277425.*

Capítulo 9

1. *«World Population Prospects, 2017 Revision* (Departamento de las Naciones Unidas de Asuntos Económicos y Sociales/División de Población, 2017). *https://esa.un.org/unpd/wpp.*

2. «China *vs.* United States», *Index Mundi*, 2017. *http://www. indexmundi.com/factbook/compare/china.united-states.*

3. Branko Milanović, «Inequality in the United States and China», *Harvard Business Review*, 17 enero 2014. *https://hbr.org/2014/01 /inequality-in-the-united-states-and-china.*

4. Feng Wang, «China's Population Destiny: The Looming Crisis», *Brookings*, 30 septiembre 2010. *https://www.brookings.edu/articles/chinas-population-destiny-the-looming-crisis.*

5. Joan Kaufman, «China Now Has the Lowest Fertility Rate in the World», *National Interest*, 1 diciembre 2016. *http://nationalinterest.org/blog/the-buzz/china-now-has-the-lowest-fertility-rate-the-world-18570?page=2.*

6. Aileen Clarke y Mónica Serrano, «See How the One-Child Policy Changed China», *National Geographic*, 13 noviembre 2015. *http://news.nationalgeographic.com/2015/11/151113-datapoints-china-one-child-policy.*

7. Xin En Lee, «What Does the End of the One-Child Policy Mean for China?», *CKGSB Knowledge*, 6 abril 2016. *http://knowledge.ckgsb.edu.cn/2016/04/06/demographics/what-does-the-end-of-the-one-child-policy-mean-for-china.*

8. *Ibid.*

9. Wu Yan, «Chinese Life Expectancy Up to More Than 76 Years», *China Daily*, 27 julio 2017. *http://www.chinadaily.com.cn/china/2017-07/26/content_30256796.htm.*

10. *Ibid.*

11. *Ibid.*

12. Wang, «China's Population Destiny».

13. Marc Weisskopf, «Is a Pregnant Woman's Chance of Giving Birth to a Boy 50 Percent?», *Scientific American*, 15 noviembre 2004. *https://www.scientificamerican.com/article/is-a-pregnant-womans-chan.*

14. Kaufman, «China Now Has the Lowest Fertility Rate in the World».

15. Simon Denyer, «Researchers May Have 'Found' Many of China's 30 Million Missing Girls», *Washington Post*, 30 noviembre 2016. *https://www.washingtonpost.com/news/worldviews/wp/2016/11/30/researchers-may-have-found-many-of-chinas-30-million-missing-girls/?utm_term=d3eff1d7438.*

16. Wang, «China's Population Destiny».

17. Kaufman, «China Now Has the Lowest Fertility Rate in the World».

18. Susan E. Short, Ma Linmao y Yu Wentao, «Birth Planning and Sterilization in China», *Population Studies*, vol. 54, n.º 3 (noviembre 2000), pp. 279-291. *https://www.ncbi.nlm.gov/m/pubmed/116440214.*

19. Douglas Todd, «High Birthrate Among Immigrant Women Has Implications for Canada», *Vancouver Sun*, 8 agosto 2013. *http://www.vancouversun.com/life+birthrate+among+immigrant+women+implications+Canada/8766093/story.html#-federated=1.*

20. «China's Demographic Divisions Are Getting Deeper», *Economist*, 21 septiembre 2017. *https://www.economist.com/news/*

china/21729573-no-province-has-many-babies-some-shortfalls-are-much-worse-others-chinas-demographic.

21. Yang Fan, «Low Fertility in China: How Credible Are Recent Census Data», Unión Internacional para el Estudio Científico de la Población, sin fecha. *https://iussp.org/sites/default/files/event_call_for_papers/Low%20Fertility%20in%2oChina-How%20Credible%20are%20Recent%20Census%20Data-YangFab.pdf.*

22. Kaufman, «China Now Has the Lowest fertility Rate in the World».

23. Katie Ngai, «China's Population Could Drop Below 1 Billion by the end of the Century», *Shanghaiist*, 2 julio 2016. *http://shanghaiist.com/2016/07/02/china_population_to_drop:below_1_billion-php.*

24. «China's Demographic Divisions Are Getting Deeper.»

25. Nita Bhalla, «Rickshaw Drivers Take 'Respect for Women' Message to Delhi's Streets», *Reuters*, 12 noviembre 2014. *http://in.reuters.com/article/india-women-autorickshaws-idINKC-N0IW1GN20141112.*

26. Entrevista de Darrell Bricker.

27. K. Srinivasan y K. S. James, «The Golden Cage: Stability of the Institution of Marriage in India», *Economic and Political Weekly*, vol. 50, n.º 13 (28 marzo 2015).

28. «India Sees Huge Spike in 'Honour' Killings», *Al Jazeera*, 7 diciembre 2016. *http://www.aljazeera.com/news/2016/12/india-sees-huge-spike-honour-killings-161207153333597.html.*

29. Srinivasan y James, «The Golden Cage».

30. Entrevista de Darrell Bricker.

31. *Ibid.*

32. Entrevista de Darrell Bricker al profesor K. S. James.

33. Geeta Panday, «Why Do Women Go to Sterilization Camps?», *BBC News*, 11 noviembre 2014. *http://www.bbc.com/news/world-asia-india-29999883.*

34. *Ibid.*

35. *Ibid.*

36. Dhananjay Mahapatral, «Half of Delhi's Population Lives in Slums», *Times of India*, 4 octubre 2012. *http://timesofindia.indiatimes.com/city/delhi/Half-of-Delhis-population-lives-in-slums/articleshow/16664224.cms.*

Capítulo 10

1. «Pakistan Would Move Toward China, Russia, as US Is Declining Power», *Times of India*, 6 octubre 2016. *http://timesofindia.indiatimes.com/world/pakistan/Pakistan-would-move-towards-China-Russia-as-US-is-declining-power/articleshow/54708689.cms.*

2. *Global Trends 2030: Alternative Worlds* (Washington, D.C., Consejo Nacional de Inteligencia, 2012). *https://globaltrends2030.files.wordpress.com/2012/11/global-trends-2030-november2012.pdf.*

3. «QS World University Rankings 2016-2017», *QS. https://www.topuniversities.com/university-rankings/world-university-rankings/2016.*

4. Ayez Ahmed, «Is the U.S. a Declining Power?», *International News*, 14 agosto 2016. *https://www.thenews.com.pk/print/142341-Is-the-US-a-declining-power.*

5. «Best Selling Books of All Time», *James Clear. http://jamesclear.com/best-books/best-selling.*

6. Ely Ratner y Thomas Wright, «America's Not in Decline-It's on the Rise», *Washington Post*, 18 octubre 2013. *https://www.washingtonpost.com/opinions/americas-not-in-decline-its-on-the-rise/2013/10/18/4dde76be-35b1-11e3-80c6-7e6dd8d22d8f_story.html?utm_term=.894898e7b074.*

7. Josef Joffe, «The Canard of Decline», *American Interest*, 10 octubre 2013. *http://www.the-american-interest.com/2013/10/10/the-canard-of-decline.*

8. «Most Say Immigrants Strengthen the Country» (Washington, D.C., Centro de Investigaciones Pew, 8 diciembre 2016). *http://www.people-press.org/2016/12/08/3-political-values-government-regulation-environment-immigration-race-views-of-islam/#most-say-immigrants-strengthen-the-country.*

9. Jens Manuel Krogstad, Jeffrey S. Passel y D'Vera Cohn, «Five Facts About Illegal Immigration in the US» (Washington D.C., Centro de Investigaciones Pew, 27 abril 2017). *http://www.pewresearch.org/fact-tank/2017/04/27/5-facts-about-illegal-immigration-in-the-u-s/.*

10. Nan Marie Astone, Steven Martin y H. Elizabeth Peters, «Millennial Childbearing and the Recession» (Washington, D.C. Urban Institute, abril 2015). *http://www.urban.org/sites/default/files/*

alfresco/publication-pdfs/2000203-Millennial-Childbearing-and-the-Recession.pdf.

11. *Ibid.*

12. Jeffrey S. Passel y D'vera Cohn, «Number of Babies Born to Unauthorized Immigrants Continues to Decline» (Washington, D.C. Centro de Investigaciones Pew, 26 octubre 2016). *http://www.pewresearch.org/fact-tank/2016/10/26/number-of-babies-born-to-unauthorized-immigrants-in-u-s-continues-to-decline/.*

13. David Drozd, «Tables Summarizing Births and Fertility Rates by Race and Ethnicity of the Mother in the U.S. and Nebraska, 1989-2013» (Omaha, Centro de Investigación para Asuntos Públicos, Universidad de Nebraska en Omaha, enero 2015). *http://www.unomaha.edu/college-of-public-affairs-and-community-service/center-for-public-affairs-research/documents/fertility-rates-by-race-ethnicity-us-nebraska.pdf.*

14. *Ibid.*

15. «Teenage Pregnancy in the United States» (Washington, D.C., Centros para el Control y Prevención de Enfermedades, 2016). *http://www.cdc.gov/teenpregnancy/about.*

16. Douglas Main, «Why the Teen Birthrate Keeps Dropping», *Newsweek*, 20 mayo 2015. *http://www.newsweek.com/2015/05/29/why-teen-birth-rate-keeps-dropping-333946.html.*

17. Heather Boonstra, «What Is Behind the Decline in Teen Pregnancy», *Guttmacher Policy Review*, 3 septiembre 2014. *https://www.guttmacher.org/about/gpr/2014/09/what-behind-declines-teen-pregnancy-rates.*

18. Eileen Patten y Gretchen Livingstone, «Why Is the teen Birth Rate Falling?» (Washington, D.C., Centro de Investigaciones Pew, 29 abril 2016). *http://www.pewresearch.org/fact-tank/2016/04/29/why-is-the-teen-birth-rate-falling.*

19. «African Americans Are Increasingly Affluent, Educated and Diverse», *Nielson Newswire*, 19 septiembre 2015. *http://www.nielsen.com/us/en/insights/news/2015/african-americans-are-increasingly-affluent-educated-and-diverse.html.*

20. Laura Shin, «The Racial Wealth Gap: Why a Typical White Hosehold Has 16 Times the Wealth of a Black One», *Forbes*, 26 marzo 2015.

21. «Are We Talking Enough About the Black Middle Class?»,

Pacific Standard, 13 abril 2015. *https://psmag.com/are-we-talking-enough-about-the-black-middle-class-13bfed92322#.r2eacnui1.*

22. «African Americans Are Increasingly Affluent, Educated and Diverse.»

23. *The Condition of Education 2017* (Washington, D.C., Centro Nacional de Estadísticas de la Educación, mayo 2017). *https://nces.ed.gov/pub2017/2017144.pdf.*

24. John Gramlich, «Hispanic Dropout Rate New Low, College Enrollment at New High» (Washington, D.C., Centro de Investigaciones Pew, 27 septiembre 2017). *http://www.pewreserach.org/fact-tank/2017/09/29/hispanic-dropout-rate-hits-new-low-college-en-rollment-at-new-high/.*

25. Anna Gonzalez Barrera y Jens Manuel Krogstad, «What We Know About Illegal Immigration from Mexico» (Washington, D.C., Centro de Investigaciones Pew, 20 noviembre 2015). *http://www.pewresearch.org/fact-tank/2015/11/20/what-we-know-about-ille-gal-immigration-from-mexico/.*

26. D'Vera Cohn, «Future Immigration Will Change the Face of America by 2065» (Washington, D.C., Centro de Investigaciones Pew, 6 octubre 2015). *http://www.pewresearch.org/fact-tank/2015/10/05/future-immigration-will-change-the-face-of-america-by-2065.*

27. Teresa Welsh, «Minority Babies Outnumber Whites Among U.S. Infants», *McClatchy*, 22 junio 2016. *http://www.mcclatchydc.com/news/nation-world/article85591172.html.*

28. Richard Alba, «The Myth of a White Minority», *New York Times*, 11 junio 2015. *http://www.nytimes.com/2015/06/11/opinion/the-myth-of-a-white-minority.html?_r=0.*

29. *Ibid.*

30. «Anti-semitism», *Father Coughlin*, 2017. *http://www.father-couglin.org/father-coughlin-anti-semitism.html.*

31. Bilal Qureshi, «From Wrong to Right: A US Apology for Japanese Internment», *NPR*, 9 agosto 2013. *http://www.npr.org/sections/codeswitch/2013/08/09/210138278/japanese-internment-re-dress.*

32. G. Edward White, «The Unacknowledged Lesson: Earl Warren and the Japanese Relocation Controversy», *VQR*, otoño 1979. *http://www.vqronline.org/essay/unacknowledged-lesson-earl-warren-and-japanese-relocation-controversy.*

33. Stuart Anderson, «Immigrants and Billion-Dollar Startups», *NFAP Policy Brief* (Washington, D.C., National Foundation for American Policy, marzo 2016). *http://nfap.com/wp-content/uploads/2016/03/Immigrants-and-Billion-Dollar-Startups.NFAP-Policy-Brief.March-2016.pdf.*

34. Giovanni Peri, «Do Immigrant Workers Depress the Wages of Native Workers?», *IZA World of Labor*, mayo 2014. *https://wol.iza.org./articles/do-immigrant-workers-depress-the-wages-of-native-workers/long.*

35. Gonzalez-Barrea y Krogstad, «What We Know About Illegal Immigration from Mexico».

Capítulo 11

1. Entrevista de Darrell Bricker a Mick Dodson.

2. John Ibbitson, *Stephen Harper* (Toronto, McClelland & Stewart, 2015), 248.

3. Bernie Farber, «The Terrible Legacy of Duncan Campbell Scott», *Huffington Post*, 23 enero 2017. *http://www.huffingtonpost.ca/bernie-farber/duncan-campbell-scott-legacy_b_14289206.html.*

4. «Aboriginal People in Canada: Key Results from the 2016 Census» (Ottawa, Dirección General de Estadísticas de Canadá, 25 octubre 2017). *http://www.statcan.gc.ca/daily-quotidien/171025/dq171025a-eng.htm.*

5. David Macdonald y Daniel Wilson, *Shameful Neglect: Indigenous Child Poverty in Canada* (Ottawa, Centro Canadiense de Políticas Alternativas, 17 mayo 2016). *https://www.policyalternatives.ca/publications/reports/shameful-neglect.*

6. Matthew McClearn, «Unsafe to Drink», *Globe and Mail*, 21 febrero 2017. *https://www.theglobalandmail.com/news/water-treatment-plants-fail-on-reserves-across-canada-globe-reviewfinds/article34094364/.*

7. Michael Shulman y Jesse Tahirali, «Suicide Among Canada's First Nations: Key Numbers», *CTV News*, 11 abril 2016. *http://www.ctvnews.ca/health/suicide-among-canada-s-first-nations-key-numbers-1.2854899.*

8. Vivian O'Donnell y Susan Wallace, «First Nations, Métis and

Inuit Women», *Women in Canada: A Gender-Based Statistical Report* (Ottawa, Dirección General de Estadísticas de Canadá, 30 noviembre 2015). *http://www.statcan.gc.ca/pub/89-503-x/2010001/article/11442-eng.htm#a14*. Y Paula Arriagada, «First Nations, Métis and Inuit Women», *Women in Canada: A Gender-Based Statistical Report* (Ottawa, Dirección General de Estadísticas de Canadá, 23 febrero 2016). *https://www.statcan.gc.ca/pub/89-503-x/20150001/article/14313-eng.htm*.

9. «More Victims Tell of Sexual Abuse on Reserves», *CTV News*, 14 diciembre 2011. *http://www.ctvnews.ca/more-victims-tell-of-sexual-abuse-on-reserves-1.740390*.

10. Barry Anderson y John Richards, *Students in Jeopardy: An Agenda for Improving Results in Band-Operated Schools* (Toronto, C.D. Instituto Howe, enero 2016). *https://www.cdhowe.org/sites/default/files/attachments/research_papers/mixed/Commentary_444_0.pdf*.

11. *Aboriginal Demographics from the 2011 National Household Survey* (Ottawa, Aboriginal Affairs and Northern Development Canada, mayo 2013). *https://www.aadnc-aandc.gc.ca/eng/137043897831/1370439050610*.

12. «Aboriginal People in Canada: Key Results from the 2016 Census.»

13. «Births and Pregnancy Outcome», *Overview of Australian and Torres Strait Islander Health Status 2016* (Perth, Australian Indigenous Health Infonet, 2017). *http://www.healthinfonet.ecu.edu.au/health.facts/overviews/births-and-pregnancy-outcomes*.

14. *Trends in Indigenous Fertility Rates* (Canberra, Oficina Australiana de Estadística, 2010). *http://www.abs.gov.au/ausstats/abs@.nsf/Products/8C7C1A01E4D5F9C2CA2577CF000DF0A7?opendocument*.

15. Simon Collins, «New Zealand's 'Baby Blip' Officially Over as Fertility Rate Drops», *New Zealand Herald*, 18 febrero 2015. *http://www.nzherald.co.nz/lifestyle/news/article.cfm?c_id=6&objectid=11403961*.

16. C. Matthew Snip, «The Size and Distribution of American Indian Population: Fertility, Mortality, Migration, and Residence», en Gary D. Sandefur, Ronald R. Rindfuss y Barney Cohen, ed., *Changing Numbers, Changing Needs: American Indian Demogra-*

phy and Public Health (Washington, D.C., National Academies Press, 1996). *http://www.ncbi.nlm.nih.gov/books/NBK233098.*

17. Sarah Cannon y Christine Percheski, «Fertility Change in the American Indian and Alaska Native Population, 1980-2010», *Demographic Research*, vol. 37, artículo 1, 4 julio 2017. *https://www.demographic-research.org/volumes/vol37/1/37-1.pdf.*

18. *Ibid.*

19. Althea Sumpter, «Geechee and Gullah Culture», *New Georgia Encyclopedia*, 27 julio 2017. *http://www.georgiaencyclopedia.org/articles/arts-culture/geechee-and-gullah-culture.*

20. Katherine Shultz Richard, «The Gullah», *ThoughtCo*, 3 marzo 2017. *https://www.thoughtco.com/the-gullah-language-1434488.*

21. «St. Helena Island, South Carolina Demographic Data», *TownCharts. http://www.towncharts.com/South-Carolina/Demographics/St-Helena-Island-CCD-SC-Demographics-data-html.*

22. Alastair Kneale, «Increase in Manx Population Needs to Be Fought Tooth and Nail», *Transceltic*, 31 agosto 2015. *http://www.transceltic.com/blog/increase-manx-population-threat-needs-be-fought-tooth-and-nail.*

23. Ellan Vannin, «Isle of Man Population Falls for the First Time in 30 Years, According to Census», *BBC*, 9 marzo 2017. *http://www.bbc.com/news/world-europe-isle-of-man-39205163.*

24. Sarah Whitehead, «How the Manx Language Came Back from the Dead», *Guardian*, 2 abril 2015. *https://www.theguardian.com/education/2015/apr/02/how-manx-language-came-back-from-dead-isle-of-man.*

25. Beatrice Debut, «Kenyan Tribe of Honey Eaters Faces Extinction», *Agence France Press*, 10 julio 2007. *http://www.terradaily.com/reports/Kenyan_Tribe_Of-Honey_Hunters_Fights_Extinction_999.html.*

26. *Ibid.*

27. Peter Grant, ed., *State of the World's Minorities and Indigenous People 2016* (Londres, Minority Rights Group International, 2016). *http://minorityrights.org/wp-content/uploads/2016/07/MRG-SWM-2016.pdf.*

28. *Ibid.*

29. Génesis 11: 1-9, *La Biblia* (versión del rey Jacobo). *https://*

www.bibleegateway.com/passage/?search=Genesis+11%3A1-9&version=KJV.

30. Rikka Fredriksson, Wilhelm Barner-Rasmussen y Rebecca Piekkeri, «The Multinational Corporation and a Multilingual Institution: The Notion of a Corporate Common Language», *Corporate Communications*, vol. 11, n.º 4 (220&), pp. 406-423.

31. Steffanie Zazulak, «English: The Language of the Internet», *Pearson English*, 21 agosto 2015. *https://www.english.com/blog/english-language-internet.*

32. Stephen Anderson, «How Many Languages Are There in the World» (Washington, D.C., Sociedad Lingüística de América, 2010). *http://www.linguisticsociety.org/content/how-many-languages-are-there-world.*

33. «How Many Spoken Languages», *Infoplease. http://www.infoplease.com/askeds/many-spoken-languages.html.*

34. «Languages of the World», *BBC. http://www.bbc.co.uk/languages/guide/languages.shtml.*

35. «Are Dying Languages Worth Saving?», *BBC Magazine*, 15 septiembre 2010. *http://www.bbc.com/news/magazine-11304255.*

36. John H. McWhorter, «What the World Will Speak in 2115», *Wall street Journal Europe,* 9 enero 2015. *https://www.wsj.com/articles/what-the-world-will-speak-in-2115-1420234648.*

Capítulo 12

1. «Arctic Mosque Lands Safely in Inuvik», *CBC News*, 23 septiembre 2010. *http://www.cbc.ca/news/Canada/north/arctic-mosque-lands-safely-in-inuvik-1.907731.*

2. «Immigration and Ethnocultural Diversity in Canada» (Ottawa, Dirección General de Estadísticas de Canadá, 15 septiembre 2016). *https://www12.statcan.gc.ca/nhs-enm/2011/as-sa/99-010-x/99-010-x2011001-eng.cfm.*

3. «Population and Dwelling Counts», *2016 Census* (Ottawa, Dirección General de Estadísticas de Canadá. 15 noviembre 2017). *http://www12.statcan.gc.ca/census-recensement/2016/rt-td/population-eng.cfm.*

4. «A Long-Term View of Canada's Demographics», *Century*

Initiative, 2 octubre 2016. *http://www.centuryinitiative.ca/2016/10/02/cboc.*

5. «Growth of the Canadian Population 2013-2062» (Ottawa, Dirección General de Estadísitica de Canadá, 30 noviembre 2015). *http://www.statcan.gc.ca/pub/01-520-x/2014001/section02-eng.htm.*

6. «Immigration and Ethnocultural Diversity in Canada» (Ottawa, Dirección General de Estadística de Canadá, 15 septiembre 2016). *http://www12.statcan.gc.ca/nhs-enm/2011/as-sa/99-010-x/99-010-x2011001-eng.cfm.*

7. Teresa Welsh, «Five Countries That Take in the Most Migrants», *US News*, 25 septiembre 2015. *http://www.usnews.com/news/slideshows/5-countries-that-take-the-most-immigrants.*

8. «Immigration and Ethnocultural Diversity in Canada.»

9. Economist Intelligence Unit, «Tha Sahe Cities Index 2015», 2015. *https://dkfiato8y5dsg.cloudfront.net/uploads/5/82/eiu-safe-cities-index-2015-white-paper-1.pdf.*

10. Derek Flack, «Toronto Named Most Diverse City in the World», *TOBlogspot*, junio 2016. *http://www.blogto.com/city/2016/05/toronto_named_most_diverse_city_in_the_world/.*

11. Charlotte England, «Sweden Sees Record Numbers of Asylum Seekers Withdraw Applications and Leave», *Independent*, 25 agosto 2016. *http://www.independent.co.uk/news/world/europe/refugee-crisis-asylum-seekers-sweden-applications-withdrawn-record-numbers-a7209231.html.*

12. Conversación confidencial entre una periodista sueca y John Ibbitson, invierno 2016.

13. «Migrant Crisis: Migration to Europe Explained in Seven Charts», *BBC News*, 4 marzo 2016. *http://www.bbc.com/news/world-europe-34131911.*

14. Allison Jones, «Justin Trudeau to Syrian Refugees: 'Welcome Home'», *Canadian Press*, 11 diciembre 2015, *http://www.macleans.ca/news/Canada/Justin-Trudeau-to-syrian-refugees-welcome-home.*

15. Philip Connor, «USA Admits Record Number of Muslim Refugees in 2016» (Washington, D.C., Centro de Investigaciones Pew, 5 octubre 2016). *http://www.pewresearch.org/fact-tank/2016/10/05/u-s-admits-record-number-of-muslim-refugees-in-2016.*

16. Kathryn Blaze Carlson, «'None Is Too Many': Memorial for Jews Turned Away from Canada in 1939», *National Post*, 17 enero 2011. *http://news.nationalpost.com/news/none-is-too-many-memorial-for-jews-turned-away-from-canada*.

17. John Ibbitson, «Poll Says Canadians Oppose Trudeau's Refugee Plan. What Will History Say?», *Globe and Mail*, 24 noviembre 2015. *http://www.theglobeandmail.com/news/politics/politics-notebook-poll-says-canadians-oppose-trudeau-refugee-plan-what-will-history-say/article27449197/*.

18. Los autores utilizaron un razonamiento parecido en Darrell Bricker y John Ibbitson, *The Big Shift: The Seismic Change in Canadian Politics, Business, and Culture and What It Means for Our Future* (Toronto, HarperCollins, 2013).

19. Ramsey Cook, «Godwyn Smith», *Dictionary of Canadian Biography* (Toronto y Montreal, Universidad de Toronto y Laval University Press, 2017). *http://www.biographi.ca/en/bio/smith_goldwin_13E.html*.

20. «Sir Clifford Sifton», *Canadian Encyclopedia* (Toronto, Historica Canada, 2017). *http://www.thecanadienencyclopedia.ca/en/article/sir-clifford-sifton*.

21. «Prairie Immigration and the 'Last Best West'», *Critical Thinking Consortium*. *https://tc2.ca/sourcedocs/history-docs/topics/immigration/the-last-best-west.html*.

22. Erica Gagnon, «Settling the West: Immigration to the Prairies from 1867 to 1914 (Halifax, Museo Canadiense de la Inmigración en Pier, 21, 2016). *https://www.pier21.ca/research/immigration-history/settling-the-west-immigration-to-the-prairies-from-1867-to-1914*.

23. Mohammed Omar, estudiante de posgrado de la Universidad de Ottawa, 2016, expuesto en clase.

24. John Ibbitson, *The Polite Revolution: Perfecting the Canadian Dream* (Toronto, McClelland & Stewart, 2006).

25. Leah McLaren, «Canadian Martel Wins Booker», *Globe and Mail*, 23 octubre 2002. *http://www.theglobeandmail.com/life/canadian-martel-wins-booker/article757348*.

26. «Liberty Moves North», *Economist*, 29 octubre 2016. *http://www.economist.com/news/leaders/21709305-it-uniquely-fortunate-many-waysbut-canada-still-holds-lessons-other-western*.

27. Allan Woods, «Canada Not Ready for Second Wave of Asylum Seekers, Union Head Warns», *Toronto Star*, 19 septiembre 2017. *https://www.thestar.com/news/canada/2017/09/19/5712-asylum-seekers-crossed-canada-us-border-in-august.html.*

28. Rebecca Joseph, «More Than Half of Canadians Think Ottawa Isn't in Control of Refugee Issue in Quebec: Ipsos Poll», *Global News*, 16 agosto 2017. *https://globalnews.ca/news/3673174/refugee-quebec-army-poll.*

29. John Ibbitson, «Immigration, Intolerance and the 'Populist Paradox'», *Globe and Mail*, 18 junio 2017. *https://www.theglobeandmail.com/news/politics/immigration-intolerance-and-the-populist-paradox/article35355350.*

30. *Multiculturalism Policy Index* (Kingston, Universidad de Queens). *http://www.queens.ca/mcp.*

31. Ingrid Perritz y Les Perreaux, «Quebec Reveals Religious Symbols to Be Banned from Public Sector», *Globe and Mail*, 10 septiembre 2013. *https://www.theglobeandmail.com/news/politics/quebec-unveils-plan-for-controversial-charter-of-values/article14214307.*

32. Jonathan Montpetit, «Quebec Group Pushes 'Interculturalism' in Place of Multiculturalism», *Globe and Mail*, 7 marzo 2011. *https://www.theglobalandmail.com/news/politics/Quebec-group-pushes-interculturalism-in-place-of-multiculturalism/article569581.*

33. «Quebec Immigration by Country», *Canadian Magazine of Immigration*, 7 septiembre 2016. *http://canadaimmigrants.com/quebec-immigration-by-country.*

34. «Canada: Immigrants by Province-2016», *Canadian Magazine of Immigration*, 20 abril 2017. *http://canadaimmigrants.com/canada-immigrants-by-province-2016.*

35. Cynthia Kroat, «Viktor Orbán: Migrants Are 'a Poison'», *Politico*, 27 julio 2016. *http://www.politico.eu/article/viktor-orban-migrants-are-a-poison-hungarian-prime-minister-europe-refugee-crisis.*

36. *Ibid.*

37. «Hungarian Population», *CountryMeters. http://countrymeters.info/en/Hungary.*

38. «Hungarian: One of the Most Difficult Languages for Foreigners to Learn», *One Hour Translation. https://www.onehour-*

translation.com/translation/blog/hungarian-one-most-difficult-lan-guage-foreigners-learn.

39. Jodi Kantor y Catrin Einhorn, «Refugees Welcome», *New York Times*, 23 diciembre 2016. *http://www.nytimes.com/interactive/2016/world/americas/Canada-syrian-refugees.html.*

40. John Ibbitson, «Charter That Reshaped Canada Becomes a Model to the World», *Globe and Mail*, 16 abril 2012, A1.

Capítulo 13

1. «Energy-Related Carbon Dioxide Emissions at the State Level 2000-2013» (Washington, D.C., Administración de Información Energética, 17 enero 2017). *http://www.eia.gov/environment/emissions/state/analysis.*

2. «An Average MTA Trip Saves 10 Pounds of Greenhouse Gas Emissions» (Nueva York, Autoridad Metropolitana del Transporte, enero 2012). *http://web.mta.info/sustainability/pdf/2012 Report.pdf.*

3. Linda Rodriguez McRobbie, «15 Fast Facts About the London Tube», Mental Floss, 1 mayo 2018. *http://mentalfloss.com/article/33491/18-facts-and-figures-london-tubes-150th-birthday.*

4. *World Urbanization Prospects: The 2014 Revision, Highlights* (Nueva York, Naciones Unidas, Departamento de Asuntos Económicos y Sociales, División de Población, 2014). *https://esa.un.org/unpd/Wup/Publications/Files/WUP2014-Highlights.pdf.*

5. «The Risks of Rapid Urbanization in Developing Countries» (Zurich, Zurich Insurance Group, 15 enero 2015). *https://www.zurich.com/en/knowledge/articles/2015/01/the-risks-of-rapid-urbanization-in-developing-countries.*

6. Max Roser, «Land Use in Agriculture», *Our World in Data*, 2016. *https://ourworldindata.org/land-use-in-agriculture.*

7. «U.S. Farms and Farmers», *2012 U.S. Census on Agriculture* (Washington, D.C., Departamento de Agricultura de los Estados Unidos, 2014). *https://www.agcensus.usda.gov/Publications/2012/Preliminary_report/Highlights.pdf.*

8. Michael Forsythe, «China Cancels 103 Coal Plants, Mindful of Smog and Wasted Capacity», *New York Times*, 18 enero 2017.

https://www.nytimes.com/2017/01/18/world/asia/china-coal-power-plants-pollution.html.

9. Geeta Anand, «India, Once a Coal Giant, Is Fast Turning Green», *New York Times*, 2 junio 2017. *https://www.nytimes.com/2017/06/02/world/asia/india-coal-green-energy-climate.html*.

10. Justin Fox, «The De-Electrification of the U.S. Economy», *Bloomberg*, 12 abril 2017. *https://www.bloomberg.com/view/articles/2017-04-12/the-de-electrification-of-the-u-s-economy*.

11. Gregory Brew, «The Secret Behind Better Oil Major Earnings», *OilPrice.com*, 4 agosto 2017. *http://oilprice.com/Energy/Oil-Prices/The-Secret-Behind-Better-Oil-Major-Earnings.html*.

12. «India's Coal Plant Plans Conflict with Climate Commitments», *Phys.Org* (Washington, D.C., Unión Geofísica Americana, 25 abril 2017). *https://phys.org/news/2'17-04-india-coal-conflict-climate-commitments.html#jCp*.

13. Gregory Casey y Oded Galor, «Is Faster Economic Growth Compatible with Reductions in Carbon Emissions? The Role of Diminished Population Growth», *IOP Science Environmental Research Letters*, vol. 12, n.º 1 (5 enero 2017). *http://iopscience.iop.org/article/10.1088/1748-9326/12/1/014003*.

14. Rush Doshi, «Xi Jinping Just Made It Clear Where China's Foreign Policy Is Headed», *Washington Post*, 25 octubre 2017. *https://www.washingtonpost.com/news/monkey-cage/wp/2017/10/25/xi-jinping-just-made-it-clear-where-chinas-foreign-policy-is-headed/?utm_term=.1984131866a9*.

15. David Stevenson, *Cataclysm: The First World War as Political Tragedy* (Nueva York, Basic Books, 2004), 15.

16. Mark L. Haas, «A Geriatric Peace? The Future of U.S. Power in a World of Aging Populations», *International Security*, vol. 32, n.º 1 (verano 2007), pp. 112-47. *http://www.belfercenter.org/sites/default/files/legacy/files/is3201_pp112-147.pdf*.

17. «Iran Attempts to Reverse Falling Birth Rate», *Associated Press*, 6 enero 2014. *http://www.telegraph.co.uk/news/worldnews/middleeast/iran/10554866/Iran-atempts-to-reverse-falling-birth-rate.html*.

18. Sarah Drury, «Education: The Key to Women's Empowerment in Saudi Arabia?» (Washington, D.C., Instituto de Oriente Me-

dio, 30 julio 2015). *http://www.mei.edu/content/article/education-key-women's-empowerment-saudi-arabia.*

19. «Decline in Fertility Rate Among Palestinians, Says Statistics Bureau», *WAFA*, 29 diciembre 2016. *http://english.wafa.ps/page-aspx?id=gedjk6a51964762047agedjk6.*

20. Bessma Momani, *Arab Dawn: Arab Youth and the Demographic Dividend They Will Bring* (Toronto, University of Toronto Press, 2015). Cita procedente de un resumen del libro, realizado por el autor en un acto patrocinado por la Brookings Institution, 28 diciembre 2015. *https://www.brookings.edu/events/arab-dawn-arab-youth-and-the-demographic-dividend-they-will-bring/.*

21. Haas, «A Geriatric Peace? The Future of U.S. Power in a World of Aging Populations».

22. *Quote Investigator. http://quiteinvestigator.com/2012(11/11/exhaust-alternatives.*

23. National Population Projections Team (informe elaborado por Nora Bohnert, Jonathan Chagnon y Patrice Dion). *Population Projections for Canada (2013 to 2063), Provinces and Territories (2013 to 2038)* (Ottawa, Dirección General de Estadísticas de Canadá, 2015). *http://www.statcan.gc.ca/pub/91-520-x/91-520-x2014001-eng.pdf.*

24. *New Projection of Germany's Population by 2060* (Berlín, Oficina Federal de Estadística, 2015).

25. John Bingham, «Average Life Expectancy Heading for 100», *Telegraph*, 15 enero 2015. *http://www.telegraph.co.uk/news/politics/11348561/Average-life-expectancy-heading-for-100.html.*

26. «Biologist Believes Average Life Span Will Reach 150 by End of Century», *Toronto Star*, 7 septiembre 2015. *https://www.thestar.com/life/health_wellness/2015/09/07/biologist-predicts-average-life-span-will-reach-150-by-end-of-century.html.*

27. Casey y Galor, «Is Faster Economic Growth Compatible with Reductions in Carbon Emissions?».

28. «Birth and Total Fertility Rate, by Province and Territory» (Ottawa, Dirección General de Estadísticas de Canadá, 26 octubre 2016). *http://www.stat.can.gc.ca/tables-tableaux/sum-som/l01(cst01/hlth85b-eng.htm.*

ÍNDICE ANALÍTICO

AGRADECIMIENTOS

Los autores están agradecidos a su agente, John Pearce, que desde el mismo principio acogió este libro con entusiasmo. Nuestro editor, Douglas Pepper, nos llevó por el buen camino desde el inicio hasta el final;

sin él, *Planeta vacío* habría sido un libro muy inferior. Por la noche, dormíamos bien sabiendo que Tara Towell corregía y revisaba el manuscrito. A todos los de Signal and McClelland & Stewart, nuestro más sincero agradecimiento. Si se ha colado algún error, es culpa nuestra.

De Darrell Bricker: Un proyecto de las dimensiones de este libro implica a muchas personas. Quienes fueron lo bastante amables para compartir sus conocimientos en entrevistas se mencionan a lo largo del libro. Entre otros que ayudaron de forma notable se incluyen Priscilla Branco, Henri Wallard, Leciane Amadio, Cal Bricker, Joseph Bricker, Clifford Young, Bobby Duffy, Gideon Skinner, Simon Atkinson, Ben Page, Mike Colledge, Becky Hunter, Amit Adarkar, Tripti Sharma, Parijat Chakraborty, David Somers, Roger Steadman, Tom Wolf, Hilda Kiritu, Rod Phillips, Virginia Nkwanzi, Danilo Cersosimo, Mari Harris, John Wright, Mark Davis, Sharon Barnes, Michael Barnes y Robert Grimm. También quiero dar las gracias a mis colegas de Ipsos Public Affairs de todo el mundo, muchos de los cuales también han echado una mano en el proceso.

Sobre todo quiero mostrar mi agradecimiento a Didier Truchot, director ejecutivo de Ipsos, que no solo me ha dado la oportunidad de trabajar como director de Ipsos Public Affairs, una plataforma increíble para cualquier investigador social, sino que también me ha alentado (empujado, incluso) a tener curiosidad por el mundo.

De John Ibbitson: En otoño de 2016, tuve la gran suerte de participar en un seminario de posgrado sobre descenso demográfico global en la Universidad de Ottawa. Doy las gracias a Roland Paris por su invitación, y también a Kayanna Brown, Mathieu Cusson, Rahul Kitchlu, Mohammed Omar y Laurence Villeneuve, cuyas aportaciones enriquecieron este libro.

Expreso asimismo mi agradecimiento a Judith Lindikens y Nathaniel Boyd por haber organizado una cena en Bruselas, y a Bavo Olbrechts, Sofi Peppermans, Adrien Lucca, Estelle De Bruyn, Pieter Geenen, Helena Desiron, Thierry Homans, Daneel Bogaerts, Nele Lambrichts y Stef Kunnecke por aguantar mis fastidiosas preguntas.

A todos los del *Globe and Mail*, desde mis colegas de la oficina de Ottawa al jefe de la oficina Bob Fife, al editor en jefe y al editor Philip Crawley;

por favor, sabed que trabajar con vosotros ha sido un placer y un privilegio.

Y por último, y sobre todo, a Grant, siempre.